스포츠
윤리

스포츠윤리

저자 / 한국체육철학회

초판 1쇄 인쇄 / 2015년 2월 23일
초판 4쇄 발행 / 2022년 2월 20일

기 획 / 양원석
발행인 / 이광호
발행처 / 도서출판 대한미디어
등록번호 / 제2-4035호
전화 / (02)2267-9731 팩스 / (02)2271-1469
홈페이지 / www.daehanmedia.com

ISBN 978-89-5654-342-0 93690
정가 16,000원

※ 이 책은 저작권법에 의하여 보호받는 저작물이므로 무단으로 전재하거나 복제하여 사용할 수 없습니다.
※ 교재 구성상 문헌이 인용되는 부분마다 각주를 달지 못하고, 책 말미에 참고문헌으로 일괄 게재하였습니다.
　　참고문헌 편저자 여러분의 양해를 구합니다.
※ 잘못 만들어진 책은 구입처 및 대한미디어 본사에서 교환해 드립니다.

2급 스포츠지도사

스포츠 윤리

머리말

오늘날 스포츠 활동의 가치는 개인적·사회적 차원에서 크게 부각되고 있습니다. 즉, 스포츠는 인류에 존재하는 모든 사람이 향유해야 할 하나의 권리로 인정받고 있습니다. 그러나 자본주의 사회에서 아마추어와 프로 스포츠를 막론하고 스포츠가 상업주의로 흐르면서 다양한 윤리적 문제가 발생하고 있습니다. 이러한 현상은 스포츠의 존재에 심각한 문제를 제기할 뿐만 아니라 청소년 교육은 물론 우리의 삶에 부정적 영향을 미치고 있습니다. 스포츠 활동에서 기술과 지식 그리고 태도를 체험하고 배울 수 있으나 스포츠가 투쟁의 놀이로 전락하고 만다면 스포츠맨십은 찾아볼 수 없을 것이며, 스포츠가 우리의 삶에서 가치 있는 문화로 존재하는 데 한계를 지니게 될 것입니다. 그래서 우리 사회에서 스포츠는 'with'이지 'against'의 개념이 아님을 다시 한 번 상기해야 합니다.

2015년 개정되는 스포츠지도사 자격검정 교과목 및 연수 교과목에 '스포츠윤리'가 포함되었습니다. 물론 '스포츠윤리'를 포함하는 '체육철학'이라는 포괄적 차원에서의 검정 교과목으로 승인되지 못한 것이 아쉽기는 하지만 이 시대에 꼭 필요한 스포츠윤리가 포함된 것을 다행스럽게 생각합니다. 한국체육철학회에서는 금년 초 발간한 『스포츠와 윤리적 삶』에 이어서 이번에 스포츠지도사 자격검정 내용을 중심으로 『스포츠윤리』 교재를 발간하게 되었습니다. 집필진은 한국체육철학회 회원으로 구성되었으며 전공영역을 고려하여 집필을 나누어 담당하였습니다. 바쁘신 중에도 시대적 소명을 가지고 『스포츠윤리』 발간을 위하여 노고를 아끼지 않으신 집필진 교수님께 진심으로 감사를 드립니다. 특히 집필간사로서 많은 노력을 기울여주신 이경숙 박사님에게도 깊은 감사의 마음을 전하고 싶습니다. 또한 집필을 의뢰해 주신 대한미디어 양원석 사장님께도 깊은 감사를 드립니다.

이번의 『스포츠윤리』 교재는 다소 시간이 촉박한 가운데 집필하게 되어 부족한 부분이 많이 있습니다. 매년 보완하여 더욱 만족스러운 『스포츠윤리』 교재를 편찬할 수 있도록 지속적으로 노력할 것을 약속드리면서 이 교재가 스포츠 발전에 조금이나마 도움이 되기를 바라는 마음입니다.

2015년 2월 28일
『스포츠윤리』 집필진을 대신하여 박 주 한 올림

차 례

▎머리말

Ⅰ부. 스포츠와 윤리
1장_ 스포츠의 윤리적 기초 2
2장_ 스포츠윤리의 이해 8
3장_ 윤리이론 12

Ⅱ부. 경쟁과 페어플레이
1장_ 스포츠경기의 목적 26
2장_ 스포츠맨십 34
3장_ 페어플레이 42

Ⅲ부. 스포츠와 불평등
1장_ 성차별 52
2장_ 인종차별 58
3장_ 장애차별 65

Ⅳ부. 스포츠에서 환경과 동물윤리
1장_ 스포츠와 환경윤리 76
2장_ 스포츠와 동물윤리 90

V부. 스포츠와 폭력
1장_ 스포츠폭력　98
2장_ 선수폭력　106
3장_ 관중폭력　118

VI부. 경기력 향상과 공정성
1장_ 도핑　126
2장_ 유전자 조작　132
3장_ 스포츠에서 생체공학 기술활용　145

VII부. 스포츠와 인권
1장_ 학생선수와 인권　154
2장_ 스포츠지도자의 윤리　162
3장_ 스포츠와 인성교육　168

VIII부. 스포츠조직과 윤리
1장_ 스포츠와 정책윤리　174
2장_ 심판의 윤리　186
3장_ 스포츠조직의 윤리경영　197

▎참고문헌
▎찾아보기
▎저자약력

I부
스포츠와 윤리

이 단원에서는 스포츠윤리가 다루고 있는 구체적인 주제에 접근하기 전에 스포츠윤리가 무엇인지에 대해 우선적으로 알아보고자 한다. 즉, 스포츠와 윤리는 어떤 관련성이 있는가? 스포츠윤리의 궁극적 목적은 무엇인가? 스포츠에서 규범적 판단의 대상은 무엇인가? 스포츠 상황에서 제기되는 윤리문제를 어떻게 해결할 것인가? 스포츠에서 행위의 도덕적 정당성을 확보하기 위한 이론적 접근방법은 무엇인가? 등에 대한 스포츠윤리의 근본적인 질문에 답변을 제공하고자 한다.

1장. 스포츠의 윤리적 기초

 학습목표

- 도덕, 윤리, 선의 기본 개념에 대해 학습한다.
- 사실판단과 가치판단을 구분하고, 스포츠에서 요구되는 윤리적 탐구의 대상은 무엇인지를 이해한다.
- 스포츠와 윤리의 관계를 이해한다.

스포츠윤리학은 기본적으로 응용학문이다. 모든 응용학문은 모(母)학문의 관점과 원리를 이용하여 특정한 분야 혹은 대상을 좀 더 체계적으로 이해하려는 학문이라 할 수 있다. 따라서 스포츠윤리학을 이해하기 위해서는 모학문이라 할 수 있는 윤리학의 개념과 이론적 토대를 이해하는 것이 선행되어야 할 것이다.

1. 도덕, 윤리, 선의 개념

가. 도덕, 윤리, 선의 개념

일상생활에서 '윤리'와 '도덕'은 별다른 구분 없이 같은 뜻으로 사용되는 경우가 많으며, 학자들조차 그 구별을 크게 문제 삼지 않는 경향이 있다. 하지만 엄밀하게는 같은 뜻을 지닌 용어가 아니다. 어원상으로 볼 때 도덕(morality)이라는 용어는 라틴어에서, 윤리(ethics)라는 용어는 그리스어에서 유래했으며, 각각 기질(disposition)이나 관습(custom)을 의미하는 단어와 관련이 있다. 윤리와 도덕은 비슷한 의미로 쓰이기도 하지만, 윤리라는 용어가 개인의 특성(character)이라는 의미를 강조하는 데 비해 도덕이라는 용어는 사회적 기대라는 의미를 강조한다.[1] 또한 인간사회의 규범을 의미할 때는 '윤리'라는 표현을 많이 쓰고, 윤리를 존중하는 개개인의 심성 또는 덕행을 가리킬 때는 '도덕'이라는 표현을 많이 사용한다.[2]

한자로 분석해보면, 윤리의 '윤(倫)'은 동료, 친구, 무리, 즉 인간 집단에서 그들 사이의 차례나 순서를 뜻하는 말이고, '리(理)'는 '다스리다'라는 의미도 들어 있고 사물의 이치나 조리, 도리를 뜻하는 말이다. 그래서 '윤리(倫理)'라고 하면 인간이 모여서 집단을 이루었을 때 그 집단에서 조화롭게 생활하기 위해서는 특정한 관습과 질서, 도리가 생겨나야 한다는 의미를 담고 있다.[3] 즉, 윤리는 집단 안에서의 조화로운 생활을 영위하기 위해 사람과 사람이 서로 지켜야 할 도리를 말한다. 또한 전문적 또는 학술적 의미에서 '윤리'라고 할 때는 도덕적인 판단이나 기준을 이론적으로 밝혀 체계화시키고 탐구하는 학문이라는 의미가 담겨 있다. 따라서 윤리학은 도리와 도덕을 왜 지켜야 하고, 규율과 규범의 타당성과 진리성에 대해 이론적으로 논하는 학문이라 할 수 있다.

다음으로 도덕(道德)이란 뜻을 보면, '도(道)'는 자연의 법칙 혹은 인간이 마땅히 해야 할 도리를 강조하는 말이고, '덕(德)'이란 것은 오류의 결점을 항상 소지하고 있는 인간의 선(善) 지향 행동을 말하는 것으로 인간이 도리를 지키고 행하는 마음을 가질 때 그로부터 얻어지는 것, '득(得)'까지를 포함한다.[4] 즉, 도(道)에 따른 덕(德)의 생활을 강조하는 말로서 모든 인간이 지켜야 할 공통적인 규범과 도리를 의미한다. 도덕이란 용어는 사람이 사람으로서 행해야 할 도리와 그것을 자각하여 실천하는 행위를 의미하며, 윤리라는 용어와 대략 같은 의미로 쓰이면서도 원리 그 자체보다 체득(體得)에 중점을 둔다는 데서 윤리와 차이점이 있다.

이처럼 오늘날의 윤리와 도덕이란 용어는 근본적인 차이는 없지만, 애써 구별한다면 도덕은 어떤 사회에서 일반적으로 받아들이고 있는 행동관습의 기준인 반면 윤리는 특정 사회나 직업에서 지키는 도덕이라고 할 수 있다. 달리 말해, 도덕이 만인을 대상으로 하는 보편적인 생활에서의 원리를 말한다면, 윤리는 만인의 보편성보다는 하나의 대상을 특수한 방향에서 관찰하여 평가하는 철학적인 사변성이 짙다. 예를 들면, 체육교사가 배우자 명의로 배우자와 함께 아무도 모르게 술집을 운영하는 것은 도덕적으로는 크게 문제가 되지 않지만 교직윤리 측면에서는 문제가 될 것이다. 이 때문에 윤리는 도덕을 개념화하여 체계화시킨 것이며, 도덕에 대한 비판적 연구라고도 인식된다.

윤리, 도덕과 더불어 스포츠윤리를 이해함에 있어 요구되는 필수적인 용어는 '선(善, the good)'이다. '선'이라는 용어를 우리말로 풀이하면 '좋을 선' 혹은 '착할 선'이다. 즉, '선'이라는 것이 '좋다'는 의미로도 사용되지만 악(evil)과 대비되는 '선'이라는 의미로 사용했을 때 이 말에는 '착하다'라는 도덕적인 함의가 있다. 예를 들어 가위가 잘 들면 우리는 그 가위가 좋다고 표현한다. 그 가위가 물건을 자르는 데 아주 유용하기 때문이다. 즉, 가위라는 도구가 물건을 자르는 목적을 잘 달성하면 그 가위는 '좋다'라고 표현된다. 따라서 '선'은 도구적 의미에서 유용성을 나타낸다.[5] 또한 이 단어는 '나쁘다'는 것에 대비되는 '좋다'라는 의미로 표현되기도 한다. 예를 들어 "그녀는 참 좋은 사람이다."라고 말한다면, 그것은 어떤 행위나 사람에 대하여 은연중에 도덕적인 평가를 내리는 것이다. 즉, '선'에는 유용성, 유효성 혹은 이익 등이 있다는 의미뿐만 아니라 '악함'과 구별되는 '선함'이라는 윤리적인 의미도 있다.[6] 도덕적인 의미에서의 선은 주로 사람과 관련하여 사용된다. 이때의 '선'은 도덕적인 성품이나 도덕적인 가치와 관련된다. 고대 그리스에서 선이라는 말은 '인간은 어떻게 살아야 하는가?'라는 당위의 의미를 내포하고 있었기 때문에 덕성(arete/virtue)이라는 개념과 더불어 인간의 행위에 있어서 훌륭함을 나타내는 의미로 사용되었다.[7]

2. 사실판단과 가치판단

"이 체육관에는 4개의 배드민턴 코트가 있다."라는 판단은 있는 그대로의 객관적 사실에 대하여 진술하는 것이지만, "이 체육관에는 4개의 배드민턴 코트가 있어야 한다."라고 말한다면 이는 체육시설로 이 체육관이 제대로 이용되기 위해서는 마땅히 4개의 배드민턴 코트가 준비되어 있어야 한다는 '지시'를 함의하고 있다.[8] "너는 지금 잘못된 방식으로 (골프) 스윙을 하고 있다."라고 한다면, 공을 치기 위해 당신이 시도한 (골프) 스윙 방법이 적절하지 않다는 점을 지적하는 것이다. 이와 달리 "시합이 끝난 후 상대방에게 인사를 하는 것은 옳은 행위이다."라고 말한다면, 그것은 당신의 행위가 도덕적으로 옳다고 칭찬하는 것이다. 또한 "감기에 걸리지 않게 손을 깨끗이 씻어야 한다."라는 비도덕적 명령과 "지하철에서는 노약자에게 마땅히 자리를 양보해야 한다."라는 도덕적 명령을 구분할 수 있다. 이와 같이 사실판단이 있는 그대로의 사실에 대한 객관적 진술이라면, 가치판단은 마땅히 그렇게 되어야 할 것을 지시하거나 어떤 기준, 표준 혹은 규범에 따르는 것이어야 함을 나타낸다.[9]

윤리학의 주요 관심사는 가치판단의 문제, 특히 도덕적인 가치판단의 근거를 탐구하는 데 있다. 달리 말하면, 윤리학은 어떤 사실을 있는 그대로 기술하고 설명하는 사실적인 학문이 아니라, 위에서 언급한 것처럼 마땅히 있어야 할 것과 행해야 할 것, 그리고 바람직한 것을 제시하고 근거 짓는 규범적인 학문이라고 하겠다. 가치판단은 3가지 형태를 띠는데, 그것은 사리분별에 관한 것 (prudential values), 미적인 것(aesthetic values), 그리고 도덕적인 것(moral values)이다. 만약 당신에게 "고지방 음식을 피해야 한다."라고 충고한다면 당신은 "내가 왜 그래야 하는가?" 하고 그 이유를 물을 수 있다. 그 이유를 제시함에 있어 쟁점이 되는 가치가 사리분별에 관련된 가치라고 할 수 있다. 당신이 고지방 음식을 먹을지 먹지 않을지 선택하는 것에 대한 근거는 '웰빙'에 관련된 가치이다. 이 충고를 따를 것인지에 대한 당신의 판단은 당신의 웰빙에 미치는 단기적이고 즉각적인 영향뿐만 아니라 장기적 영향 또한 고려해야 하는 결정일 것이다. 즉, 무모하게 혹은 선견지명 없이 행동하는 것은 당신의 장기적 행복을 위태롭게 할 수 있다는 것을 고려해야 한다.

반대로 미학적 가치는 신중한 판단을 돕는 현명한 이기심 같은 데 뿌리를 둔다기보다는 주변 세상을 바라보는 특정한 방식에 근거를 둔다. 그것이 일몰이든, 발레공연이든, 피겨스케이팅 경연이든 간에 우리가 무언가를 미학적으로 평가할 때 그것이 어떠한 실용적 목적에 기여하는지 혹은 기여하지 않는지 등의 실질적 유용성은 고려대상이 되지 않으며 그 목적이나 움직임의 아름다움, 우아함, 그 외 다른 만족스러운 요소들이 고려된다. 그러므로 우리가 스포츠를 미학적으로 평가할 때는 득점을 했다거나 목적이 달성되었다는 사실보다 어떻게 점수를 획득했으며 목적을 달성했는가에 중점을 두게 된다. 미학적 관점에서 스포츠의 목적은 그 목적이 달성되는 방식과 불가분의 관계로 여겨진다. 물론 세상의 거의 모든 것이 미학적 관점에서 고찰될 수 있으나 예술작품들 같은 몇몇 대상이나 활동들이 보다 더 중요하게 미학적 흥미를 지니듯 스포츠의 경우도 마찬가지이다. 거의 모든 스포츠가 미학적 관점에서 고찰될 수 있겠지만, 몇몇(대표적인 예로 3가지를 들자면 아마도 피겨스케이팅, 다이빙, 체조가 될 수 있을 것이다)은 온전히 이해되고 감상되기 위해선 미학적 고찰을 반드시 필요로 한다.[10]

이제 도덕적 판단이 다른 두 가지 가치판단과 어떻게 구분되는지 잘 알 수 있을 것이다. 도덕적 판단은 웰빙을 위한 신중한(사리분별) 판단도 아니고 미를 위한 미학적 판단도 아닌, 바로 우리가 타인과 맺는 관계와 상호작용에 직접적으로 관련 있는 가치들로부터 출발한다. 특히 도덕적 가치들은 우리의 행동이 타인에게도 타당하려면 우리가 어떠한 삶을 살아나가야 하는지, 그리하여 우리뿐만 아니라 타인의 선(善)에도 기여할 수 있는지와 밀접한 관련을 갖는다. '타당함'과 관련하여 도덕적 이유들이란 공정과 정의의 실질적 고려의 지시를 받는 것이다. 다른 말로 하자면 타당함은 우리가 타인에게 마땅히 보여야 할 동등한 취급과 도덕적 존경에 대한 고려로부터 나온다. '선'과 관련한 도덕적 이유들이란 사람을 도덕적으로 선한 인간으로 만드는 행동 자질들, 즉 우리의 행동이 타인에게 미치는 영향을 무엇보다 우선적으로 고려하는 박애 같은 기질들, 그리고 그것 자체로 선한 삶을 사는 데 필수적인 것으로 여겨지는 어떤 목적이나 관행들의 선함에 기여하는 자질의 행동들로부터 지시를 받는다. 물론 옳은(타당한) 일을 하는 이유와 선한 일을 하는 이유가 배타적이지는 않다. 오히려 그 두 가지 이유는 서로 불가분의 관계로 엮여 있다. 따라서 도덕에 관한 질문들은 좋은/선한 삶, 추구할만한 가치가 있는 목표나 관행들, 나아가 그러한 관행들을 실행할 때 중요한 공정함과 정의로움에 관한 질문들에 기여할 삶의 방식들을 고려해야 한다. 롤스(Rawls)가 표현하듯, "정의는 경계선을 긋는 것이고 선은 왜 정의로워야 하는지 요점을 보여주는 것이다".[11] 즉, 사람들이 행하는 어떤 목표나 행위들이 그들의 주목뿐 아니라 헌신적인 보살핌과 애정까지 명한다면 사는 것 자체가 요점 없는 일일 뿐 아니라 무엇이 선한 삶을 이루는 것인지 숙고할 이유도 없을 것이다. 그리고 그러한 목표나 행위를 추구하는 데 있어 해도 되는 일에 정당한 제재가 없다면 우리의 행동에 타인들이 어떤 영향을 받는지에 대해 고찰할 필요도 없을 것이다. 이것이 바로 스포츠에서 정정당당함 같은 도덕적 가치가 참가자들의 뛰어남이란 선의 실현에, 또 경기 중 참가자들이 해도 되거나 해서는 안 되는 것의 경계선을 긋는 일에 필수불가결한 이유이다.

이처럼 우리가 윤리를 이론화하고 실천하는 데 있어 너무나 많은 것이 도덕과 비도덕 사이의 어디에, 그리고 어떻게 선을 그을 것인가에 달려 있음을 알 수 있다. 만약 선을 너무 높게, 너무 추상적으로 또는 너무 엄격하게 긋는다면 우리의 도덕적 고려들은 실제 삶에 생기를 불어넣고 적절한 의미를 부여하는 관심거리나 목적들과 너무 동떨어지게 될 것이다. 반면 선을 너무 낮게, 너무 구체적으로 혹은 너무 허술하게 긋는다면 도덕적 고려들은 우리가 삶을 어떻게 더 잘, 선하게 살아갈 수 있을지에 대해 어떤 실질적 가르침도 제공하지 못할 정도로 실제 삶에 너무 가까이 머물러 있을 것이다.

스포츠에서 요구되는 윤리적 탐색이란 위에서 언급한 도덕적 판단과 관련되어 있다. 스포츠 상황에서 도덕과 비도덕 사이 어디에, 그리고 어떻게 선을 그을 것인가에 대한 고찰이 스포츠윤리의 핵심 과제이다. 즉, 스포츠에서 윤리의 임무는 스포츠 환경에서 참여자의 특정한 행동들을 이끌도록 하는 도덕적 가치들의 선택과 판단에 대한 설명을 시도하는 것이다. 달리 말하면, 스포츠윤리란 '옳음(right)'과 '좋음(good)' 같은 도덕적 의미의 용어들이 스포츠 환경에서 사용될 때 그 기준은 무엇이고, 그 기준이 정해지는 방법에 대한 탐색이라 할 수 있다. 따라서 학(學)으로서 스포츠윤리는 스포츠 상황에서 발생하는 규범적 가치판단의 문제에 있어서 스포츠인으로서 바람직한(도덕적) 판단의 원리나 근거를 마련하기 위해 윤리(도덕)의 본질적인 문제를 탐구하는 분야라고 할 수 있다. 즉, 스포츠인으로서 올바른 행동과 좋은 스포츠를 위한 철학적 탐구라고도 정의할 수 있을 것이다.

3. 스포츠와 윤리의 관계

일반적으로 스포츠는 제도화된 규칙에 따라 승패를 겨루는 경쟁적 활동으로 정의할 수 있고, 윤리는 인간이 살아가면서 지켜야 할 기본적인 규범으로 간략히 정의할 수 있다. 이처럼 이들 정의만 본다면 스포츠와 윤리는 서로 분리되어 전혀 무관한 별개의 세계를 구축하고 있는 것 같다. 얼핏 볼 때 스포츠와 윤리는 상반되는 것 같기도 하다. 윤리의 기본이 남의 입장도 생각하는 것이라는 면에서 윤리는 이타적인 성격이 강하다. 반면에 오늘날 스포츠는 냉정한 승부의 세계가 되었다. 인간은 본능적으로 남과 경쟁해 이기겠다는 매우 강한 동기를 가지고 있다. 인간의 본성에서 우세하게 나타나는 자기 이익에 대한 집착이 스포츠에서 드러나기 때문이다. 이는 스포츠 현장에서 속임수와 폭력으로 흔히 나타난다.

그럼에도 불구하고 스포츠와 윤리는 관계를 맺게 마련이다. 왜 그런 것일까? 스포츠는 윤리를 떠나서 존재할 수 없을 정도로 이 둘은 긴밀한 연관성이 있다. 스포츠가 윤리와 밀접한 관계를 갖게 되는 것은 스포츠가 갖는 특성상 불가피하다고 할 수 있다. 이는 스포츠가 인간의 삶과 무관한 활동이 아니기 때문일 것이다. 스포츠는 인간의 지혜와 윤리 관념이 투입된 정신작용의 산물이라 할 수 있다. 즉, 스포츠는 공동체사회의 문화와 관습이 반영되어 발전해온 문화와 전통의 소산이다. 그래서 혹자는 스포츠를 당대의 삶과 사회를 반영하는 '인생의 축소판' 혹은 '사회의 거울'이라고 표현하기도 한다. 그렇기 때문에 종종 스포츠에서의 행위는 단순히 개인윤리적인 문제가 아니라 공적 기준에 의해 판단하는 윤리문제로 이슈화되기도 한다.

인간은 모두 자기가 하고 싶은 바를 충족시키려는 욕구가 있다. 그러나 일반적으로 욕구를 충족시키는 데 필요한 자원은 한정되어 있다. 그래서 사람들 사이에 욕구의 갈등이 일어나게 된다. 바로 이런 상황이 존재하기 때문에 윤리라는 것이 생겨난다. 윤리가 갈등 해소의 원칙을 제시하기 때문이다. 달리 말하면, 윤리란 사람들 사이에 갈등이 일어날 경우 어떻게 행동해야 하는가, 어떤 선택이 옳은 것인가, 어떤 행위를 바람직한 행위라고 하는가에 대한 답변을 제시한다. 이러한 선택과 판단을 규정하는 것이 바로 윤리의 과제이다. 스포츠가 윤리와 불가피한 관계를 갖게 되는 것은 이런 윤리의 과제가 개인이 살아가면서 하는 일반적인 선택들뿐만 아니라 스포츠 상황 속에서 부단히 직면하는 선택들에도 그대로 적용되기 때문이다. 스포츠 상황에서 어떤 행동이 옳으며 어떤 목적이 좋은가를 결정할 수 있는 근본 원리를 탐색하는 것이 스포츠윤리의 과제이다. 달리 말하면, 스포츠윤리란 스포츠에 참여하는 사람들이 행동하는 데 요구되는 행동원리, 도덕적 표준 또는 도덕적 특성에 관한 탐구라고 정의할 수 있다. 스포츠윤리는 일반윤리학이 제시하는 윤리적 원리와 도덕적 덕목에 기초하여 특별히 스포츠인의 행위에서 요구되는 도덕적 원리와 중요한 도덕적 덕목들에 대해 고찰한다.

2장 스포츠윤리의 이해

 학습목표

- 스포츠윤리의 독자성에 대해 이해한다.
- 스포츠윤리의 필요성과 추구하는 목적에 대해 학습한다.
- 스포츠윤리를 스포츠윤리와 스포츠인의 윤리로 구분하여 이해함으로써 스포츠윤리가 다루어야 하는 영역에 대해 학습한다.

1. 일반윤리와 스포츠윤리: 스포츠윤리의 독자성

일반윤리와 스포츠윤리는 무엇이 다른가? 스포츠윤리의 특성은 무엇인가? 스포츠윤리는 철학에서 다루는 일반윤리나 생명윤리, 학문윤리, 의료윤리, 경제윤리와 비교할 때 어떤 차별성을 갖는가? 이 질문은 근본적으로 스포츠윤리의 독자성과 필요성에 대한 논의와 맞닿아 있다.

스포츠계에서 일어나는 금지약물의 복용, 부정 선수와 부정 장비 사용, 심판 매수, 승부조작 및 담합, 경기장 폭력, 페어플레이 정신의 상실 등의 문제는 사회적인 문제로까지 이슈화되고 있다. 이러한 문제들을 예방하고 건전한 스포츠정신을 확립하기 위해 스포츠윤리에 대한 필요성이 대두되었다. 또한 스포츠산업의 성장에 따른 새로운 윤리적 물음이 제기됨에 따라 구체적인 윤리문제를 학문적, 특히 철학적으로 해명하여 그 해결책을 탐구하는 스포츠윤리에 대한 관심이 제고되었다. 일반윤리는 어떤 사회의 문화나 구성원들이 공유하는 도덕적 이상들의 집합으로 나타나는 반면 스포츠윤리는 특정 분야, 즉 스포츠라는 특수한 상황에서 요구되는 규범이나 도덕적 기준을 다룬다는 점에서 차별성을 가진다. 물론 스포츠윤리는 일반윤리의 이론적 토대와 근거를 포함하지만, 스포츠라는 특수한 환경 속에서 직면하는 윤리문제 해결의 원리나 행위지침을 제시해주는 규범체계라는 점에서 독자성을 지닌다. 스포츠윤리는 스포츠 현상의 윤리적 실제에 관한 체계적이고 분석적인 접근을 시도하고 스포츠의 참여자로서 준수해야 할 행동 양식들을 제시하는 실천학이라고 할 수 있다.

스포츠윤리가 갖는 특성 중의 하나는 다른 영역에서와 마찬가지로 예방윤리로서 그 필요성과 중요성을 갖는다는 점이다. 달리 말하면, 나중에 생길 수 있는 더 심각한 문제를 예방하기 위해 스포츠에서 발생하는 윤리적 쟁점을 인식할 수 있는 능력과 윤리적 문제들을 다루고 분석하는 기술을 개발하는 것, 그리고 각자의 행위에 대한 책임감을 스포츠 영역에서 고양하는 것이 스포츠윤리의 역할이자 필요성이다.[1] 스포츠윤리가 갖는 또 다른 특성은 행위의 주체를 개인의 양심이나 덕성에 두는 '개인윤리', 어떤 직업을 수행하는 사람들에게 요구되는 행동규범으로서 스포츠 연맹, 협회, 기업, 관청 등 스포츠조직들 간의 관계에서 발생하는 문제들과 관련된 '직업윤리', 그리고 개개인의 선택이나 양심에 의해서가 아니라 그 개인들이 속해 있는 사회의 구조나 제도 자체의 개혁에 의해 비로소 윤리적 문제가 해결될 수 있다고 보는 '사회윤리'의 요소를 모두 포함하고 있다는 점이다. 이처럼 스포츠윤리는 응용윤리의 한 분야로 볼 수 있으며, 스포츠인으로서의 개인윤리, 직업적 측면에서 투철한 사명감과 책임감을 강조하는 직업윤리, 사회의 구조와 질서, 사회제도의 틀을 거시적으로 문제 삼는 사회윤리적 측면을 모두 가지며, 예방윤리로서의 특성을 지니고 있다.

윤리지식이란 사람들이 행동하는 데 요구되는 여러 기능적 능력의 응용이 아니라, 한 인간으로서 행동하는 데 응용되는 지식이다. 스포츠를 하는 사람의 목적은 스포츠를 잘 수행하는 것이다. 스포츠윤리는 스포츠선수의 역할이나 직업을 잘 수행하게 하는 기능적인 것이 아니라 훌륭한 선수, '진정한 스포츠인(true sportsperson)'으로서 올바르게 행동하는 것을 그 목적으로 삼는다. 따라서 스포츠윤리학이란 스포츠 상황에서 어떤 행동이 옳으며(right), 어떤 목적이 좋은가(good)를 결정할 수 있는 근본 원리들을 연구하는 학문이라고 할 수 있다.

스포츠윤리에서 우리가 중점적으로 숙고해야 할 질문 영역은 3가지가 있다. 첫 번째 물음은 "스포츠윤리의 대상은 무엇인가?"이다. 스포츠윤리는 규범적 판단을 요구하는 스포츠 행위와 현상을 그 대상으로 하고 있으며 스포츠에서 발생하는 현상의 다양성으로 인해 상업주의, 국가주의, 도핑, 승부조작, 성 평등, 환경오염, 인권문제 등 그 주제의 영역 또한 확장되고 있는 추세이다.[2] 두 번째 질문 영역은 "스포츠윤리의 궁극적인 목표는 무엇인가?"이다. 스포츠윤리는 스포츠 행위에 있어서 옳고 그름에 대한 판단의 기준을 제시하고, 이를 통해 스포츠와 관련한 제도를 마련하는 데 있어서 방향과 결과를 평가하는 기준을 제시하는 것을 궁극적인 목적으로 삼아야 한다. 스포츠윤리가 중점적으로 탐구해야 할 마지막 질문 영역은 "스포츠윤리는 어떤 방법으로 그 대상을 연구할 것인가?"이다. 달리 말하면, 스포츠 행위의 도덕적 정당성을 확보하기 위한 스포츠윤리의 이론적 접근방법에 대한 물음이다. 이 책의 남은 부분에서 각각의 영역에 대해 구체적으로 다루어보고자 한다.

2. 스포츠윤리의 목적과 필요성

체육인들이 스포츠윤리를 공부하는 것이 왜 중요한가? 오늘날 스포츠는 현대인의 단순한 취미를 넘어서 이제는 중요한 생활의 일부분이고 영향력을 가진 하나의 문화가 되었다. 그러나 스포츠산업의 성장 이면에는 승리에 내몰리는 선수들 사이에 약물 복용, 승부조작, 심판 매수, 폭력과 구타 등 많은 비윤리적 사건들이 지속적으로 발생하고 있다. 이제 스포츠에서 윤리는 그 중요성이 어느 때

보다 절실해지고 있다. 무엇보다 스포츠선수들에 대한 스포츠윤리 교육의 필요성이 강하게 요구되고 있다.

스포츠는 우리 삶에 좋은 가르침을 준다. 그러한 가르침 중의 하나는 인종, 성별과 나이를 초월해서 오직 실력으로 땀의 대가를 분명하게 평가하는 '정정당당함'이다. 하지만 최근 언론에서 큰 주목을 받았던 심판 매수 및 승부조작 등과 같은 비윤리적인 사건들로 인하여 스포츠 행위가 사회에 광범위한 영향을 미친다는 점을 깨닫게 되었고, 스포츠에 있어 윤리의 중요성에 대한 자각이 싹트게 되었다. 반칙을 하거나 속임수를 써서 경기에서 승리하는 것보다 정정당당히 페어플레이를 통해 승리하는 것이 더욱 값지다는 것을 스포츠인 모두가 증명할 수 있는 직업적 사명감을 가져야 한다.

스포츠윤리의 중요한 목적 중의 하나는 스포츠에서 제기될 수 있는 중요한 윤리적인 쟁점들을 미리 접할 수 있도록 하자는 것이다. 스포츠 상황에서 발생하는 비윤리적인 사례들을 학습함으로써 그것이 어떠한 상황인지를 분석하고, 장차 유사한 상황을 만났을 때 어떻게 대처해야 하는지를 습득시키는 것이 스포츠윤리의 목적이다. 즉, 윤리적 문제가 발생할 때 그것을 분석하고 해결하기 위한 기법들을 학습시키는 것이다. 요약하여 말하자면, 스포츠윤리의 목적은 "스포츠인의 도덕적 자율성 함양"이라고 할 수 있다. 도덕적 자율(moral autonomy)이란 도덕적 문제에 대해 비판적이고 독립적으로 사고함과 동시에 이러한 도덕적 사고를 스포츠에서 발생하는 도덕적 상황들에 적용하는 능력을 말한다.[3] 따라서 스포츠윤리의 궁극적인 목적은 스포츠인들의 도덕적 자율성을 함양시키는 것이라고 할 수 있다. 그러나 많은 경우 스포츠에서 나타나는 윤리적인 문제는 대단히 복잡하며, 여러 가지 윤리적 원칙들이 충돌하는 경우도 있다. 이 책의 목적과 스포츠윤리의 목적이 바로 여기에 있다고 할 수 있다. 스포츠윤리의 목적은 윤리적 선택이 명백하고 무엇이 옳은 일인지 이미 알고 있는 상황에서 옳은 일을 하도록 훈련시키는 것이 아니라 스포츠에서 제기되는 복잡한 윤리적인 문제들을 분석하고, 어떻게 하면 가장 바람직한 방식으로 그러한 윤리적 문제들을 해결할 수 있는지를 훈련시키는 것이라 할 수 있다.

3. 스포츠윤리와 스포츠인의 윤리

스포츠윤리를 세분한다면, 스포츠윤리에서 스포츠인의 윤리를 구분할 수 있을 것이다. 이러한 구분에서 스포츠윤리는 스포츠 상황에서 발생하는 윤리적인 문제들을 해결하기 위해 어떤 행동이 옳으며, 어떤 목적이 좋은가를 결정할 수 있는 기준과 원리를 제시하는 것에 주목하는 반면 스포츠인의 윤리는 스포츠인으로서 갖추어야 할 기본적인 도덕적 품성에 주목하는 것이라고 할 수 있다.[4] 일반적으로 스포츠윤리는 이러한 윤리문제 해결의 근본적 원리 측면이나 개인의 도덕성 측면을 모두 포함하고 있고, 이런 측면들이 모두 스포츠인의 윤리이기도 하다. 그러므로 이러한 구분은 인위적인 구분이라고 할 수도 있으나 스포츠윤리에 대한 이해를 명확히 하기 위해서는 이러한 구분을 통한 접근이 필요하다.

스포츠 상황 속에서 끊임없이 직면하는 여러 가지 윤리적인 문제들을 해결하기 위해 요구되는 윤리적 원리는 일반윤리가 요구하는 도덕적 표준과 행동원리들과 동일하다. 다만, 일반적 윤리의 원리들보다 스포츠 상황을 분명하게 반영하고 있다는 특징을 갖는다. 즉, 스포츠윤리는 일반윤리가 제시하고 있는 근본원리에 기초하여 특별히 스포츠 행위에서 요구되는 도덕적 원리에 중점을 둔다. 스포츠인의 윤리가 스포츠인이 갖추어야 할 도덕적 품성을 말한다면, 여기에는 여러 가지 미덕이 다루어진다. 스포츠인은 스포츠인이기 전에 하나의 자율적 인간이며 여러 가지 관계를 맺고 있는 사회적 존재이므로 일반적으로 인간에게 요구되는 도덕적 품성을 갖출 것이 요구된다.[5] 정직, 성실, 정의, 용기 등의 덕목이 그러한 것들이다. 그런데 특별히 스포츠인이 스포츠 활동을 하면서 관계 맺는 사람들 사이에서 갖추어야 할 덕목들이 있다. 물론 그것은 일반윤리에서의 덕목과 크게 다르지 않다. 다만, 스포츠인으로서 더욱 강조되는 것들이 있다. 공정성, 정정당당함, 배려, 정의, 용기 같은 것들이다. 이러한 덕목들은 스포츠선수의 역할이나 스포츠 관련 직업을 잘 수행하게 하는 기능적인 것이 아니라 훌륭한 선수, '진정한 스포츠인'으로 거듭날 수 있도록 하는 도덕적 품성이 되어야 할 것들이다.

스포츠인은 스포츠에서 발생하는 윤리적인 문제들을 해결하기 위한 근본원리들에 대해 이해하고 있고 그것을 적절히 사용하여 문제해결을 해낼 뿐 아니라, 스포츠인으로서 바람직한(도덕적) 성품을 갖추고 그것을 발휘함으로써 스포츠인의 삶에서 도덕적으로 성공적일 수 있어야 한다.[6]

3장 윤리이론

 학습목표

- 스포츠에서 제기되는 윤리문제의 분석과 해결을 위한 이론적 틀로서 결과론, 의무론, 덕론 윤리체계를 살펴보고 각각의 윤리이론이 가지는 특징과 결점에 대해 학습한다.
- 대표적인 동양사상인 유교, 불교, 도교의 윤리체계에 대해 살펴보고 스포츠윤리에서 동양 윤리적 접근법이 가지는 의의에 대해 학습한다.
- 도덕적 가치가 서로 충돌하는 상황에서 바람직한 판단을 위한 방안을 학습한다.

우리는 크고 작은 일상사에 대해 판단을 내리면서 삶을 영위한다. 때로는 그 판단에 도덕·윤리적인 요소가 포함된다. 이러한 윤리적 판단을 하는 데 있어서 의사결정 절차에 관한 이론을 '윤리이론'이라고 하겠다. 윤리이론이 도움을 줄 수 있는 어떤 것은 여러 관점에서 윤리문제를 고려하게 한다. 윤리이론은 우리가 어떻게 행동해야 하는지 알 수 있도록 도울 수 있으며, 또한 주어진 상황에서 도덕적 의무에 의해 결정된 대안과 비교해서 어떻게 해야 하는지 알 수 있게 도울 수 있다.

스포츠윤리의 근본적인 물음은 "스포츠인으로서 어떻게 행동해야 할 것인가?"이다. 이는 '무엇을' 해야 할 것인가와 관련되는 물음이기보다는 '왜' 그것을 해야 하는가 하는 행위의 이유를 묻는 물음이다. 스포츠 참여자가 어떤 행위를 할 때에는 적어도 스스로의 판단에 기초를 두는 어떠한 이유가 있으며 그 이유는 반드시 항상 행위자에게 자각적으로 의식되고 있다고는 할 수 없지만, 통상적으로는 스포츠의 룰(rule) 혹은 규칙에 근거한다. 즉, 그렇게 하는 것이 스포츠 규칙에 정해져 있기 때문이라는 이유로 행동한다. 동시에 그 이유에는 그것을 정당화하는 원리가 있다. 즉, 우리가 어떤 행위를 선택할 경우에는 그것이 어떠한 관점에서 '좋다'라든지 '옳다'라는 판단을 수반하고 있고 이 옳고 그름이나 좋고 나쁨에 근거가 되는 원리가 존재한다. 이러한 옳음이나 좋음의 근거가 되는 원리를 각각의 방법으로 지지하고 왜 그것을 행위의 도덕적인 원리로서 채용해야 할 것인가를 설명하는 것이 윤리이론이다. 이처럼 규칙-원리-이론의 체계로 볼 때, 윤리적 판단(행위)이란 결국 어떤 윤리이론을 선택할 것인가의 문제가 된다.

일반적으로 윤리이론은 윤리적 상황의 파악과 인식, 도덕적 충돌 소지의 발견 등을 위하여 필수불가결하다.[1] 또한 윤리이론은 도덕적 규칙들의 갈등을 해결해주거나 적어도 이 문제가 어떻게 처리되어야 할지를 안내해준다. 즉, 윤리적인 문제를 해결하기 위해서는 먼저 윤리적인 문제를 이해하고 해결책에 도달하는 데 기본구조를 제공하는 윤리이론에 관한 지식이 필요하다는 것이다. 상황에 대한 이해 부족으로 인한 결정은 비윤리성을 재생산할 수 있는 잠재성을 소지하고 있으며, 대부분의 비윤리적 행위의 결정은 바로 상황인식의 부족에서 기인하는 것일 수 있기 때문에 윤리적 문제 해결에 있어 윤리이론은 필수적이다.[2] 윤리이론은 근원적인 윤리적 가치를 어떻게 생각하는지에 따라 몇 개의 형태로 구분된다.

비록 윤리문제를 해결하는 데 있어서 결점 없는 이론은 없을지라도 윤리적 의사결정에 대해 잘 알려진 유용한 여러 접근이 있다. 이 장에서는 다양한 현대 윤리이론 중에서 스포츠 윤리문제의 분석과 해결을 위한 최소한의 틀로서 3가지 주요 윤리이론을 살펴보고자 한다. 이 윤리이론들의 차이는 가장 중요하게 생각하는 도덕의 개념이 무엇인지에 따라 구별된다. 하나의 스포츠 윤리문제에 여러 가지 윤리이론을 적용할 수 있으며, 이는 다양한 관점에서 그 문제를 고찰할 수 있게 해준다. 그렇다고 해서 각 윤리이론마다 반드시 다른 해결책을 제시하는 것은 아니며 서로 다른 윤리이론이 동일한 해결책을 만들어내기도 한다.

1. 결과론적 윤리체계

규범윤리(normative ethics)체계란 어떤 선택의 상황에서 우리가 어떻게 행위 해야 하는가를 결정하는 데 참고할 수 있는 도덕적 규범과 행위의 규칙체계이다. 그중 결과론적 윤리체계는 도덕적 강조점을 행위 그 자체보다 행위의 결과에 두는 것이다. 행위의 결과가 유익하면 그 행위는 도덕적으로 올바른 것으로 받아들여진다. 대표적인 형태의 결과론적 윤리체계가 공리주의이다. 공리주의는 최선의 결과를 낳을 가능성이 가장 큰 행위를 하라고 요구한다. 공리주의에 따르면 어떤 행위를 도덕적으로 선하거나 악한 행위로 결정하는 것은 바로 그 행위가 초래하는 결과의 좋음과 나쁨이다. 야구에서 빈볼[속어로 머리를 뜻하는 '빈(bean)'과 공을 뜻하는 '볼(ball)'에서 유래된 야구 용어로, 투수가 타자를 위협하기 위한 목적으로 고의적으로 타자의 머리 부근을 겨누어 던지는 투구를 의미한다]을 던지는 투수의 상황을 예로 들어보자. 큰 점수 차이로 지고 있는 상황에서 우리 팀의 주축 타자가 상대 투수의 투구에 두 번이나 몸에 맞았다. 이에 대한 앙갚음으로 상대방 주축 타자에게 빈볼을 던지라는 코치의 지시를 받았다. 하지만 자신의 빈볼로 인해 아무 잘못도 없는 상대 선수가 위협을 느끼거나 심각한 부상을 입을 수도 있다는 것을 알고 있다. 마운드에 서서 고민에 빠진 투수는 공리주의적 입장에서 이 상황을 판단하고자 한다. 팀 동료에 대한 애정을 보여주는 것은 바람직한 행동이다. 자신의 빈볼은 팀 분위기와 사기를 제고하고 선수단을 하나로 결속하는 결과를 가져올 수 있다고 생각한다. 따라서 이 투수는 자신의 행위의 결과가 유용하고 한 사람(상대방 타자)에게 주는 피해보다 다수(우리 팀 전체)에게 이익을 줄 수 있기 때문에 자신의 행동은 옳다고 판단했다. 이 투수는 타석에 들어선 상대 타자에게 강한 빈볼을 던졌다.

이처럼 공리주의의 핵심 원리는 '최대 다수의 최대 행복'이다. 이 슬로건 그대로 최대 다수의 최대 행복을 가져오는 것을 목표로 행동해야 올바른 행위가 되는 것이다. 대표적인 공리주의 주창자인 밀(Mill)의 용어로 표현하면, "행위는 행복을 증진하는 경향에 비례해서 옳고, 불행을 산출하는 경향에 비례해서 그르다."[3] 이처럼 공리주의는 "우리가 왜 올바른 행동, 도덕적인 행동을 해야 하는가?"라는 물음에 대하여 "최선의 결과(이익)를 위해서"라고 분명하게 대답해준다. 즉, 공리주의는 옳고 그른 행위를 판별하는 가치의 기준이 행위의 결과에 있기 때문에 어떤 사람이 어떤 행위를 한 결과가 그러한 가치의 기준을 만족시킨다면 그 행위는 옳고 결과가 나쁘면 그 행위는 그르다. 따라서 공리주의적 입장에서 우리가 어떤 행동을 해야 할지는 그 행동의 결과가 다수의 행복을 보장하는지를 예상하여 비교 검토하면 된다.

공리주의 윤리체계는 스포츠 윤리문제를 해결하는 도덕적 판단 기준으로 중요한 기여를 할 수 있다. 공리주의는 행위의 결과를 중시하므로 스포츠선수(참여자)의 행위의 결과는 스포츠가 추구하는 가치의 유용성에 기초하여 유용한 것을 이익으로 하고 그에 반하는 것을 비용으로 처리하여 이용과 비용을 대차하는 비용/이익 접근법을 사용할 수 있다. 이는 공리주의적 기준을 가능한 한 양적인 방식으로 적용하는 방법이다. 즉, 빈볼을 던지는 행위의 결과에 대해 스포츠가 추구하는 가치(페어플레이, 상대 선수 존중, 팀워크 등)에 기초하여 이익(이로운 것)과 비용(해로운 것)을 따져 이를 계산하여 행위를 결정하는 방법이다. 비용/이익 분석은 경우에 따라서는 도덕적 결함이 있는 방법이지만 스포츠 상황의 윤리적 판단에 있어 비교적 유효적절한 지침이 될 수 있다.

완벽한 윤리이론은 존재할 수 없듯이, 공리주의 윤리에도 난점이 있다. 예를 들어보자. 강원도의 한 아름다운 산에 스키리조트를 건립하고자 한다. 하지만 스키리조트 건설공사로 인하여 불가피하게 오염물질이 방출되고 홍수에 대한 위험도 있어 그 인근지역에서 농사를 짓고 살아가는 소수의 몇몇 가구들에게 경제적 어려움과 건강상의 문제를 일으킬 수 있다고 한다. 반면에 스키리조트가 조성되면 그 지역의 다수의 구성원들이 스키리조트에서 직장을 얻을 수 있게 되고 지역의 상권도 살아나 지역공동체의 경제성장에도 크게 기여할 것으로 예측한다. 고민 끝에 결국 계획대로 공사를 실시하여 5개월 뒤에 이 스키리조트는 완공될 것이다. 그 결과 공동체 가운데 경제적으로 가난한 구성원들인 소수의 사람들에게는 불리하게 영향을 끼칠 것이다. 이러한 상황에서 스키리조트의 건립을 허용하는 것은 비록 공동체의 가난한 몇몇 구성원들에게는 부당하겠지만 공리주의적 관점에서는 정당화될 수 있다. 이처럼 공리주의적 추론은 때로 우리의 상식적인 도덕감에서 받아들이기 어려운 도덕적 판단으로 귀착되는 경우가 발생한다.

이와 같이 공리주의의 최대 난점은 정의나 개인의 권리 같은 근본적인 도덕 개념들과 양립할 수 없다는 것이다. 달리 말하면, 도덕을 단지 수단적 위치로 끌어내렸다는 점이다. 결과보다는 그 자체로 의미 있는 행위를 해야 하는 경우가 있다. 공리주의는 비록 불행한 결과가 빚어진다고 하더라도 진실을 위해 기꺼이 목숨을 버리는 것과 같은 행위를 간과한다. 또한 우리는 어떤 행동 과정이 영향을 받는 사람들에게 단기적 관점에서뿐만 아니라 장기적 관점에서도 최대의 유용성을 산출할 수 있는지를 알아야 하는데, 그 결과를 산출하기가 어렵다.[4] 따라서 어떤 행동의 정확한 결과를 알 수 없다면, 그것의 도덕적 지위를 확신할 수 없다. 이러한 어려움은 어떤 상황에서는 공리주의적 관점이 명료한 실천적인 지침을 제공해줄 수 없다는 것을 의미한다.

2. 의무론적 윤리체계

결과론적 윤리체계와는 달리 의무론적 윤리체계는 어떤 행위를 옳거나 그른 것으로 만드는 기준이 행위에 대한 결과의 좋고 나쁨이 아니라 그 행위가 도덕규칙에 따르느냐 혹은 위반하느냐가 판단의 기준이 된다. 달리 표현하면 만약 당신의 행동이 모든 도덕 행위자가 행해야 할 의무에 속한다면 당신의 행위는 옳은 것이고 그 행위가 모든 도덕 행위자가 금해야 할 의무의 종류에 속한다면 당신의 행위는 그른 것이 된다. 이처럼 의무론 입장에서 윤리적 행동이란 자신의 (도덕적) 의무를 적절히 수행한 결과일 뿐이다.

앞서 언급한 빈볼의 예로 다시 돌아가 보자. 상대방 주축 타자에게 보복성 빈볼을 던지라는 코치의 지시를 받은 투수가 이번에는 의무론 입장에서 이 상황을 판단한다고 하자. 아무 잘못이 없는 상대방에게 위협을 가하거나 부상을 입히는 행위는 '남을 해하지 말라'는 도덕적 의무에 어긋난다. 비록 빈볼을 던지는 것이 팀 전체(다수)에게 이익을 줄 수는 있지만, 자신의 행위가 도덕규칙에 어긋나기 때문에 이 투수는 빈볼을 던지는 것이 도덕적으로 옳지 않다고 판단했다. 이 투수는 타석에 들어선 상대 타자와 정상적인 투구로 승부했다.

의무론적 윤리체계는 행위의 본질을 강조하는 윤리이론으로, 선도적 주창자는 18세기 독일의 철학자 칸트(Kant)이다. 의무론적 윤리와 칸트의 윤리를 동일시할 정도로 칸트의 윤리학은 의무론적 윤리를 상징하는 윤리체계이다. 칸트는 '거짓말하지 말라', '남을 해하지 말라', '약속을 지켜라', '어려운 처지에 있는 사람을 도와라', '살인하지 말라' 등과 같은 도덕적 의무를 가장 기본적인 의무로 보았다. 이 행동들을 의무로 본 것은 그것이 사람들에 대한 무조건적인 존중을 표현하는 보편적인 원칙이기 때문이다. 이처럼 의무론적 윤리체계에서 중요한 한 가지는 보편성의 원리이다. 칸트에 의하면 행위자의 주관적 준칙이 객관적 도덕법칙이 되기 위해서는 그 준칙이 보편성을 가져야 한다. 이는 윤리적 판단의 상황에서 자신의 의사결정이나 행위에 대해 보편성의 원리로 스스로에게 질문해보아야 한다는 것을 의미한다. 즉, 자신의 의사결정이나 행위가 자신뿐만 아니라 이러한 행위에 의해 영향을 받는 사람들까지 기꺼이 받아들일 수 있을지에 대해 스스로 질문해보아야 한다.[5] 자신의 행위를 다른 사람의 입장에서 그 처지를 바꿔 물어봄으로써 다른 사람들에 대한 자신의 행동의 영향을 평가하도록 해야 한다.[6] 즉, 나 자신뿐만 아니라 자신의 행위나 의사결정에 영향을 받는 다른 사람도 공평하고 동등하게 대우받아야 도덕적으로 바람직하다는 것이다.

공리주의와 마찬가지로 의무론적 윤리에도 기본적인 난점은 존재한다. 첫 번째는 의무를 규정한 도덕규칙 간의 갈등상황에서 생기는 논리적 난점이 있다. 약속을 어기는 것은 항상 나쁜 것이고, 거짓말하는 것도 항상 나쁜 것이라면 약속을 지키기 위해 거짓말을 해야 하는 경우에는 어떻게 해야 하는가? 더욱이 생명을 구하기 위해 거짓말을 해야 하는 경우는 어떻게 해야 하는가? 이러한 도덕적 갈등상황에서 의무론은 실질적인 도움을 주지 못한다.

프로야구의 경기조작 상황을 예로 들어보자. 어릴 적부터 함께 운동하며 동고동락한 절친한 선배가 최근 타율이 점점 떨어져 2군으로 밀려날 상황에 놓여 있다. 오늘 투수로 등판 예정인 나에게 선배가 연락을 했다. 오늘 의도적으로 쉬운 볼을 던져 자신이 안타를 칠 수 있도록 한번만 도와달라고 한다. 어렵게 올라온 1군 무대에서 계속 기회를 잡을 수 있도록 도와달라고 사정한다. 거기다 최근 생활고에도 시달리고 있다고 한다. 나는 '경기에 최선을 다하라'는 스포츠맨십과 '어려운 처지의 사람을 도우라'는 도덕규칙 간에 갈등하고 있다. 하나의 도덕규칙을 따르면 다른 하나는 위반하게 된다. 어떤 것이 올바른 판단일까? 의무론은 이런 도덕규칙 간의 충돌 문제를 해결하는 데 실질적인 도움을 주지 못하는 약점이 있다.

의무론적 윤리가 갖는 두 번째 난점은 사회 전체의 이익을 제대로 고려하지 못할 경우가 있다는 점이다. 앞서 언급한 스키리조트 건립을 계속해서 예로 들어보자. 의무론적 윤리는 개인의 권리를 강조하므로 사회 전체의 이익보다는 개인의 이익이 더 중요할 수 있다. 스키리조트가 들어서는 바로 인근지역에 살고 있는 소수의 사람들은 오염물질의 유출로 입을 수 있는 피해와 홍수에 대한 두려움 없이 살아갈 권리가 있다. 그러나 스키리조트가 조성됨으로써 인근지역의 보다 많은 사람들이 삶을 유지할 수 있는 직장을 얻게 되고, 사회 전체로 봤을 때도 많은 국민이 건강증진과 여가생활에 혜택을 얻게 될 것이라는 점도 중요하다. 의무론적 윤리는 사회 전체에 대한 이익에도 불구하고 인근지역에 사는 소수 개인들의 편을 들게 될 것이다.

지금까지 살펴본 두 가지 윤리이론에서만 보아도 스포츠의 윤리적 문제는 왜 둘 이상의 윤리이론이 고려될 수밖에 없는지 알 수 있을 것이다. 이처럼 윤리이론들마다 윤리적인 문제를 바라보는 시각이 다르며, 때로는 다른 해결점에 도달할 수도 있다. 따라서 스포츠 윤리문제에 대하여 바람직한 결론을 도출하려면 여러 가지 윤리이론을 적용하여 그 상황을 분석하는 과정이 요구된다.

3. 덕론적 윤리체계

덕론적 윤리체계는 결과론적 윤리체계와 의무론적 윤리체계가 인간 내면의 도덕성의 근원과 개인의 인성을 무시한 채 '법칙적인 윤리개념'에만 의존하고 있으며 감정을 도덕적 동기로 인정하지 않는다는 비판을 하면서 현대 윤리적인 담론의 무대에 등장하였다.[7] 기본적으로 덕 윤리는 우리가 어떤 사람이 되어야 할지에 관심을 갖는다. 따라서 덕 윤리의 근본적인 질문은 '무엇을 해야만 하는가?'가 아니라 '어떻게 살아야 하는가?'이며, 행위 자체보다는 행위자에게 초점을 맞추고 있다. 즉, 행위에 대한 '의무판단'보다는 행위자의 '덕성판단'을 중시한다.[8] 그래서 '어떻게 행동해야 하는가?'에 대한 덕 윤리의 대답은 '특정 상황에서 유덕한 행위자가 할법한 것을 행하라'는 것이다.[9] 덕 윤리에서 어떤 행위를 옳거나 그른 것으로 만드는 기준은 다소 간단하다. 덕 윤리에서는 미덕을 드러내는 행동은 옳은 것으로 간주되며, 악덕을 드러내는 행동은 그릇된 것으로 간주된다. 미덕에는 책임, 정직, 충성, 신뢰, 공정, 배려, 존중 등이 해당되고 악덕에는 거짓, 배신, 무책임, 불성실, 이기심 등을 예로 들 수 있다. 이처럼 덕 윤리는 개인의 품성과 긴밀하게 연관되어 있다.

이런 점에서 볼 때 덕 윤리는 대체로 개인윤리에 해당하는 것처럼 보여 스포츠에서 제기되는 윤리문제에 적용하기에는 적합하지 않은 것으로 생각될 수 있다. 왜냐하면 스포츠 상황에서는 스포츠의 규칙이나 관습에 관련되어 제기되는 윤리문제들이 많으며, 규칙을 지키고 안 지키고의 문제를 어디까지나 개인적인 감정과 태도의 문제로만 볼 수 없기 때문이다.[10] 그러나 개인의 도덕적 품성이 스포츠인이 갖추어야 할 도덕적 품성과 분리될 수 있는 것도 아니거니와 분리되어서도 안 될 것이다. 일반적으로 유덕한 행동으로 간주된다면 그와 같은 행동은 스포츠 상황에서도 윤리적 행위의 지침이 될 수 있을 것이다.

이 행위는 정직한 것인가? 이 행동은 페어플레이 정신에 입각한 것인가? 공정한 경쟁을 통해 얻은 명예로운 승리인가? 스포츠인으로서 정정당당하게 행동한 것인가? 이와 같은 물음들에 답변을 시도해봄으로써 스포츠에서 덕 윤리를 적용할 수 있다. 즉, 이런 물음들에 답변하면서 무엇이 바람직한 행동인지가 분명해진다. 스포츠 윤리문제의 분석에서 덕 윤리를 사용하기 위해서는 먼저 해당 상황에 적용될 수 있는 미덕과 악덕을 구별해야 한다. 그런 다음 이들 각각이 암시하는 행동 방향이 무엇인지를 결정해야 한다.

다른 윤리이론들의 경우와 마찬가지로 덕 윤리 또한 난점을 가지고 있다. 덕 윤리체계는 스포츠 상황 속에서 부단히 직면하는 윤리문제들을 적용하기에는 다소 까다롭다. 이는 덕 윤리가 구체성이 부족하고, 엄격한 분석을 적용하기 어려우며, 스포츠 조직이나 스포츠 자체와 같이 사람이 아닌 경우 덕 윤리이론으로 설명하기 어려운 경우가 많기 때문이다. 또한 스포츠 상황에서 표면상으로는 미덕처럼 보이지만 결국 악덕으로 이어지는 경우가 발생할 수 있다. 다시 앞서 언급한 야구의 빈볼을 예로 들면, '팀 정신' 혹은 '팀워크'라는 개념은 스포츠에서 미덕으로 인식된다. 그러나 이 '팀 정신'이라는 미덕은 팀의 사기와 자존심을 지키기 위하여 아무 잘못이 없는 상대방 타자에게 빈볼을 던져 폭력적 앙갚음을 하는 행위를 정당화시키기도 한다. 빈볼이 아니더라도 스포츠에서 이와 유사한 사례는 헤아릴 수도 없이 많다. 스포츠에 덕 윤리를 적용할 때는 덕으로 식별된 특징이 실제로 덕성스러운 것이어야 하고 부정적 결과를 파생시켜서는 안 된다는 점을 확인해야 할 것이다.

4. 동양사상과 윤리체계

인간의 윤리체계는 시대에 따라 세부적으로 변화하지만, 그 본질은 변하지 않는 고정된 형이상학적 순수개념이기 때문에 그 문화나 역사 전반에 걸쳐 반드시 동일한 특징들을 담고 있다. 신체의 움직임을 바탕으로 하는 스포츠는 어차피 인간의 삶을 이루고 있는 생활의 일부분으로 사회(문화)라는 공동체 내에서 그 사회의 규범과 도덕 가치를 공유한다. 사회 공동체의 시민윤리가 스포츠의 장에 적용될 때 각각의 문화의 특징에 따라 스포츠 행위의 윤리적 가치 해석은 해당 사회 공동체의 윤리적 기준을 수렴하게 되는 것이다.[11] 빠르게 변화하는 현대사회에서 전통을 추구하는 동양윤리는 현실에 맞는 실천적 윤리이론의 재정립으로 사회구성원의 필요에 부응할 시점이다. 이에 따라 동·서양윤리와 더불어 실천하는 윤리의 지혜 습득은 필수적이며, 특히 스포츠의 장에서 신체활동으로 이어지는 윤리적 상황을 통한 실천적 윤리의 터득이 가능할 것이다.

이 장에서는 동양윤리 사상 중 대표적인 유교, 불교, 도교의 윤리사상을 중심으로 스포츠윤리의 접목에 대해 알아볼 것이다.

가. 유교

1) 공자(孔子, B.C. 551~479)

공자는 실천 가능한 윤리의 발현을 위해 덕의 10가지 요인을 강조한다. 인(仁)·의(義)·효(孝)·우(友)·충(忠)·신(信)·관(寬)·서(恕)·공(恭)·경(敬)을 포함하는 10가지 덕으로서 터득할 내용은 전통적으로 전승되어온 문화의 지식이며, 그 상황에서의 인식, 판단, 도덕적 행위 선택의 능력이다. 덕을 완전하게 습득하거나 습득된 덕이 적절하게 발현되기 위해서는 이러한 지식과 능력이 필요하다. 그렇지 않을 경우 이러한 덕들은 오히려 자신이나 타인에게 해를 끼치는 결과를 초래한다. 예를 들면 인(仁), 즉 타인에 대한 애정적 관심은 비록 그 자체가 타인을 돕거나 최소한 타인에게 해를 끼치지 않으려는 욕구에서 발현되는 것일지라도 상황에 대한 명확한 인식과 그에 따른 적절한 표현방식을 알지 못한다면 오히려 상대방에게 해를 끼치는 어리석은 짓을 할 수 있다.[12] 올바른 윤리 가치관을 가지기 위한 스포츠 정신성에 대한 공자의 언급은 다음과 같다.

> 자기를 이기고 예로 돌아가는 것이 인을 실천하는 것이다.[13]

즉, 인을 실천하는 길은 자기 자신의 욕망을 억제해야 한다는 것을 말하고 있다.[14] 이를 스포츠 상황에 적용하면, 승리 추구를 위해 수단과 방법을 가리지 않으려는 내면의 욕망을 자제하고, 정도(正道)를 지켜 정정당당하게 승부에 임하며, 나아가 상대방의 선전(善戰)을 존중하는 미덕이 공자의 덕 윤리에 기초한 것이라 할 수 있을 것이다.[15]

2) 맹자(孟子, B.C. 371~289)

맹자는 평소 윤리적 상황이 터득된 상태에서 어떻게 올바른 신체적 행위로 이루어져야 하는지 실천 가능한 방법에 대해 설명하였다. 대표적으로 특히 인(仁)·의(義)·예(禮)·지(智)를 중점 개념으로 터득된 도덕적 성향을 확장하게 되면 윤리적 문제가 필요한 상황에서 자연스럽게 실천적 행위가 가능하다고 강조한다는 것을 알 수 있다.

맹자가 중시하는 인·의·예·지라는 4가지 요소는 각각 측은지심(惻隱之心), 수오지심(羞惡之心), 사양지심(辭讓之心), 시비지심(是非之心)으로 나누어 설명할 수 있다.

먼저 측은지심은 우물로 기어가는 어린아이를 보면 아무리 악한 사람이라도 본능적으로 아이를 잡으려는 마음이다. 이는 다른 어떠한 감정이나 외부적인 요인의 작용을 배제하고, 오직 측은한 마음에서 본능적으로 이런 행동을 유발시키는 것을 의미한다. 이러한 본능을 스포츠 상황에서 살펴보면 마라톤 경기에서 넘어진 경쟁자를 부축해주는 선수의 모습에서 측은지심을 볼 수 있으며, 축구장에서 상대팀 선수의 부상을 돌봐주는 모습에서도 측은지심을 읽을 수 있다. 이는 상대 선수에 대한 경쟁과 승리의 감정보다 배려와 인간애의 요소가 더 크게 작용한 것이다.

이처럼 유교에서는 먼저 사회적인 유대의 중요성을 강조하고, 그것에 대한 형식적인 면을 중요시하였다. 유교에서 찾아볼 수 있는 스포츠윤리 요인 또한 사회적이며 형식적인 형태를 취하고 있음을 알 수 있다. 스포츠에서 예의, 희생, 겸손, 배려 같은 요소는 상대를 고려한다는 것이며, 이는 타인이 존재함으로써 더욱 부각되는 요소이다.

이처럼 유교에서의 스포츠맨십은 개인의 수양 문제에서 시작하여 사회적 관계로 나아가는 형식을 취하고 있다. 이는 보다 유기적인 사회를 구성하기 위해 중시되는 개념들이며, 오늘날 우리가 살아가는 현대사회의 스포츠 장에 반드시 필요한 덕목이라 할 수 있다.

나. 불교

인도에서 시작된 불교는 행복, 깨달음을 지향하는 철학으로 개인의 해탈(解脫)을 통해 열반에 이르는 방법으로 이해될 수 있다. 불교윤리는 불교의 하위개념이지만, 불교윤리의 특성상 형이상학과 인식론 등 불교철학의 모든 내용을 전제한다.[16] 팔정도(八正道)는 불교사상에서 도덕적·윤리적 성격을 가장 잘 담고 있는 교설 중의 하나이다. 8가지 올바름으로 대변되는 팔정도는 정견(正見), 정사(正思), 정어(正語), 정업(正業), 정명(正命), 정근(正勤), 정념(正念), 정정(正定)의 순으로 설명된다. 순서대로 간략히 설명하자면 올바로 보고, 생각하고, 말하며, 행동과 목숨을 유지하고, 부지런히 노력하며, 기억하고, 생각하고, 마음을 안정하는 것으로 개인이 해탈하여 깨달음의 경지인 세계로 나아가기 위한 실천수행방법으로 이해할 수 있다.

이승훈(2014)은 스포츠맨십과 연관 지어 팔정도의 8단계를 다음과 같이 언급하고 있다.

> 정견(正見)은 스포츠에서 승리만을 추구하는 것이 아닌 공정성에 대한 인지가 선행되어야 한다.
> 정사(正思)는 스포츠에서의 정당한 승부와 그러한 요소들의 배려, 매 순간의 최선 등 여러 부수적인 요인을 말한다.
> 정어(正語)는 스포츠 상황에서의 감정 조절이나 정당한 승부에 대한 인식 부재 현상으로 스포츠 정신을 저해하는 요인으로 작용하는 것을 말한다.
> 정업(正業)은 스포츠맨십의 요소로 정직과 절제, 상대에 대한 예의가 포함될 수 있다.
> 정명(正命)은 승부조작이 대표적인 예로 스포츠 상황 속의 승리 또는 부의 획득을 위해 정당하지 못한 행위들의 문제점으로, 이를 위해 정직한 마음과 공정성에 바탕을 두어야 한다.
> 정정진(正精進)은 승리에 대한 만족할만한 결과나 과정을 위해 경기에 최선을 다하는 자세가 필요하며, 결과에 승복할 줄 알고, 경기에 최선을 다하는 자세는 올바른 노력에서 비롯된 것이라고 할 수 있다.
> 정념(正念)은 정당한 경기에 대한 지속적인 지각이라고 할 수 있다. 올바른 길에 대한 판단으로 스포츠의 본질을 자각하면서 경기에 임해야 할 필요가 있다.
> 정정(正定)은 스포츠 상황에서의 뚜렷한 목표의식, 즉 윤리의식이라 할 수 있다. 이러한 뚜렷한 윤리의식을 바탕으로 주위의 유혹에 굴복하지 않는 마음자세를 견지하는 것이다.[17]

팔정도를 중심으로 한 불교사상은 스포츠 행위 자체보다 그것을 직접 실행하고 행동으로 표현하는 행위자의 관점을 중요시하였다.

오늘날 스포츠는 승리 추구를 위해 수단과 방법을 가리지 않는 치열한 경쟁상황에서 승리의 수단으로 폭력, 약물복용, 선수 매수, 승부조작 등의 유혹에 노출되어 있다. 이러한 상황에서 불교의 팔정도는 선수 자신에게 올바른 윤리의식을 심어주고 나아가 어떠한 유혹에도 흔들리지 않는 마음자세를 가질 수 있는 지침서라고 할 수 있을 것이다.

다. 도교

1) 노자(老子)

유교가 인간과 인간 사이의 인위적인 관계를 중시한 사상이었다면 도교의 기본 사상은 인간에 의해 의도적으로 만들어진 것이 아닌, 있는 그대로의 관계를 중요시하였다. 유교는 인간이 해야 할 행위를 형식화하고 제도화하여 그 안에 인간과 사회를 두려고 했다면 도교에서는 무엇인가에 얽매이거나 규정하는 것이 아니라 오히려 스스로는 존재하지 않음으로써 어떤 형태로의 변화 가능성을 열어두는 것, 그것이 바로 무위라 할 수 있다.[18]

노자에 의하면 덕은 인간의 본질을 아는 데서 이루어진다고 하였다. 다시 말하면 인간은 자기의 본질을 구속하는 의식을 갖고 있으며, 이러한 의식 때문에 자신을 직시할 수 없어 또 다른 나로 위장하거나 포장하게 되는 것이다. 따라서 인간이 거짓을 만드는 것 없이 자기의 본래적 자아를 인식하는 것이 바로 덕이며,[19] 이것이 바로 도교사상의 핵심인 마음을 비우는 것이다. 이러한 노자의 덕 개념을 오늘날 스포츠맨십에 적용한다면 겸양(謙讓)이라는 덕목으로 설명할 수 있다. 즉, 스스로를 낮추고 동료나 타인에게 양보와 겸손의 예의를 갖춤으로써 흐르는 물처럼 자연스럽게 물길을 내고 그렇게 흘러 큰 강이나 바다를 이루듯이 개인의 내재된 도덕성을 강조하였다. 개인의 내재된 도덕성이란 노자의 현덕(玄德) 개념으로 설명할 수 있다.

> 현묘한 덕은 깊고 멀어서 사물과는 반대되는 곳에 존재한다.[20]

여기에서 노자는 당장 눈앞에 보이는 승리의 추구를 사물에 비유하고 현묘한 덕을 인간의 내재적 도덕성으로 간주하였다. 즉, 오늘날 스포츠 장에서 발생하는 다양한 비윤리적 상황에 대해 인간의 작위적인 행위나 욕심을 사물에 비유하고 있으며 이를 초월한(반대되는) 경지가 바로 현묘의 덕으로서 내재적 도덕성의 발현이라 할 수 있다.

스포츠의 최고 선(善)이라 할 수 있는 승리를 도외시할 수는 없겠지만, 승리지상주의로 얼룩진 스포츠 현장에서 승리보다는 스포츠 자체를 즐길 수 있도록 스스로를 낮추고 겸양과 배려로 상대를 대할 때 비로소 진정한 의미의 스포츠윤리가 자연스럽게 발현되는 것이다. 여기에는 어떠한 인위적 제도나 구속이 요구되지 않으며, 어떤 목적이나 의도에 의해 실력이 발휘되는 것이 아니라 스포츠 자체를 위해 발현되는 것으로서 이것이 노자의 덕 개념으로 바라본 스포츠맨십이다. 이는 제도의 문제가 아니라 행위자 개인의 내재된 도덕성을 더욱 강조하는 것이라 할 수 있을 것이다.

2) 장자(莊子)

장자는 노자와 마찬가지로 도(道)를 천지만물의 근본원리라고 여기고, 도는 어떤 목적을 욕구하거나 사유하지 않는 무위(無爲)를 의미하며, 또한 도는 스스로 자기존재를 발전시키며 저절로 발생하므로 자연스럽다고 보았다.[21] 이는 두 사상 모두 덕이라는 개념을 자연적 본성으로 해석하고 있기 때문이다.[22] 장자는 노자의 도를 받아들여 자신의 중심사상으로 삼았으며, 노자의 사상과 대부분 일치한다. 다음과 같은 언급에서 장자의 자연적 사상을 볼 수 있다.

> 지인(至人)은 자기의 입장이나 생각을 타인에게 관철시키려 하지 않고, 신인(神人)은 억지로 공을 세우려 자신의 몸과 마음을 어지럽히지 않으며, 성인(聖人)은 사회적 명성이나 사사로운 욕망을 추구하지 않는다.[23]

이와 같은 대상들은 내면의 자연적 본성이라 할 수 있는 덕을 제대로 발휘한 대표적인 경우라 할 수 있다. 이러한 장자의 덕 개념을 스포츠윤리와 연관시켜보았을 때, 노자의 그것과 크게 다르지 않다는 것을 알 수 있다. 장자의 덕 개념으로 바라본 스포츠맨십은 제도화나 형식화된 인위적 행동보다는 행동 이전의 내재된 도덕성을 더욱 강조하는 것이다.

장자는 겉으로 드러나는 의도적이거나 조작적인 윤리 행위가 아니라 개인적이며 내면의 자연스러운 행동을 중요시했음을 알 수 있다.

> 무릇 도는 실재한다는 확실한 믿음이 있지만, 인위적인 행함이 없고, 형체도 없다. 마음으로 전할 수는 있으나, 형체가 있는 것처럼 주고받을 수는 없다. 그것은 마음으로 체득할 수는 있으나 눈으로 볼 수는 없다(생략).[24]

이처럼 장자의 윤리사상으로 바라본 스포츠윤리는 외적인 면을 강조하는 것이 아니라, 내면에 있는 진실한 도덕성의 발현을 강조하는 것으로 볼 수 있다.

5. 가치충돌의 문제와 대안

우리는 가끔 서로 충돌하는 윤리적 가치들 사이에서 도덕적 판단을 해야 하는 상황들을 만난다. 즉, 각기 옳은 것처럼 보이는 두 개의 서로 충돌하는 가치 사이에서 윤리적 선택을 요구하는 상황에 직면한다. 이는 도덕적 쟁점들이 생겼을 때 적용하고자 하는 도덕원리들이 충돌하는 문제와 관련되어 있다. 주로 준수해야 할 원리들을 모두 지킬 수 없거나 한 원리를 따르면 다른 원리를 위배하게 되는 상황이 그렇다. 요컨대, 두 가지 이상의 도덕적 의무와 규칙들을 적용해야 할 경우, 그에 따라 서로 다른 양립할 수 없는 도덕적 판단을 내려야 할 경우에 도덕적 충돌이 생기는 것이다. 이런 상황은 다른 분야에서도 마찬가지이지만 스포츠 분야에서 흔히 발생하게 된다. 도덕적 가치가 서로 충돌하는 상황에서는 어떻게 옳은 선택을 내릴 수 있을까?

어떤 하나의 가치가 중요도 측면에서 다른 것보다 더 높은 도덕적 순위를 가지고 있다면, 이는 선택을 함에 있어 비교적 쉬운 경우이다. 그러나 상충하는 가치들의 중요도를 서열화할 수 없을 때, 우리는 문제에 봉착한다. 이런 경우에는 일단 주어진 상황에 적용할 수 있는 모든 윤리이론을 고려해보는 것이 가장 바람직할 것이다. 물론 윤리이론들 간의 갈등으로 오히려 혼란을 가져올 수도 있다. 즉, 각각의 윤리이론은 서로 다른 도덕적 판단의 잣대를 가지고 있기 때문에 하나의 윤리적 상황에 대해 각기 다른 분석결과를 제시할 수도 있다. 하지만 가장 바람직한 판단을 내리기 위해서는 주어진 윤리적 상황을 다각도로 분석하는 것이 필요하고; 이를 위해 주요 윤리이론들을 그 상황에 적용시켜봄으로써 사고의 폭을 넓히는 것이 우선되어야 한다. 이러한 이유 때문에 윤리적 문제를 해결하기 위해서는 다양한 윤리이론들을 주어진 상황에 적용시키는 능력과 함께 그 윤리적 상황을 정확하게 분석하는 능력의 습득이 필요하다.

윤리적 문제를 해결하는 데 있어서 우리가 유념할 사항은 다른 어떤 사람이 어떻게 윤리적 상황에 대처하는가를 평가하는 재판자의 관점보다는 윤리적 상황에 실제로 직면하고 있는 행위자의 관점을 취하는 것이 윤리문제를 현명하게 해결하는 하나의 방법이다.[25] 행위자의 관점은 윤리적 상황에서 필연적으로 결정을 내려야 하는 사람이 이용할 수 있거나, 이용할 수 있는 정보를 가지고 주어진 상황의 윤리적 쟁점을 분석하도록 할 것이다. 가치충돌의 문제에 접근하는 방법 중의 하나는 '창의적 중도(creative middle way)'라고 불리는 방법이다.[26] 이는 일종의 절충을 위한 시도로서 모든 사람이 수용할 수 있는 중간 지점을 찾아 모든 사람을 납득시키기 위한 창의성이 문제해결의 핵심이다.

이상에서 살펴본 바와 같이, 일반적인 윤리적 상황과 마찬가지로 스포츠 상황에서 발생하는 가치충돌의 문제를 해결하기 위해서는 그 상황에 적용되는 일반적인 도덕규칙과 의무들의 중요도 혹은 보편성과 결과의 공리성 혹은 심각성을 비교·분석하여 최선의 방안을 찾으려는 노력이 필요하다. 만일 가장 적절한 해결책이 불가능하다면 그다음의 바람직한 해결책을 모색해나가야 한다. 즉, 최선의 선택이 가능하지 않다면 차선의 원리를 선택해야 하고, 만일 최선과 차선책이 모두 어렵게 된다면 절충을 찾기 위한 창의적인 중간 방도를 탐구해야 할 것이다.[27]

Ⅱ부
경쟁과 페어플레이

이 단원에서는 먼저 스포츠경기의 목적을 재고해본다. 스포츠에는 승리 추구를 목적으로 하는 아곤적 요소와 탁월성 추구를 목적으로 하는 아레테적 요소가 혼재되어 있는데, 현대 스포츠에서는 아레테보다 아곤적 요소가 더욱 중시되고 있다. 아곤적 요소는 스포츠에 긴장과 재미를 불어넣어 준다는 점에서 필수적이지만 부정적인 이미지를 심어줄 수 있다. 그러나 아레테는 아곤을 포괄하며 스포츠의 부정적 이미지를 해소시켜줄 수 있다는 점에서 스포츠경기에서 더욱 중요시되어야 한다.

스포츠맨십은 스포츠가 폭력적 투쟁으로 변질되지 않도록 보호해주는 내부적 감시기제이며, 스포츠도덕의 다른 표현이다. 도덕의 근본 문제는 어떤 행위를 선택해야 할지 갈등하는 상황에서 자신의 정체를 인식하고 합당한 행위를 선택함으로써 자신의 정체를 유지해나가는 일과 관련이 있다. 스포츠는 일차적으로 놀이이고, 놀이 중에서도 투쟁적 성격의 놀이, 즉 경쟁이다. 스포츠맨십은 놀이 상황과 경쟁 상황에서 스포츠맨의 정체성을 계속해서 유지하기 위해 요구되는 행위규범이다.

페어플레이(공정 수행 혹은 시합)는 스포츠윤리, 스포츠맨십의 핵심을 이룬다고 할 수 있다. 경쟁을 기본 구조로 하는 경쟁적 스포츠, 경기에서 공정성은 필수 조건이기 때문이다. 따라서 공정시합의 개념 및 관점을 체계적으로 이해하고 경기에서 공정성이 지켜져야 하는 이유를 앞에서 배운 의무론, 공리주의 입장에서 살펴보며 공정시합의 개념 및 관점을 의도적 반칙, 승부조작 같은 경기 현장의 문제 상황에 적용하여 생각해본다.

1장 스포츠경기의 목적

 학습목표

- 아곤과 아레테 개념의 어원과 의미 그리고 양자의 차이점을 이해한다.
- 스포츠에는 아곤적 요소와 아레테적 요소가 함께 포함되어 있음을 이해한다.
- 스포츠경기의 목적은 아곤적 요소인 승리 추구보다 아레테적 요소인 탁월성 추구에 있다는 점을 이해한다.

1. 아곤과 아레테의 차이

스포츠는 인간의 여러 가지 활동 가운데 하나이다. 그렇다면 스포츠는 다른 활동들과 어떻게 구별될 수 있을까? 굼브레히트는 스포츠를 구성하고 있는 핵심적 특징을 서양의 정신사에서 찾을 수 있다고 하였다(Gumbrecht, 2005: 45)[1]. 여기서 그가 말하는 특징은 고대 그리스어에 기원을 두고 있는 아곤(agon)과 아레테(aretē)이다. 왜 그는 이 두 개념을 스포츠의 핵심적 특징으로 생각했을까? 먼저 이 두 개념의 구체적 의미를 알아보고, 이 물음에 대한 답을 찾도록 하겠다. 이 과정에서 스포츠경기가 추구해야 할 목적이 자연스럽게 도출될 수 있을 것이다.

아곤은 고대 그리스어로 '경쟁'을 의미한다. 호메로스와 헤시오도스는 아곤을 한편으로는 경쟁이 이루어지는 모임이나 회합을 가리키는 데 사용하였고, 다른 한편으로는 경쟁의 실제적인 행위, 게임, 축제 자체를 지칭하는 데 이용하기도 했다. 이후 아곤은 비극에서의 대화나 법정에서의 논쟁을 뜻하는 의미로까지 확대된다(이상엽, 2013)[2].

부르크하르트나 니체 같은 학자는 아곤을 고대 그리스 세계의 본질을 잘 나타내주는 핵심 개념으로 이해한다. 부르크하르트에 따르면 아곤은 그리스 세계의 본질로서 그리스인들의 삶 전체에 나타났을 뿐만 아니라 그리스 문화를 그리스 문화답게 만든 근원적인 요소이다. 니체 역시 아곤은 호메로스 이후 그리스 세계를 관통해 그리스인의 삶을 지배하는 토대가 되었다고 했다. 이상엽(2013: 218)[3]은 「니체와 아곤의 교육」에서 이 점에 대해 다음과 같이 적고 있다.

> 아곤의 진정한 목표는 승리 그 자체이다. 고대 그리스인에게 아곤에서의 승리는 삶 그 자체였고, 특히 올림픽에서의 승리는 지상 최고의 승리로 간주되었다고 한다. 이러한 승리는 모든 그리스인들의 목표였고, 승자는 살아 있을 때뿐만 아니라 죽어서도 칭송되었다고 한다. 아곤의 승리자를 위해 기념비가 세워지기까지 했다. 바로 이러한 명예를 통해 인간은 이 세상의 삶을 초월한 영원히 사멸하지 않는 삶을 얻을 수 있었다.

체육학자들은 스포츠의 교육적 가치를 강조하면서 고대 그리스의 철학자 플라톤을 자주 인용한다. 그가 인간교육에서 체육과 음악의 중요성을 강조했기 때문이다. 플라톤이 인간교육에서 체육과 음악을 강조한 이유는 당시 그리스사회에서 그것들이 경쟁, 즉 아곤을 매우 중요하게 여기는 영역이었기 때문이다. 당시 그리스인의 삶은 아곤에 의해 지배되고 있었고, 그들은 아곤에서의 승리를 위해 교육, 특히 체육교육과 음악교육을 강조했던 것이다. 다시 이상엽(2013: 218)[4]의 말을 들어보자.

> 체육과 음악 영역에서의 경쟁은 그리스인의 삶 어디에서나 현존하는 것이었고 이는 그리스 교육에서 중심을 차지했다. 고대 그리스에서 지속적인 경쟁과 이를 위한 연습은 개인의 발전을 위해 필수적인 것으로 여겨졌다. 이와 같은 그리스적 실존은 곧 아곤에 의해 지배되었고, 아곤의 승리를 위해 교육이 강조되었던 것이다.

위의 인용에서 확인할 수 있듯이 고대 그리스의 교육은 아곤의 정신을 고취시키는 교육이었다. 부르크하르트는 고대 그리스 교육의 아곤적 편향에 대해 "이전에도 나중에도 그리고 그 어디에서도 등장하지 않았던 하나의 실존이 탄생했다. 교육을 통해 모든 것에 도달할 수 있다는 기본 전제에서 출발해, 모든 것은 아곤에 의해 관통되었고 지배되었다."(Burckhardt, 1957: 115)[5]고 말했다. 니체는 이와 같은 그리스의 정신이 현대에까지 면면이 이어져 내려오고 있다고 생각했다. 그래서 그는 세계를 '힘에의 의지(Wille zur Macht)'로 해석했다. 그는 『선악을 넘어서(Jenseits von gut und böse)』에서 이와 관련하여 "삶 자체는 본질적으로 전유(專有), 침해, 타자 및 약자에 대한 정복, 억압, 냉혹, 자기 형식의 강요, 합병, 그리고 최소한, 가장 온건하게 말해서 착취"(Nietzsche, 1980: 207[6]; 이상엽, 2013: 219 재인용[7])라고 말한다.

니체의 고민은 생존투쟁, 즉 생성, 전쟁, 파괴, 잔혹함을 특징으로 하는 자연적 삶이 어떻게 인간적 삶으로 승화될 수 있는가라는 물음과 관련이 있었다. 그는 투쟁이 예술적 미혹에 의해 아곤, 즉 자유로운 경쟁으로 승화된다고 생각했다. "생존투쟁이 시적 창작을 통해 자유로운 경쟁으로 변형됨으로써 삶의 조야함과 잔혹함 그리고 덧없음이 극복될 수 있었기 때문이다."(이상엽, 2013: 220)[8]

니체는 아곤을 '경쟁'을 의미하는 독일어 Wettkampf로 번역했다. 이 단어가 고대 그리스어 agon을 가장 잘 대변해준다고 생각했기 때문이다.

아곤, 즉 경쟁은 전쟁이나 싸움 같은 집단 또는 개인 간의 폭력적 상호작용을 제도화된 규칙을 통해 순화시킨 활동이다. 한마디로 경쟁은 '아름답게 변용된 투쟁'이다. 그러나 아무리 순화되고 변용되었다고 해도 경쟁은 경쟁일 뿐이다. 여기서 중요한 점은 힘을 통해서든 계략을 통해서든 상대를 제압하여 승리를 거두는 일이다. 우리는 스포츠경기에서 경쟁이 과열될 경우에 규칙이 위반되거나 무시되고, 심한 경우에는 물리적 폭력이 행사될 수도 있음을 일상에서 쉽게 경험할 수 있다.

아레테는 인간을 인간답게 만들어주는 자질을 의미하며, 흔히 '덕'으로 번역되는 개념이다. 그러나 이 개념은 전쟁의 신 아레스(Ares: 라틴어로는 Mars로 표기함)에서 파생되었기 때문에 원래 전쟁과 관련된 단어였다. 고대 그리스는 여러 도시국가로 분할되어 있었으며, 각 도시국가들은 서로가 서로에 대항해서 끊임없이 전쟁을 벌였고, 그런 이유에서 고대 그리스사회는 전쟁이 일상화된 사회였다. 고대 올림픽경기도 계속되는 전쟁에 지친 그리스인들이 전시 상황을 잠시라도 멈춰보려는 의도에서 고안된 행사였다. 잘 알려져 있듯이 전쟁 상황에서 가장 필요한 인간의 자질은 용기(andreia)이다. 따라서 아레테의 원래 의미는 전사의 용기와 관련이 있었다. 그러나 시대가 바뀌면서 그 내용은 변화되었고 풍부해져갔다(플라톤, 2003)[9].

소크라테스 이전의 소피스트들은 아레테를 개인 문제의 처리에 있어서 능함, 특히 수사학적 능력으로 이해했다. 당시 그리스 시민이 가장 원했던 것은 입신출세였고, 이를 위해 요구되는 것은 수사학적 능력이었기 때문이다. 자유로운 토론이 활성화되었던 당시 그리스사회에서 입신출세하기 위해서는 상대방과 논쟁을 벌여 이길 수 있어야 했고, 연설을 통해 대중을 설득할 수 있어야 했다. 따라서 당시의 아레테는 논리적으로 언변을 펼치는 수사학적 능력과 동일시되었다. 그러나 소크라테스는 "아레테는 앎(episteme)이다!"라고 말함으로써 소피스트들의 아레테 이해를 정면으로 반박한다. 그는 훌륭한 인간에게 필요한 것은 사람을 압도하는 말재간보다는 인간 고유의 기능(ergon)을 아는 일이라고 생각했다. 훌륭한 인간이 되기 위해서는 먼저 인간의 본질적인 구실이나 기능이 무엇인지 알아야 하기 때문이다. 이러한 생각이 가장 잘 나타나 있는 말이 "너 자신을 알라!(Gnothi sauton)"이다.

아레테는 이후 그리스 도시국가의 남자 시민이 지녀야 할 자질로 굳어졌다. 이들은 도시국가의 공공사안을 결정하는 데 있어서 중요한 자격을 부여받았고, 가장으로서 아내, 자녀, 노예에게 질서를 부여했는데, 이를 위해 갖추어야 할 것이 바로 아레테였다. 여기서 아레테란 오래전부터 전수되어온 윤리의식(ethos)을 뜻했으며, 이러한 윤리의식을 갖춘 자는 도시국가의 유능한 구성원이 될 수 있었다. 그러나 앞에서 살펴보았듯이 아레테는 처음부터 윤리적인 의미를 함축한 개념은 아니었다. 플라톤의 『국가론』을 보면 아레테가 단지 인간의 윤리적 자질에만 적용되는 개념이 아니라는 점이 잘 나타나 있다. 그것은 사물과 인간의 다른 능력들에도 똑같이 적용되는 개념이었다. 박종현(플라톤, 1997: 74)[10]의 말을 들어보자.

> 모든 사물에는 그 종류 나름으로 '훌륭한 상태', 즉 '좋은(agathos = good) 상태'가 있게 마련이다. 이는 대개 그 종류 나름의 '기능(ergon)' 또는 '구실', 즉 '특유의 기능(oikeion ergon)'과 관련되어 있는 말이다. 그것이 어떤 것의 생존 기능 또는 그것의 존립 이유나 존립 조건과 관련된 것이든 그렇지 않든 간에 그것들의 '훌륭한 상태'는 있게 마련이다. 가령 우리가 '좋은 눈'이라 말할 때, 이는 눈의 기능과 관련해서 하는 말이요, 개나 말의 경우에서처럼 그것들의 생존 조건이나 인간에 대한 그것들의 유용성과 관련해서도 우리는 그 '훌륭한 상태'를 상정할 수 있다. 그리고 모든 인위적인 산물은 그것들의 유용성 및 기능과 관련된 '훌륭한 상태'를 전제로 하여 만들어지고 있다. '좋은 칼'이라든가 '좋은 낫'이라 말함은 그 때문이다. 이런 '훌륭한 상태(훌륭함: goodness, excellence)'를 aretē라 한다.

인용문에서 볼 수 있듯이 아레테는 어떤 것(여기에는 인간도 포함된다)이 최적의 기능을 발휘할 수 있는 상태, 최적의 상태, 훌륭한 상태에 있음을 의미한다. 그러나 앞에서 보았듯이 이 개념은 점차 인간에게 해당되는 도덕적인 의미로 축소 해석되었으며, 이와 같은 전통은 오늘날까지 면면이 이어져 내려오고 있다. 따라서 학자들은 대개 아레테를 덕 또는 그와 유사한 개념으로 번역한다. 예컨대 아레테는 영어로 virtue, 독일어로는 Tugend로 번역되고 있는데, 이 두 단어는 모두 도덕적인 의미를 함축하고 있으며, 우리말로는 '덕'으로 옮겨지고 있다. 그러나 이와 같은 번역어는 아레테의 본래 의미를 제대로 드러내주지 못한다. 이미 여러 학자들이 이 점을 지적한 바 있다.

네틀십(Nettleship, 1925)은 아레테가 도덕적 자질이 아니라 행위자로 하여금 특수한 일을 잘하도록 하게 하는 특성이라고 하였으며, 필드(Field, 1986)[11]는 아레테가 일반적인 의미의 도덕적 자질이 아니라 어떤 것을 할 수 있는 특정한 종류의 능력이나 실력을 가리킨다고 하였고, 예거(Jaeger, 1976)[12]는 아레테의 형용사에 해당하는 아가토스(agathos)가 '윤리적인'이라는 제한된 의미를 가지는 것이 아니라 무엇이든 탁월한 방식으로 이루어지는 상태를 표현하기 위한 말이라고 하였다. 유원기(2009)[13]도 덕이라는 용어가 도덕적·윤리적 의미를 함축하고 있는 반면에 아레테는 그런 의미를 함축하고 있지 않다고 하였으며, 홍윤경(2009)[14] 역시 아레테가 "특수한 일이나 과제에서 발휘하는 특수한 의미의 탁월성"을 뜻한다고 하였다. 철학자 박종현도 플라톤의 『국가론』을 번역하면서 수없이 등장하는 단어 아레테를 덕이 아니라 '훌륭함(훌륭한 상태)'으로 옮겼다. 이러한 맥락에서 독일의 여류 철학자 안네마리에 피퍼(2012: 217)[15]는 아레테를 다음과 같이 확장적 의미로 사용해야 한다고 말한다.

> '훌륭한 상태'는 각자가 자신의 일을 행할 때 훌륭하게 수행하는 이들 모두에게 해당되었다. 이런 확장된 의미에서 볼 때는 자기 가정의 의무를 수행한 주부와 자신의 주인을 충실히 섬긴 노예도 '훌륭한 상태'를 지닐 수 있었다. 하지만 여기서는 무엇보다 그 자체로 규정된 행위의 의미에서가 아니라 유용성의 의미에서만 '훌륭한 상태'를 말한다.

이상에서 알아보았듯이 그리스어 아레테는 대개 덕, 훌륭한 상태, 탁월성 등의 의미를 갖는다. 그리고 이와 같은 아레테는 사물의 용도에 따라 그리고 사람들의 직분에 따라 상이한 내용을 갖는다. 칼에는 칼의 아레테가 있고, 펜에는 펜의 아레테가 있다. 또한 주부에게는 주부의 아레테가 있고, 노예에게는 노예의 아레테가 있다. 정치가에게는 정치가의 아레테가 있고, 기업인에게는 기업인의 아레테가 있듯이 스포츠인에게도 스포츠인의 아레테가 있다. 스포츠인의 아레테는 운동선수로서 자신에게 주어진 모든 가능성을 최대한 활용하여 개인 또는 집단의 한계를 넘어서 최고의 성과를 올리고자 하는 마음가짐과 태도라고 할 수 있다.

아곤의 목적은 경쟁에서 승리하는 것이다. 어느 누구도 혼자서는 승리할 수 없기 때문에 아곤은 언제나 경쟁관계에 있는 상대 또는 상대팀을 전제한다. 그런 의미에서 아곤은 상대적 개념이다. 아곤에서는 나의 성과가 아무리 우수해도 상대 또는 상대팀의 성과에 미치지 못하면 의미를 갖지 못하고, 나의 성과가 그다지 뛰어나지 않아도 상대 또는 상대팀의 성과보다 우위에 있다면 의미를 갖게 된다. 다시 말해 최선을 다하거나 우수한 기량이 중요한 것이 아니라 이기는 것이 중요한 것이다. 이렇듯 아곤에서 행위의 의미는 그 과정이 아니라 철저하게 그 결과에 따라 결정된다. 그러나 아레테는 반드시 타자와의 비교를 전제하지 않는다. 운동선수는 다른 선수와의 경쟁에서 자신의 아레테를 과시할 수도 있지만, 타인과의 경쟁을 전제하지 않고도 충분하게 자신만의 아레테를 추구할 수 있고, 드러낼 수도 있다.

이와 같은 두 개념의 차이를 더욱 분명하게 하기 위해 아마추어 육상선수 로저 베니스터(Roger Bannister)의 예를 들어보겠다. 옥스퍼드대학 의대생이었던 베니스터는 1952년 경쟁에서 승리하기 위해, 즉 메달을 획득하기 위해 헬싱키올림픽 1,500미터 경기에 출전한다. 그러나 그는 이 경기에서 4위를 함으로써 메달을 획득하지 못했고, 실의에 빠지게 된다. 육상 포기를 놓고 심각하게 고민하던 그는 결국 육상 포기 대신 1마일 4분 벽을 깨뜨리는 새로운 목표를 설정한다. 그가 달리는 목적이 승리의 추구, 즉 아곤에서 인간의 한계에까지 밀고나가는 탁월성의 추구, 즉 아레테로 바뀐 것이다. 당시 사람들은 1마일을 4분 이내에 달리는 일은 인간에게 불가능하다고 생각했다. 그러나 그는 자신의 한계와 인간의 한계를 넘어서기 위해 끊임없이 노력했고, 그 결과 1954년 5월 4일 자신의 목표를 달성한다. 당시 그와 함께 달렸던 두 명의 선수는 그의 경쟁자가 아니라 그의 기록 달성을 돕기 위해 참여했던 페이스메이커들이었다.

베니스터의 예에서 볼 수 있듯이 아곤과 아레테는 모두 자신의 능력을 발휘하는 일과 관련이 있다. 그러나 아레테의 능력 발휘는 탁월성의 추구 그 자체에서 의미를 찾는다는 점에서 상대와의 비교적 우위 추구, 즉 승리 추구를 통해 의미를 찾는 아곤의 능력 발휘와 차별화된다. 스포츠는 이와 같은 아곤적 요소와 아레테적 요소를 골고루 갖추고 있으며, 시대 및 사회에 따라 그 강조점이 상이하게 나타난다.

2. 승리 추구와 탁월성 추구

스포츠에는 타인과의 경쟁에서 승리하는 것을 목표로 하는 아곤적 요소와 자신의 탁월성을 드러내기 위해 최선을 다하는 아레테적 요소가 모두 내재되어 있다. 운동선수들은 마땅히 이 두 가지 요소를 모두 고려해야 하지만, 아곤적 요소보다 아레테적 요소에 더욱 큰 관심을 기울일 필요가 있다. 그러나 현실은 정반대로 나타난다. 즉, 현대사회에서 운동선수나 팬들은 스포츠적 사건의 핵심적인 요소로서 아레테보다는 아곤을 선호한다. 스포츠의 병폐로 자주 거론되고 있는 '승리지상주의'가 이러한 현실을 잘 대변해준다. 이하에서는 스포츠에서 승리 추구(아곤적 요소)보다 탁월성 추구(아레테적 요소)를 중시해야 하는 이유를 굼브레히트(Gumbrecht, 2005)[16]의 논의에 기대어 설명하겠다.

첫째, 탁월성 추구는 항상 경쟁과 승리 추구를 포함하고 있지만 경쟁과 승리 추구는 언제나 탁월성의 추구를 포함하는 것은 아니기 때문이다. 즉, 아레테가 아곤보다 더 포괄적인 개념이기 때문에 스포츠에서는 아레테적 요소, 즉 탁월성 추구를 더욱 중요한 요인으로 고려해야 한다. 실제로 운동선수로서 최고의 성과를 추구할 경우에 우리는 가상의 경쟁자를 염두에 두고 이와 같은 노력을 기울인다. 그런 의미에서 최고 성과의 추구는 언제나 경쟁을 포함하고 있다. 굼브레히트는 이와 관련하여 파보 누르미(Paavo Nurmi)와 로저 베니스터 같은 운동선수들을 언급하고 있다. 주지하다시피 누르미는 1920년대에 세계 최고의 장거리주자였다. 그는 다른 선수들이 아니라 자신의 최고 기록을 갱신하기 위해 달렸다. 즉, 다른 선수를 이기기 위해서가 아니라 자신이 지닌 능력을 최대한 발휘하여 개인과 집단의 한계를 넘어서기 위해 달렸다. 단거리주자 베니스터도 마찬가지였다. 그는 당시 인간의 체력 한계로 알려졌던 1마일 4분 기록에 여러 차례 도전하여 1954년 결국 성공하였다. 고상돈이나 박영석 같은 알피니스트도 최고의 성과를 추구하기 위해 산에 오른 사람들이다. 이들은 모두 탁월성을 추구하기 위해 주로를 달리고 산에 올랐지만, 동시에 그 이전에 달렸거나 산에 오른 모든 사람들과의 경쟁을 염두에 두고 있었다. 그런 의미에서 아레테는 언제나 아곤적 요소를 포함한다고 할 수 있다.

둘째, 스포츠에서 승리 추구보다 탁월성 추구를 중요시해야 하는 이유는 스포츠의 긍정적 이미지와 관련이 있다. 만일 스포츠에서 탁월성 추구보다 승리 추구를 중요시해야 한다고 주장한다면 다수의 스포츠비평가들이 병폐로 지적하고 있는 승리지상주의를 긍정하는 결과가 초래될 것이다. 또한 승리에 최상의 가치가 주어질 경우 스포츠는 필연적으로 자본주의체계의 무한경쟁 이데올로기와 결부되어 논의될 것이고, 선수와 팬들을 초조하게 만들어 그들에게 스트레스를 가중시키는 기제라는 비판을 면하기 어려울 것이다. 나아가 선수와 팀, 구단은 자신 또는 자기 팀의 승리를 위해 승부조작, 도핑, 경쟁관계에 있는 선수나 팀에 대한 폭행 등도 자행할 가능성이 높다. 반면에 탁월성 추구가 더욱 강조될 경우에 스포츠는 승리지상주의로 인해 형성된 모든 부정적 이미지로부터 벗어날 수 있으며, 나아가 인간 승리의 면모를 보여줄 수 있는 긍정적 이미지를 갖게 될 것이다. 이런 이유에서 독일의 철학자 한스 렝크는 스포츠에서 가장 중요시되어야 할 것은 선수들이 최선을 다해 추구해야 할 '고유한 성과(Eigenleistung)'라고 하였다(Lenk, 1979)[17].

스포츠에서 최고 성과의 추구는 규칙이 허용하는 범위 내에서 이루어져야만 의미를 가질 수 있다. 규칙이 허용하지 않는 수단에 의지하여 달성한 성과는 스포츠적 성과가 아니기 때문이다. 예컨대 금지된 수행 향상 약물에 의지하여 이룬 스포츠적 성과는 참된 의미에서의 스포츠적 성과가 아니다. 따라서 어떤 선수가 경기에서 우수한 성과를 올려 세계신기록으로 인정을 받거나 우승자로 결정되었다고 해도 추후 그 선수의 도핑 사실이 적발될 경우 그 기록과 우승 결정은 취소된다. 그가 이룬 성과는 스포츠적 성과가 아니기 때문이다. 이런 의미에서 스포츠에서 아레테적 요소를 강조하는 자는 결코 의도적으로 규칙을 위반하거나 허용되지 않은 수단을 이용하여 성과를 올리려고 시도하지 않을 것이다. 그렇게 이룬 성과는 결코 참된 의미에서의 스포츠적 성과가 아니라고 생각할 것이기 때문이다.

지금까지의 논의가 스포츠에서 아곤적 요소를 제외시켜야 한다는 주장으로 오해되어서는 안 된다. 몇몇 학자들은 스포츠, 특히 청소년스포츠에서 아곤적 요소를 제외시켜야 한다고 강력하게 주장한다. 과열 경쟁을 조장하는 아곤적 요소가 비교육적 결과를 초래한다고 생각하기 때문이다. 예컨대 미국의 유소년스포츠에서 승리가 과도하게 강조됨에 따라 부모, 코치, 관중 그리고 청소년스포츠선수 사이에서 과열 경쟁이 나타나게 되었고, 이러한 과열 양상은 이를 비판하는 폭넓은 담론을 불러일으켰다. 이를 계기로 여러 단체와 전문가들이 나서서 어린이의 욕구와 관심을 강조하는 건강한 스포츠 환경을 조성하기 위해 노력해야 한다고 주장하였고, 결국에는 이러한 주장을 근거로 유소년스포츠에서 활동과 즐거움을 강조하고 경쟁성을 덜 강조하는 개혁 움직임이 나타났다(Simon, 2004[18]; The National Alliance for Youth Sports, 2001[19]; Wood, 2007[20]). 그래서 등장한 것이 소위 뉴스포츠이다. 뉴스포츠는 기존의 스포츠와 달리 경쟁보다 협동과 활동 자체에서 오는 즐거움을 중요시한다. 뉴스포츠 종목에는 '참가자 모두가 큰 풍선 같은 공을 오랫동안 공중에 띄우는 게임'이나 '원반을 앞 또는 뒤로 던지면서 즐거워하는 게임' 같은 것들이 있다. 그러나 이와 같은 스포츠 종목들은 대부분 큰 인기를 얻지 못했고, 결국 나타나자마자 사라졌다. 역설적이게도 원반던지기의 경우 '가장 멀리 원반던지기'라는 경쟁적인 스포츠로 바뀌었으며, 그 이후 대학생들 사이에서 큰 인기를 얻게 되었다(하일랜더, 2006: 76)[21] 이러한 사실은 스포츠에서 아곤적 요소가 배제될 수도 없고 배제되어서도 안 된다는 점을 시사해준다.

아곤과 아레테는 대부분의 스포츠적 사건에 공존하는 속성이다. 아곤적 요소, 즉 경쟁심은 경기에 긴장과 흥미를 불러일으킨다. 선수들은 승리하려는 강렬한 욕망으로 인해 경기에 몰입하고, 스포츠팬들 역시 승부로 인해 응원의 동기를 갖게 된다. 그러나 경쟁심이 과열되고 승리가 절대화될 경우에 '잔혹한 생존투쟁'을 '아름다운 자유 경쟁'으로 순화시켰던 제도화된 규칙이 무시될 우려가 있으며, 그렇게 될 경우에 스포츠는 폭력적 투쟁으로 변질될 수 있다. 이것이 아곤적 요소보다 아레테적 요소를 더욱 중시해야 하는 이유이다. 스포츠팬들도 단순히 승리하는 것을 넘어서 개인의 한계뿐만 아니라 인류의 한계에 도전하고, 이것을 넘어서려고 분투노력하는 선수들에게 찬사와 존경을 보낸다.

2장 스포츠맨십

 학습목표

- 스포츠맨십은 스포츠도덕의 또 다른 표현이라는 점을 이해한다.
- 도덕의 근본 문제는 특정 상황에서 자신의 정체성을 인식하고 그에 합당한 행위를 선택함으로써 자신의 정체성을 유지하는 일과 관련 있음을 이해한다.
- 스포츠는 투쟁적 놀이라는 점에서 일상적 활동과 구별될 수 있음을 이해한다.
- 놀이로서 스포츠도덕은 놀이규칙의 자발적 준수, 즉 공정하게 경기에 임하려는 의지와 태도임을 이해한다.
- 경쟁으로서 스포츠도덕은 극단적인 조건하에서도 놀이를 놀이로서 존중하고, 경쟁상대를 인격체로 대하고자 하는 의지와 태도임을 이해한다.

1. 스포츠맨십의 의미

스포츠맨십은 스포츠에 참가한 자(스포츠맨)라면 마땅히 따라야 할 준칙과 갖추어야 할 태도를 의미하며, 페어플레이, 상대편과 상대 선수의 존중, 경쟁상대에 대한 공손한 태도 같은 덕목을 포함한다. 따라서 스포츠맨십은 다른 말로 스포츠도덕으로 표현할 수 있다. 도덕은 사회 구성원들이 양심, 여론, 관습 따위에 비추어 스스로 마땅히 지켜야 할 행동준칙이나 규범의 총체를 뜻하기 때문이다. 도덕은 외적 강제력을 갖는 법과 달리 각자의 내면적 원리로서 작동하며, 종교와 달리 초월자와의 관계가 아닌 인간 상호관계를 규정한다. 또한 인간이 지켜야 할 도리와 이에 따른 행위를 규정한다.

도덕적인 물음은 언제나 구체적인 상황, 즉 학술 활동을 해나가는 상황이나 가정에서 생활해나가는 상황에서 갖게 되는 '나는 무엇을 해야 하는가?(Was soll Ich tun?)'라는 의문을 출발점으로 삼고 있다. 그리고 이 물음에 답하기 위해 당사자는 먼저 내가 누구인지 자신의 정체를 분명히 인식해야 하고, 그런 연후에 비로소 자신의 정체에 합당한 행위를 선택하고 실행해야 한다. 예를 들면 학술 활동을 해나가는 상황에서 행위를 선택해야

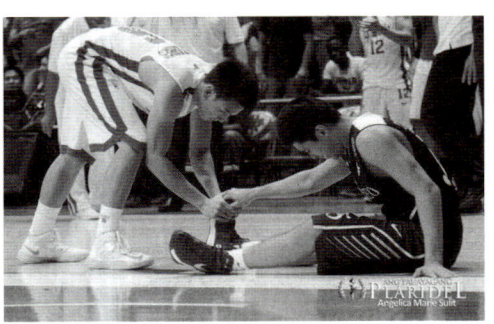

할 경우에 자신을 학자로 인식했다면 그에 합당한 행위를 선택하여 실행해야 할 것이고, 가정생활과 관련된 상황에서 행위를 선택해야 할 경우에 스스로를 가장으로 이해했다면 가장의 도리에 합당한 행위를 선택하여 실행해야 할 것이다. 이렇게 도덕적 행위는 상황 관련과 자기이해를 필요로 한다. 그리고 모든 도덕의 근본 문제는 어떤 행위를 선택해야 할지 갈등하는 상황에서 자신의 정체를 분명하게 인식하고, 그에 합당한 행위를 선택하여 실행함으로써 자신의 정체를 지속적으로 유지해 나가는 일과 관련이 있다.

스포츠도덕으로서 스포츠맨십 역시 스포츠 참가자가 스포츠 상황에서 자신을 스포츠맨으로 인식하고, 이러한 자기이해를 지속적으로 유지하기 위해 따라야 하는 행위규범을 의미한다. 그렇다면 스포츠 상황은 어떤 상황인가? 그것은 학술적 활동을 하는 상황이나 직업 또는 가정생활과 관련된 상황과 어떻게 다른가? 그리고 그와 같은 상황에서 스포츠 참가자가 스스로를 스포츠맨으로 이해한다는 말은 어떤 의미를 갖는가? 이하의 글에서는 폴커 게르하르트(Gerhardt, 1997)[1]의 논리에 기대어 이 물음에 답하고자 한다.

게르하르트는 스포츠를 투쟁적 놀이로 이해하고 있다. 스포츠는 일차적으로 놀이이고, 놀이 가운데서도 투쟁적 성격을 지닌 놀이라는 의미이다. 앞 장에서 목숨을 건 생존투쟁(Kampf)이 미적 거리 두기를 통해 아곤, 즉 경쟁(Wettkampf)으로 변형되었다고 했다. 결국 투쟁적 성격의 놀이는 경쟁의 또 다른 표현이다. 이렇게 본다면 스포츠 상황은 먼저 놀이적 상황이고, 다음으로 경쟁적 상황이라고 할 수 있다. 따라서 이하의 글에서는 먼저 놀이로서 스포츠도덕에 대해 언급하고, 다음으로 경쟁으로서 스포츠도덕에 대해 기술하도록 하겠다. 이를 통해 스포츠도덕, 즉 스포츠맨십의 구체적인 의미가 온전하게 드러날 것이다.

2. 놀이의 도덕: 규칙의 존중

스포츠는 일이나 생존투쟁 같은 일상적 활동과 구별되는 활동이다. 그렇다면 그것은 일상적 활동들과 어떻게 구별될 수 있을까? 먼저 언급될 수 있는 것은 스포츠가 일종의 놀이라는 사실이다. 스포츠는 일차적으로 놀이이다. 따라서 우리는 스포츠에 참가할 때 그 어떤 실존적 부담도 느끼지 않는다. 그저 가벼운 마음으로 스포츠에 참가하여 놀이적 기분을 만끽하면서 그것을 즐길 뿐이다. 물론 상황에 따라 다소 무거운 마음과 진지한 태도로 스포츠에 임해야 하는 경우도 있다. 예컨대 중요한 시합을 앞둔 상황에서 훈련에 참가할 때나 반드시 승리해야 한다는 부담감을 안고 경기에 임할 때 참가자들은 적지 않은 심적 부담감을 느낄 수 있다. 그러나 그럴 때조차 스포츠는 반드시 해야 하는 필연적 활동은 아니기 때문에, 다시 말해 인간의 실존적 필연으로부터 해방된 활동이기 때문에 여전히 놀이적 기분을 유지할 수 있고, 유지해야 한다.

스포츠는 놀이로서 반드시 해야 하는 필연적인 이유가 없기 때문에 그 자체가 목적인 활동이라고 할 수 있다. 그래서 근대올림픽경기의 창시자 쿠베르탱은 스포츠 대제전인 올림픽경기와 관련하여 "참가하는 데 의의가 있다!"고 했다. 이 활동에서 중요한 것은 살아남는 일, 즉 생존이 아니라 생존을 위해 사용하고 남은 자신의 힘들을 소진하면서 즐거움을 느끼는 일이다. 우리는 스포츠에서 자신의 고유한 힘과 능력을 마음껏 과시하고 발휘하면서 즐거움을 느낀다. 스포츠가 일이나 생존투쟁 활동이 아니라는 점은 그 어원에도 잘 나타나 있다. 영어의 sport란 말은 19세기 영국에서 산업(industry)과 함께 등장한 단어인데, 이것은 '일에서 떠나서 놀다(to leave of work, hence to play)'라는 의미의 중세 프랑스어 desporter에서 유래하였다(송형석, 2006: 54)[2].

어떤 이는 스포츠가 노력, 땀, 투쟁, 열정 같은 개념들과 결부되어 있기 때문에 그것을 놀이로 부르기를 주저한다. 특히 치열하게 승부를 다투는 경쟁스포츠에서 기록과 성과를 높이기 위해 선수와 지도자의 역할이 분리되고, 이에 따라 스포츠의 전문화가 가속화되면서 사람들은 스포츠를 놀이로 부르기를 꺼려하고 있다(Adorno, 1977[3]; Veblen, 1899[4]). 이미 호이징아(Huizinga, 1956)[5]는 20세기 중반에 스포츠가 프로화로 인해 스포츠가 아닌 것으로 타락했다고 썼고, 딤(Diem, 1969)[6]도 프로스포츠는 스포츠가 아니라고 말했다. 이들에게 있어서 진정한 스포츠는 그 어떤 물질적 보상도 받지 않는 아마추어스포츠 이상도 이하도 아니다. 그러나 이와 같은 놀이의 이해에는 쉽게 해명이 가능한 오해가 숨겨져 있다. 무목적성은 놀이의 내적인 전제일 뿐 놀이 참가자가 견지해야 할 마음가짐의 특성은 아니다. 그럼에도 불구하고 사람들은 무목적성을 놀이 참가자의 마음가짐과 결부시키고 있다. 이 점에 대해 조금 더 구체적으로 알아보자.

놀이는 스스로를 놀이로 규정해주는 규칙 이상도 이하도 아니다. 그런 의미에서 놀이는 철저하게 규칙의 범위 내에서, 즉 규칙이 정하는 시간적·공간적·행동적 범위 내에서 일어나는 사건일 뿐이다. 여기서 주목해야 할 것은 놀이규칙이 그 어떤 상위의 목적에도 종속되어 있지 않다는 점이다. 그것은 오직 놀이 자체를 위해서만 존재한다. 동일한 맥락에서 놀이의 의미도 철저하게 놀이의 실행 속에서만 존재할 뿐이다. 규칙은 놀이의 존재를 가능하게 만들어주는 목적 이외의 그 어떤 목적에도 종속되어서는 안 된다. 이것이 놀이의 자기목적성과 무목적성이 의미하는 바이다.

놀이 참가자들은 놀이에 다양한 외적 목적을 결부시킬 수 있다. 우리는 일로부터 해방감을 맛보기 위해 놀이에 참가할 수도 있으며, 건강이나 친교를 위해 놀이에 참가할 수도 있다. 자신이 소속된 집단의 명예를 높이기 위해 놀이에 참가할 수도 있고, 자신의 성격을 활달하게 만들기 위해 참가할 수도 있다. 이와 같은 목적은 참가자들의 의도에 따라 매우 다양하게 나타날 수 있다. 놀이 참가자가 돈을 벌기 위해 놀이에 참가해도 큰 문제가 되는 것은 아니다. 놀이의 관점에서 볼 때 돈을 벌기 위해 참가하든, 건강을 위해 참가하든, 명예를 드높이기 위해 참가하든 큰 차이가 없다. 참가자의 동기야 어떻든 놀이규칙이 준수되는 한 놀이는 여전히 놀이인 것이다.

문제는 놀이 참가자의 외적 동기가 너무 강렬해서 놀이규칙이 무시되는 경우에 발생한다. 예컨대 승리를 위해 오랫동안 준비해왔거나 큰 금전적 보상을 기대하거나 극도로 고조된 심리적 긴장 상태에 처해 있을 경우에 놀이 참가자들은 너무나도 쉽게 놀이규칙을 위반할 수 있다. 특히 현대사회에서처럼 정치적 이해관계나 경제적 이권관계가 놀이에 깊숙이 개입되어 있을 경우에 그 놀이는 자체의 논리와 원칙으로부터 벗어날 가능성이 높다. 이러한 문제가 발생하는 이유는 정치나 경제가 원칙적으로 놀이와 모순되는 성격을 갖고 있기 때문이 아니라 이해 및 이권관계의 개입으로 인해 놀이의 고유성에 대한 존중심이 너무 쉽게 약화되기 때문이다. 실제로 다수의 놀이 참가자는 놀이의 결과가 큰 경제적 이득이나 높은 위신과 관련되었을 때 자기모순 따위를 심각하게 고려하지 않는다.
　이렇게 놀이에서 외적 동기가 우세해질 경우에 놀이 참가자는 더 이상 놀이적인 기분을 유지하지 못하게 되고, 그가 하는 활동은 더 이상 놀이가 아닌 활동이 되며, 그 결과 '놀이하는 자' 자신도 더 이상 '놀이하는 자'가 아니게 된다. 한마디로 '놀이하는 자'는 자기모순에 빠지게 된다. 스포츠에서는 이럴 경우에 대비해서 외적 통제 장치를 마련해놓고 있다. 물질적 이득이나 위신에 대한 기대 심리가 높아지면 높아질수록 그에 상응하여 놀이규칙이 준수될 수 있도록 외적 통제도 더욱 강화된다. 일상적인 상황에서는 경찰과 법이 이와 같은 통제의 업무를 담당하지만, 스포츠 상황에서는 주로 심판이 이 일을 담당한다. 여기서 외적 통제의 목적은 단 한 가지이다. 그것은 놀이가 놀이 아닌 것이 되지 않도록 보호하는 일, 다르게 표현하면 놀이에서 규칙이 철저하게 준수되도록 보장해주는 일이다. 이것이 보장되어야만 스포츠 상황에서 '형식적 공정'이 유지될 수 있다.
　외적 통제는 규칙을 자발적으로 준수하고자 하는 '놀이하는 자'의 '의지'를 전제한다. 만일 '놀이하는 자'가 자발성을 갖추고 있지 못하다면 통제도 불필요하다. 여기서 필요한 일은 '놀이하는 자'를 로봇이나 컴퓨터처럼 놀이 전에 프로그램하고, 놀이가 끝난 후 다른 프로그램으로 재설정하는 일이다. 그러나 실제로 그런 경우는 발생하지 않는다. '놀이하는 자'는 놀이 시작 전에 지도자로부터 여러 가지 지시를 받기도 하고, 놀이 중에도 작전과 관련된 각종 명령을 하달 받기도 하지만, 결국 놀이에 참여하고 놀이를 운영해나가는 것은 철저하게 '놀이하는 자' 자신이다. '놀이하는 자'는 누가 시켜서가 아니라 본인 스스로 원해서 놀이에 참가하고, 자신의 경험을 통해 획득한 안목과 능력에 의지하여 놀이를 자발적으로 이끌어나간다. 이와 같은 사실의 확인은 우리를 도덕적 논의의 차원으로 이끌어간다. 도덕의 문제는 우리가 참가하는 놀이에서의 자발적인 행동에 대한 물음에 다름 아니기 때문이다.
　그러나 놀이에서의 자발적 행동과 관련된 모든 문제가 도덕적인 문제는 아니다. 경기 중에 일상적으로 행해지고 있는 기술과 전략에 대한 결정은 비록 자발적 행동에 속하지만 도덕의 문제에 속하지는 않는다. 예컨대 내가 축구경기에 참가할 때 뽕이 달린 축구화를 착용하는 일이나 공격수의 역할과 골키퍼의 역할을 구별하는 일, 또는 오프사이드 규칙을 이해하는 일이나 슈팅 기회를 포착하는 일은 모두 자발적인 능력을 전제하지만 그 자체로는 아직 도덕적인 문제가 아니다.

그러나 내가 승부욕에 사로잡혀 허용되지 않은 축구화를 착용했을 경우나 주심으로부터 파울 판정을 받은 후 공을 밀쳐낸 것은 내 손이 아니라 상대편 골키퍼의 손이라고 우기는 경우 또는 내가 오프사이드 반칙을 하지 않았다고 주장하거나 내가 찬 공이 골대 안으로 들어갔다고 주장하는 순간 이 모든 것은 도덕적인 문제가 된다. 한마디로 우리의 구체적인 행동이 개별 놀이규칙에 위배되는 것으로 의심받을 경우에 충분히 상상 가능한 갈등적 상황과 함께 도덕적인 문제가 발생한다. 이럴 경우에 우리는 자신이 스스로를 어떤 인간으로 이해하고 있는지 분명히 보여주어야 한다. 즉, 내가 나를 수단과 방법을 가리지 않고 승리하기만을 원하는 사람으로 이해하는지 아니면 정당한 방법으로 얻은 승리만을 추구할 가치가 있는 것으로 생각하는 사람으로 이해하는지 보여줄 수 있어야 한다. 다르게 표현하면 어떻게 해서든 승자가 되기를 원하는 사람이 될지 참된 의미에서의 승자가 되기를 원하는 사람이 될지 스스로 결정해야 한다. '놀이하는 자'의 도덕은 다른 곳이 아니라 바로 '놀이하는 자'가 자발적으로 참된 의미에서의 '놀이하는 자'로 남아 있기를 원하는 곳에 존재한다.

이상에서 분명해진 것은 도덕적인 물음이 적절한 상황 개념뿐만 아니라 모순 없는 자아 개념과 밀접하게 관련되어 있다는 점이다. 놀이를 하면서 기술적·전략적 결정을 내리는 경우에는 상황이 너무나 명백하기 때문에 크게 고민할 필요가 없다. 그러나 도덕적 상황에서는 상황이 그렇게 분명하지가 않다. 예컨대 이와 같은 상황에서 사람들은 대개 규칙을 준수하는 것이 유리한지 아니면 위반하는 것이 유리한지 마음속으로 갈등한다. 이럴 경우에 내가 나 자신을 참된 의미에서의 '놀이하는 자'로 이해하기로 마음먹었다면 문제가 해결된다. '놀이하는 자'의 역할을 진심으로 받아들인다는 것은 놀이에 참여함에 있어서 놀이규칙을 자발적으로 준수한다는 말과 같다. 다시 말해서 만일 내가 이렇게 해야 할지 저렇게 해야 할지 갈등하는 상황에서 그 어떤 타자의 강요에 의해서가 아니라 순수하게 자발적으로 '놀이하는 자'의 역할을 받아들이기로 결정하고 그에 합당하게 행동한다면 나는 도덕적으로 행동하는 것이다. 스포츠의 도덕은 자발적으로 규칙을 준수하고자 하는 나의 의지 안에 존재하는 것이다.

스포츠에서 도덕적으로 행동한다는 말은 진심으로 규칙에 부합해서 경기에 임하기를 원한다는 말과 다르지 않다. 이렇듯 도덕적 행위는 행위자의 참된 의지를 전제한다. 어떤 것은 그것이 실제로 원하는 것일 때 도덕적으로 '선'한 것이다. 우리가 모든 '놀이하는 자'들이 갖추고 있는 것으로 간주해야 하고 모든 '놀이하는 자'에게 요구할 수 있는 것, 그것은 바로 이와 같은 의지이다. 놀이로서 스포츠도덕을 칸트의 정언명령 방식으로 표현하면 "그것이 놀이에 참가하는 모든 이들의 행동준칙일 뿐만 아니라 당신 역시 그것에 따르기를 원하는 그런 준칙(Maxime)에 따라 행위 하시오!"라고 할 수 있다. 이 말을 좀 더 일상적인 문장으로 바꾸면 "규칙을 준수하라!" 또는 "규정된 규칙을 자발적으로 준수하라!"이다.

3. 경쟁의 도덕: 놀이 자체의 존중

스포츠는 놀이라고 했다. 그러나 모든 놀이가 스포츠는 아니다. 스포츠는 특별한 종류의 놀이이다. 그렇다면 그 특별함은 어디에 근거하는가? 스포츠놀이의 특별함은 그것이 투쟁적 성격을 지닌다는 데 있다. 스포츠에서는 무엇보다 참가자의 신체적·심리적 능력을 비교하고, 그 우열을 가리는 일이 중요하다. 즉, 스포츠 참가자는 누구나 '보다 빠르고, 보다 높고, 보다 강하기(Citius, Altius, Fortius)'를 원하며, 다른 참가자들보다 우월한 성과를 올리기를 희망한다. 이렇듯 스포츠에서는 이기느냐 지느냐가 중요하기 때문에 언제나 치열한 경쟁적 상황이 연출된다. 이런 의미에서 스포츠는 투쟁, 조금 더 정확하게 말하면 '투쟁적 놀이'이다.

스포츠는 그 투쟁적 성격으로 말미암아 적지 않은 비평가들에 의해 야만적인 활동으로 폄하되기도 한다. 그러나 스포츠는 결코 문명화 이전의 야만 상태로 되돌아가는 활동이 아니다. 인류사에서 야만적인 공격성과 폭력은 여러 단계를 거치면서 인도주의적으로 봉쇄되어왔다. 엘리아스(Elias, 1999)는 이와 같은 역사적 전개를 '문명화과정'으로 표현했다[7]. 주지하다시피 문명화과정은 결코 일회적으로 종결될 수 있는 그런 과정이 아니다. 그것은 어쩌면 결코 종결될 수 없는 과정이며, 그런 의미에서 언제나 현재진행형의 속성을 지닌 과정이라고 할 수 있다. 문명화과정이 종결될 수 없는 이유는 인간의 야만성이 아무리 억누르고 봉쇄해도 결코 사라지지 않는 인간의 본성에 속한 속성이기 때문이다. 이런 이유에서 야만성의 봉쇄를 제도화하고 계발하는 일은 인간의 최우선적인 목표가 된다. 우리는 이와 같은 노력의 결실을 '문화'라고 부른다. 우리가 문화를 소중하게 여기는 이유는 오랜 경험을 통해 그 밑바탕에 도사리고 있는 야만성이 얼마나 처참하고 비참한 결과를 초래할 수 있는지 잘 알기 때문이다.

스포츠는 결코 야만적인 상태로 되돌아가는 활동이 아니다. 오히려 그것은 인간의 야만성을 길들이고 순치시키는 문명화과정의 일환이다. 스포츠는 오래전부터 문화의 울타리 안에서 인간의 야만적 욕망을 분출시키게 해주었던 배출구였으며, 문명적으로 질서 지워진 폭력성과의 교류방식이었다. 생사를 걸고 벌였던 야만적 투쟁은 스포츠화를 통해 규칙에 의해 통제되는 문명적 경쟁 활동으로 변형된다. 스포츠에서는 삶의 폭력적 모순이 인간에 의해 부과된 법칙에 종속되고 그것의 지배를 받게 된다. 우리는 스포츠에서 인간으로서 우리의 자아상과 모순되지 않는 방식으로 상대와 겨룰 수 있으며, 상대에게 실력을 행사할 수 있고, 그를 패배시킬 수도 있다.

스포츠경기에서는 그 투쟁적 성격으로 말미암아 도덕적 갈등이 야기될 수 있는 상황이 빈번하게 발생한다. 특히 놀이 참가자가 전문적인 선수일 경우에 경기에서 승리하는 일은 무엇보다 중요하다. 그들은 경기에서 승리하기 위해 오랫동안 힘든 훈련을 해왔기 때문에 승리에 집착할 수밖에 없고, 그로 인해 경쟁은 더욱 치열해질 수밖에 없다. 이러한 상황이 계속되면 선수들의 감정은 격앙되어

폭력적이 되기 쉽고, 규칙 위반의 욕구는 더욱 강렬해질 것이다. 그런 의미에서 스포츠적 경쟁은 도덕적 도전 그 자체가 된다. 심판이 보지 못하는 사이에 규칙을 위반하거나 허용되지 않은 수단을 은밀하게 사용하거나 심판의 판정에 불복하려는 경향이 극적으로 증가하게 된다. 그렇기 때문에 스포츠에서는 강력한 외적 통제뿐만 아니라 내적 통제, 즉 선수의 내부에서 작동하는 특별한 도덕적 능력이 요구된다.

선수에게 요구되는 도덕적 능력은 외부에서 부과되는 것이 아니라 경쟁으로서 스포츠 그 자체의 논리로부터 도출된다. 참된 의미에서 경쟁을 원하는 자, 다른 능력이 아니라 자신의 능력을 통해 탁월성을 과시하고 자신의 우월성을 드러내고자 하는 자는 스포츠경기에 임함에 있어서 합의된 규칙을 자발적으로 준수해야 한다. 치열한 경쟁과 그로 인해 파생될 수 있는 감정적 격앙이 예상되는 극단적 조건하에서도 자발적으로 합의된 규칙을 준수하는 자는 높은 도덕적 자질을 지닌 자이다. 그러나 '놀이하는 자'는 규칙을 준수하는 것만으로는 충분하지 않다. '놀이하는 자'는 놀이 자체를 보호하고 놀이로서 유지하기 위해 노력해야 한다. 경쟁이 과열되고 감정적 대립이 심해지면 규칙이 아니라 놀이 자체가 위협받게 되기 때문이다.

'놀이하는 자'가 진심으로 자기 자신을 스포츠맨이자 경쟁하는 자로 이해하고 그런 자로 남기를 원한다면 규칙을 준수해야 할 뿐만 아니라 '놀이로서 경쟁'을 지켜내는 일에 최선을 다해야 한다. 만일 경쟁이 허용되지 않은 수단에 의존하는 투쟁으로 변질되지 않으려면 전체 상황의 놀이적 성격이 절대적으로 보존되어야 한다. 스포츠적 경쟁이 강력한 내부 모순으로 인해 좌초하지 않기 위해서는 그것은 어떤 경우에도 놀이에 머물러 있어야 한다. 외적 조건들이 평등하고 놀이 참가자들이 평등한 기회를 부여받을 경우에만 참된 의미에서의 능력 비교가 가능하다. 도덕의 관점에서 볼 때 경쟁의 조건하에서 중요한 점은 출발 상황에서 평등을 보장해주는 일과 이러한 요구에 부응하려는 참가자 개인의 마음가짐이다.

이상의 논의로부터 스포츠도덕의 두 번째 기준이 도출될 수 있다. 개별 규칙들의 준수만이 아니라 스포츠 자체의 보존을 위해 노력하는 것이 중요하다. 치열한 경쟁의 조건하에서 놀이로서 경쟁을 원하는 일은 이제 의무가 된다. 특히 투쟁적 요소가 개입되기 때문에 애초에 견지했던 놀이의 조건과 경계를 계속해서 존중하는 일이 중요하다. 즉, 이것은 '단지' 놀이일 뿐이라는 생각을 계속해서 견지하는 것이 중요하다. 따라서 스포츠도덕의 정언명령은 다음과 같이 표현될 수 있다. "경기에서 당신에게 대항해서 겨루는 다른 이들이 기꺼이 따를 수 있는 그런 준칙에 따라 행위 하라!"

이 공식은 첫 번째 공식을 온전히 포함하고 있다. 이 공식의 장점은 극단적 형식의 스포츠에도 적합할 뿐만 아니라 스포츠를 그것의 전제와 목표까지 포함하여 고려하고 있다는 점이다. 이 점은 단지 경쟁 중뿐만 아니라 그 이전과 그 이후에도 중요하다. 모든 스포츠에 구성적인 투쟁적 상황으로 인해 야기될 수 있는 위험에 대해 생각해보자. 투쟁에서는 언제나 인격이 문제가 될 수 있다.

즉, 경쟁에서는 놀이의 상대가 필연적으로 경쟁자가 된다는 점이 중요하다. '놀이하는 자'가 놀이를 진지하게 받아들이고 최선을 다해 놀이에서 승리하기를 바란다면 모든 '놀이하는 자'는 다른 '놀이하는 자'를 대적해야 할 대상으로 여겨야 한다. 만일 내가 상대편을 공격하고 그를 능가하기 위해 최선을 다한다면 그것은 투쟁에서 결코 모순되는 행동이 아니다. 그것은 놀이의 논리에 속하기 때문에 상대를 제압하기 위해 최선을 다하는 일은 도덕적인 행동이다. 스포츠적 경쟁에서 승리하기 위해 최선을 다하지 않거나 도전을 진지하게 받아들이지 않거나 상대를 그럴싸하게 속여서 진짜 겨루는 것처럼 여기게 하는 자는 도덕적인 비난을 받아 마땅하다. 놀이에서도 의무라는 것이 존재한다. 열과 성을 다해 경쟁에 최선을 다하는 일, 그리하여 누가 더 우월한지를 보여주는 일이 이와 같은 의무에 속한다. 이와 같은 스포츠적 경쟁에 본질적인 힘들의 대립을 인본주의적 신념에 근거하여 완화시키거나 약화시키려고 시도하는 자는 스포츠에 관해 아무것도 이해하지 못하는 자이다. 더 큰 문제는 그가 인간에 관해서도 잘 이해하지 못하고 있는 자라는 점이다.

상황이 이렇기 때문에 투쟁에서는 언제나 특별한 종류의 도덕적인 문제가 생겨난다. 즉, 스포츠 상황에서 필연적인 경쟁심, 즉 라이벌 의식이 적대감으로 변질되는 경우가 생겨난다. 그러나 경쟁심은 그 어떤 경우에도 적대감으로 변질되어서는 안 된다. 이 요청 역시 놀이의 기능에 부합하도록 요구하는 것이라고 할 수 있다. 이 요청은 무엇보다 '놀이하는 자'와 놀이를 보호해주는 데 기여할 수 있다. 선수들이 적대감에 사로잡힐 경우에 그들은 놀이에 필수적인 미적 거리, 즉 생사를 건 실존투쟁에 대한 미적 거리를 상실하게 된다. 그리고 그 대가로 선수들은 '놀이하는 자'로서의 자기이해를 지불하게 된다. 나아가 이들은 놀이에 참가하기 전에 했던 약속을 깰 뿐만 아니라 자기 자신을 배신하게 되는 것이다. 그들은 놀이에서의 역할거리를 포기함으로써 실제로 자신을 위험에 빠뜨리기 전에 스스로 자신의 인격에 대한 신뢰를 저버리는 것이다. 이것은 단지 놀이의 상황에서만 그런 것이 아니다. 놀이의 상황에서 이미 신뢰할 수 없는 사람이라는 것을 보여준 자에게 일상생활에서 무엇을 기대할 수 있겠는가?

마지막으로 한 가지 더 강조해야 할 것이 있다. 적대감의 금기화, 그리고 이것과 밀접한 관련이 있는 타자의 인정, 즉 타자를 동일한 법칙 하에서 참가한 인격으로 인정하는 일은 경쟁으로서 놀이의 논리로부터 도출될 수 있다는 점이다. 결국 우리가 스포츠의 고유성을 보호하고 유지할 때에만 우리는 도덕적 요청에 부응하게 된다는 점을 알게 되었다. 놀이와 경쟁의 기능은 그것으로 인해 스포츠 자체가 존속하거나 파산할 수 있는 도덕적 원칙들의 기준을 자체 내에 포함하고 있다. 참된 스포츠가 존재하는 곳에 이와 같은 원칙들도 존재해야 하며, 그것들이 존재하지 않는 곳에는 더 이상 스포츠도 존재할 수 없다. 이런 의미에서 공정성, 상대편과 상대 선수의 존중, 경쟁상대에 대한 공손한 태도를 내용으로 하는 스포츠맨십은 그 자체로 이미 도덕의 범주라고 할 수 있다.

3장 페어플레이

 학습목표

- 페어플레이(공정시합)의 개념을 이해한다.
- 공정시합에 관한 형식주의와 비형식주의 견해를 이해한다.
- 공정시합을 추구해야 하는 이유를 의무론, 공리주의와 관련지어 이해한다.
- 공정시합의 의미를 의도적 반칙, 승부 조작에 적용하여 이해한다.

1. 페어플레이(공정시합)의 이해

가. '페어'하게 '플레이'한다는 의미

페어플레이는 역사적으로 '스포츠 혁명(sport evolution)'[1])이 일어난 18~19세기 영국의 귀족과 신사(gentry)가 스포츠를 할 때 강조하고 실천했던 정신 또는 자세와 밀접한 관련이 있다. 그들은 스포츠를 수단이기보다는 목적으로 여겼으며 결과의 승패보다는 과정의 격식을 중시하였다. 이는 그들의 정치적 권력, 경제적 여유, 교양적 심취 등을 반영한다.[2]) 즉, 페어플레이는 결과에 초연하고 과정을 즐길 수 있는 삶의 조건(champ) 속에 있던 영국 귀족과 신사의 삶의 방식(habitus)이었다고 할 수 있다.[3])

이러한 역사적 사실을 근거로 하여 결과를 매우 중시하는 경향이 지배적인 지금, 게다가 우리나라의 스포츠 활동에 페어플레이를 적용하는 것은 시대적으로 공간적으로 적절하지 않다는 생각이 있을 수 있다. 더욱이 가치나 윤리는 사람에 따라, 시대(time)와 지역(space)에 따라 변화한다고 생각하는 사람의 경우 페어플레이를 제한적으로 이해할 가능성이 더욱 커질 수 있다. 그러나 스포츠는 이미 세계 보편의 문화로 자리 잡았고 윤리가 시대와 지역의 특수성을 초월하는 보편성을 지향한다는 점에서 페어플레이는 보편적인 스포츠윤리의 맥락에서 다룰 필요가 있다.

따라서 스포츠에서 나타나는 행위의 옳고 그름, 좋은 스포츠와 그렇지 않은 스포츠 등에 관한 본질, 개념 등의 문제를 해명하고자 하는 스포츠윤리학 논의에서 페어플레이는 주요 논제로 자리 잡았다. 또한 '페어플레이'라는 단어의 반쪽을 이루는 '페어'라는 표현은 '페어트레이드(fair trade)'처럼 스포츠뿐 아니라 인간 활동의 다른 분야와 관련된 연구 논의나 사회 실천에서도 자주 발견할 수 있다. 이처럼 '페어플레이'는 인간 보편의 윤리적 과제이자 요청인 '페어'를 '플레이'로 표현되는 특수한 상황에 적용할 때 발생하는 행위의 지침과 밀접한 관련이 있음을 어렵지 않게 짐작할 수 있다.

페어플레이는 다수의 국내 논저에서 그와 같은 표기 방식이 빈번하지만 가능한 한 우리말로 바꾸어 사용하는 것이 좋을 것이다. 페어플레이는 말 그대로 페어(fair)라는 형용사와 플레이(play)라는 명사가 결합한 것이다. 전자의 형용사는 '공정한'으로, 후자의 명사는 '시합'(혹은 '경기')으로 바꿀 수 있기 때문에 페어플레이를 '공정시합'으로 바꾸어 사용한다. '페어트레이드'가 '공정무역'으로 번역되어 사용되고 있음을 생각하면 '페어플레이'를 '공정시합'로 바꾸어 표기하는 것은 큰 무리가 없을 듯싶다.

'페어'를 '공평한'으로 번역할 수도 있다. '공평한'이 '공정한'보다 '페어'의 사전적 의미를 보다 더 정확하게 표현한 것으로 보일 수도 있다. 그러나 윤리적으로 좀 더 살펴보면 '공평'이라는 표현은 부족해 보인다. 공평은 어떤 상황, 조건이건 동일하면 된다거나 좋다는 느낌을 준다. 이를 스포츠에 적용하면 축구를 할 때 모든 참가자들에게 손으로 공을 잡는 행위를 허용하는 것, 모든 참가자들에게 상대를 붙잡는 행위를 허용하는 것, 심지어는 모든 참가자들에게 상대를 다치게 하는 행위를 허용하는 것은 조건만 동일하게 유지할 수 있다면 아무런 문제가 없다. 그런 행위는 윤리적으로 옳은가? 특히 상대에게 상해를 입히는 행위는 어떠한가?

위 물음에 대해 '그렇다'라고 대답할 사람은 거의 없을 것이다. 상해를 입히는 행위는 어떤 상황에서도 비난 받을 가능성이 있다. 격투 스포츠의 경우 공평한 시합의 문제와 별개로 상해를 입힐 가능성이 있다는 이유로 비난의 대상이 되기도 한다. 심지어는 생사가 걸린 전투에서조차 상대에게 해를 가하는 행위는 비난을 받기도 한다. 이처럼 조건의 동일화를 의미하는 공평은 윤리적 행위 준거인 '페어'의 의미를 충실하게 담기는 한계가 있어 보인다. 조건의 동일성 이외에도 '옳다'라는 요건이 추가되어야 '페어'의 의미가 살아난다. 그러므로 '평등하고 옳은'이라는 의미를 담은 '공정한'이 '페어'의 번역으로 보다 적합한 듯하다.

공정(fairness)은 어떤 활동에 참가하는 사람들이 (윤리적으로 옳은) 동등한 조건에 있다는 사실, 또는 동등한 조건에 있어야 한다는 당위를 반영한다. 특히 스포츠와 같이 참가자의 능력이나 노력의 우열을 겨루는 활동에서 공정은 윤리적 행위 원칙이다. 공정을 스포츠에서의 윤리적 행위 원칙으로 적용함에 있어서 그 적용의 범위를 좁혀야 한다는 견해가 있다. 공정은 스포츠의 윤리적 행위 원칙으로 합당하지 않은 점이 있다는 것이다. 왜냐하면 스포츠의 목적은 많은 사람들이 생각하는 것처럼 경쟁에서의 승리 실현이 아니며 오히려 쾌락, 건강, 재부, 명예 등의 실현이라는 견해도 있을 수 있기 때문이다. 이러한 견해의 옹호자는 키팅(Keating, 1978)처럼 스포츠와 경기(athletics)를 엄격하게 구분해야 한다고 말한다.

스포츠는 본질상 직접적이고 즉각적인 결과인 즐거움, 유쾌함, 활기참을 목적으로 하며 절제와 관용의 정신에 지배를 받는 오락의 한 종류이다. 경기는 그와는 달리 본질적으로 경쟁 활동으로서 그것의 목적은 시합에서의 승리이며 헌신, 희생, 강함의 정신을 특징으로 한다(Keating, 1978: 244).

스포츠는 활동의 과정 및 결과로 실현될 수 있는 내재적 가치(intrinsic values)인 (스포츠에서의) 즐거움, 외재적 가치(extrinsic values)인 건강이나 재부 또는 명예를 목적으로 하는 데 비해 경기는 정해진 규칙에 따라 체력, 기술, 전술의 뛰어남을 드러내는 것이 목적이다. 따라서 공정을 넓게 적용하면 스포츠의 윤리적 행위 원칙으로, 좁게 적용하면 경기의 윤리적 행위 원칙이라고 하는 것이 합당하다고 하겠다. 물론 스포츠의 지칭 범위를 경쟁이 기본적 구조인 활동으로 좁히면 그 의미가 경기와 유사해지고, 따라서 공정 윤리를 다룸에 있어 그 둘을 구분해야 하는 수고는 덜 수 있다. 그러나 유사한 대상을 두 개의 언어로 표현하는 것은 바람직하지 않다.

위와 같은 맥락에서 국내외 다수의 논저에서 '신체 기반 활동'의 윤리로서 공정을 다룸에 있어서 그 적용 대상을 포괄적인 스포츠보다는 제한적인 경쟁적 스포츠(competitive sports) 또는 경기(athletics)로 하고 있음을 염두에 둘 필요가 있다. 따라서 공정이라는 윤리 원칙을 적용하는 데 적합한 신체 기반 활동을 경기라는 하나의 용어로 표현하는 것이 불필요한 오해나 논란을 피하는 길이며 아울러 '페어플레이'는 행위 동작을 강조할 때는 '공정행위(혹은 수행)'로, 상황 조건을 강조할 때는 '공정시합(혹은 경기)'으로 표현하는 것이 좋겠다.

나. 공정시합에 관한 두 가지 견해

공정은 인간의 모든 활동에 적용되는 보편적 윤리 원칙 또는 규범이다. 공정은 인간의 모든 활동에서 요청된다. 보편적 윤리 규범인 공정이 경기에서도 요청되는 것은 지극히 당연하며, 그 의미가 더욱 확연해지기도 한다. 왜냐하면 경기는 둘 또는 그 이상의 참가자들이 각자의 능력과 노력의 정도를 겨룸에 있어서 참여 조건이 동일하지 않다면, 즉 불평등하다면 그 겨룸, 경쟁은 참된 의미를 상실할 것이기 때문이다. 이제 문제는 경기에서 공정을 어떻게 실현할 것인가, 또는 어떻게 해야 공정한 시합이 될 수 있는가이다.

공정시합을 실현하는 방법에 관한 견해들은 흔히 두 가지 갈래로 나누어진다. 하나는 형식주의(formalism)이며 다른 하나는 비형식주의(non-formalism)이다.[4]

1) 형식주의

형식주의, 형식적 공정시합의 견해는 경기에 참가할 때 (협회나 연맹 같은 공적 조직에 의하여) 정해진 공식의 성문 규칙을 어기지 않고 행하는 것, 규칙의 조문을 충실하게 따르는 것에 의하여 실현된다는 주장이다. 다시 말해서 공정시합은 규칙을 준수하며 경기를 하는 것이다. 이때의 규칙에는 구성적 규칙(constitutive rules)과 규제적 규칙(regulative rules) 모두가 포함된다. 형식주의 견해처럼 경기의 모든 참가자들이 구성적·규제적 규칙을 준수하기만 하면 (공평하고 정의로운) 공정은 실현될 것이며, 그러므로 모든 참가자들은 규칙을 준수해야 한다는 윤리적 행위 규범은 스포츠윤리의 핵심이 된다.

그러나 형식적 공정경기의 견해는 간단히 사례를 통하여 한계가 드러난다. 테니스 경기에서 상대의 서브는 엔드라인의 끝에 걸치듯 튀겼지만 심판은 아웃으로 판정한다. 그리고 서브를 받는 선수는 아무런 반응도 하지 않는다. 이때 서브를 받는 선수의 행위를 공정행위, 그 시합을 공정시합이라고 할 수 있을까? 형식주의의 관점에 따른다면 그의 행위는 공정행위이며 그 시합은 공정시합이다. 왜냐하면 규정에 서브를 받는 선수가 아웃 여부를 심판에게 보고해야 한다는 조문은 없기 때문이다.

위의 사례를 통해 알 수 있듯이 형식적 공정시합의 견해는 한편으로는 해야 할 것에 관한 판단의 기준이 명확한 반면에 다른 한편으로는 윤리적 논란의 여지를 남기고 있다. 즉, 형식적 공정시합의 견해에 따르면 공정시합을 실현할 수 있는 행위의 기준, 범위가 규정집에 실려 있기 때문에 그 규정대로만 하면 어떤 윤리적 비난에서도 벗어날 수 있게 된다. 그러나 규칙을 어겨 벌칙이나 제재를 받지 않았지만 윤리적 비난에서 자유로울 수 없는 경우가 있다는 점에서 형식적 공정시합의 견해는 난점을 안고 있다. 앞의 테니스 경기의 예에서 서브가 인이라고 보고하지 않은 선수의 행위가 윤리에서 벗어났다고 평가할 근거가 없다.

2) 비형식주의

형식주의, 형식적 공정시합의 견해가 안고 있는 한계, 경쟁적 스포츠 또는 경기에 윤리를 적용하고 해석하는 데 있어서의 과도한 제약은 그와는 다른 견해의 등장을 이끄는데 대표적인 예가 비형식주의이다. 이 견해는 형식적 공정시합의 견해가 경기에서의 공정을 지나치게 협소하게 봄으로써 경기에서 벌어지는 각양각색의 행위에 대하여 합당한 윤리적 판단을 내리지 못하고 있다고 본다. 따라서 구성적 규칙과 규제적 규칙을 포함하여 문자로 표현된 규칙의 준수보다 더 포괄적인 적용과 정당화가 가능하도록 경기에서의 공정의 개념을 확장하여 제안한다. 즉, 규정에는 없지만 좋은 경기를 위하여 권장되어야 하는 행위와 비난받아야 하는 행위를 판단할 수 있는 준거, 기준을 정립하고자 한다.

비형식적 공정시합이라는 견해의 대표적 예로 공유되는 관습(shared ethos)[D'Agostino, 1981; Loland, 1998]에 주목할 필요가 있다. 디아고스티노(D'Agostino, 1981)는 관습을 "특정 경기의 형식 규칙들이 구체적인 상황에 적용되는 방식을 결정하는 관습(conventions)"이라고 한

바처럼 경기의 규칙에 관한 해석에 있어 공유되는 집단적 규범 체계로 정의한다.[5]

예를 들어, 축구 경기에서 주심이 두 선수가 각각 태클로 상대를 넘어뜨렸을 때 한 선수에게는 말로 주의를 주고 다른 선수에게는 옐로카드를 들어 경고를 주었다고 하자. 그 주심은 벌칙에서 차별을 두었으므로 편파적인 판정으로 보일 수 있다. 그러나 그 주심은 해당 행위를 축구에서의 탁월함, 즉 체력, 기술, 전략 등과 관련시켜 적합성 여부나 정도를 판단하고 벌칙을 정했을 것이다. 이렇듯 규칙에 명시되지 않았지만 주심이 차별적으로 보이는 판정을 할 수 있고 또 그 심판의 판정이 선수, 관중 등 그 경기에 관여하는 사람들 대다수가 적절한, 즉 공정한 판정이라고 수긍할 수 있는 것은 축구의 본질, 축구에서의 탁월함, 축구의 기술과 전략, 축구에 적합한 체력 등에 관하여 오랫동안 많은 사람들이 공유해온 의식 태도, 실천 방식인 관습이 존재하기 때문이다.

이렇듯 비형식적 공정경기의 견해에 따르면 경기에서의 공정은 경기의 관습을 지키는 것이며 관습이 지켜지는 경기가 공정하다. 또한 경기에서 행위의 공정 여부는 그 경기의 관습에 의존해야 한다. 이 견해는 경기에서의 공정행위에 대하여 앞의 형식주의 견해보다 더 포괄적이고 역동적인 적용 및 해석을 가능하게 한다. 그러나 이 견해 역시 공정행위, 공정시합에 대하여 확고부동하고 명확한 판정 기준을 항상 제공하는 데는 어려움이 있다.

2. 의도적 반칙

의도적 반칙은 말 그대로 어떤 반칙을 실행하여 기대하는 결과를 발생시키고자 하는 의지적 계획을 가지고 실제로 이루어진 규칙 위반 행위이다. 그러므로 이는 최소한 두 가지 조건을 전제로 한다. 첫째, 의지적 계획, 즉 의도가 있어야 한다. 어떤 행동이 강제되었거나, 즉 자유의지에 의한 것이 아니거나 우발적이라면 의도적이라고 하기 어렵다. 둘째, 그 행위는 규칙에서 허용되지 않는 것이어야 한다. 이 둘 중 어느 하나라도 충족되지 않는다면 의도적 반칙이라고 하기 어렵다. 두 가지 조건 각각을 좀 더 따져보면 의도적 반칙은 윤리적으로 비난의 대상이 된다는 점은 어렵지 않게 파악할 수 있다.

첫째 조건의 경우 반칙의 의도를 실행하지 않았거나, 또는 실제로 행하였지만 규칙의 위반은 일어나지 않았더라도 비난의 대상이 된다. 왜냐하면 의무론의 관점에서처럼 그 의도는 경기, 상대, 동료, 심판, 코치, 관중 등에 대한 존중을 바탕으로 공정한 조건에서 최선을 다하여 승리를 추구해야 한다는 경기 참가자들의 의무에서 벗어나기 때문이다. 다시 말해서 그 의도는 어떤 결과의 귀결과 무관하게 참가자들이 보편적으로 공유하는 의무에서 벗어났다는 점에서 윤리적 비난을 받아 마땅하다. 둘째 조건은 해당 경기의 가치 실현이라는 목적 달성에 있어서 기법 상, 윤리 상 합당하다고 (전 세계의 모든 참가자 또는 최소한 규칙의 제정, 개정의 권한을 가지고 있는 국제경기연맹 구성원에 의해) 동의된 방법, 절차인 규칙에서 벗어난 것이다. 여기서 기법 상 합당하다는 말은 규칙에서 허용하지 않는 행동은 해당 경기의 본질과 거리가 있다는 의미를 함축한다. 윤리 상 합당하다는 말은 참가자 모두가 불편부당한 상황에 놓일 가능성이 거의 없다는 것, 다시 말해서 공정하다는 것을 의미한다.

이렇듯 두 가지 조건은 각각 윤리적 비난의 대상이 될 수 있다. 하나의 조건만으로도 비윤리적이라는 비난을 받을 수 있다. 이를 고려하면 두 가지 조건을 동시에 충족하는 의도적 반칙이 윤리적 비난의 대상이 되는 것은 매우 합당해 보인다. 그러나 의도적 반칙이라고 지칭되는 행위 중에서는 비윤리적이라고 비난하기가 쉽지 않은 경우가 있다. 그 행위가 과연 비윤리적인지 꽤나 고민하게 만든다.

농구 경기의 예를 살펴보자. A팀과 B팀의 경기는 종료까지 3분이 남았다. A팀은 1점 차로 지고 있고 팀 파울에 도달해 있다. B팀이 공을 잡자 A팀의 한 선수는 의도적으로 팔을 쳐서 반칙을 유발한다. B팀의 선수는 자유투 2개를 모두 성공한다. 점수 차는 3점으로 벌어진다. A팀은 공격을 성공하여 점수는 다시 1점차가 된다. B팀이 공격을 시작하자 A팀의 선수는 또다시 곧바로 의도적으로 팔을 쳐서 반칙을 유발한다. 경기가 끝날 때까지 이와 같은 상황은 되풀이된다.

이 예에서 A팀의 선수는 분명히 의도적 반칙을 하였다. 그 선수의 행위는 앞에서 이야기한 두 가지 조건을 충족시킨다. 자신의 자유의지에 따라 상대 선수의 팔을 치는 행동을 하고자 하였고(물론 코치나 동료의 강요에 의한 행동은 선수의 자유의지에 의한 것이라고 할 수 없으므로 논외다) 그 행동은 심판에 의하여 반칙으로 판정되었다. 따라서 이 경우는 윤리적 비난의 대상이 되는 의도적 반칙과 동일한 조건을 갖추었다. 그런데 우리는 종종 현장이나, 방송에서 그러한 반칙을 한 선수에 대하여 비난하기보다는 '영특한 선수', '뛰어난 선수'라는 식으로 오히려 칭찬하는 경우를 발견한다. 위와 같은 칭찬은 합당한가? 그 선수의 행위는 비윤리적이지 않은가? 만일 그 칭찬, 행위가 윤리적으로 정당화될 수 없다면 위와 같은 현장과 방송에서의 반응은 스포츠계에 널리 퍼진 비윤리적 의식의 표출로 볼 수밖에 없을 것이다.

물론 옹호의 입장이 있을 수 있다. 이러한 입장은 다음과 같이 주장될 수 있다. 위의 예와 같은 의도적 반칙은 농구 경기의 일부이며 따라서 농구의 본질, 가치를 손상시키지 않는다. 오히려 그와 같은 의도적 반칙은 경기의 박진감을 더함으로써 선수나 관중 모두에게 더 많은 흥분과 쾌감을 발생시킬 수 있기 때문에 '나쁘다'고 비난할 필요가 없다. 의도적 반칙은 팀의 전략적 능력과 그 전략을 실행하는 선수의 수행 능력을 표현한다. A팀이 의도적 반칙을 통하여 역전을 하는 것, B팀이 그러한 의도적 반칙(작전)을 이겨내고 역전을 허용하지 않는 것은 모두 팀과 선수가 가지고 있는 능력의 표출이며 따라서 승패는 그 능력에 의하여 결정된다. 따라서 의도적 반칙은 능력에 따라 승패를 결정하는 경기, 경쟁적 스포츠의 윤리에서 벗어난 것이 아니다. 특히 공정시합의 이념과 관련하여 의도적 반칙은 시합 구조의 공정성을 왜곡시키지 않는다. 왜냐하면 그와 같은 의도적 반칙은 두 팀 모두에게 동등하게 허용되기 때문이다.

반대로 부정의 입장도 가능하다. 의도적 반칙은 형식주의 관점에서처럼 규칙을 위반한 것이기 때문에 윤리적으로 정당화될 수 없다. 예로 제시한 의도적 반칙이 구성적 규칙을 위반한 것은 아니지만 규제적 규칙을 위반한 것은 엄정한 사실이기 때문이다. 부정의 입장은 다음과 같은 논리로 뒷받침될 것이다. A팀과 그 팀의 선수들은 역전승을 하고자 하는 것이고, 역전승은 의도적이건 의도적이지 않건 반칙을 하지 않고 성취하는 것이 의도적 반칙에 힘입어 성취하는 것보다 더욱 값질 것이다.

결국 의도적 반칙은 스포츠윤리에 관한 근본적인 숙고를 요구한다. 즉, 어떤 행위를 '훌륭하다', '바람직하다'고 평가할 것인가이다. 예를 들어 규칙이 허용한다면 수단과 방법을 가리지 않고 승리를 추구하는 행위 그리고 규칙이 허용하지만 수단과 방법을 가려서 승리를 추구하는 행위 중에서 어떤 것을 (더욱) 훌륭하다, 바람직하다고 할 것인가? 윤리는 규칙의 통제를 넘는 인간적 요청이다. 우리는 어떠한 승리가 명예롭고 어떠한 패배가 명예로우며 혹은 어떠한 승리가 명예롭지 않고 어떠한 패배가 명예롭지 않은지를 생각할 수 있다. 의도적 반칙이건 실수의 반칙이건 반칙을 전혀 하지 않고 승리하는 것이 명예로운, 도덕적인 승리라는 것은 이론(異論)의 여지가 없다.

3. 승부 조작의 윤리적 문제와 해결 방안

승부 조작(match fixing)은 흔히 금전의 획득 같은 경기 외적 이득을 얻고자 하는 의도로 경기 전에 결과를 미리 정하고 그에 맞추어 과정을 왜곡시키는 행위라고 할 수 있다. 스포츠윤리와 관련하여 승부 조작에 주목해야 하는 이유는 크게 두 가지를 들 수 있다. 첫째, 승부 조작이 흔히 도핑에 비견될 정도로 갈수록 확대되고 심각해지는 스포츠계의 큰 문제이기 때문이다. 둘째, 승부 조작은 경쟁적 스포츠의 가치, 더 나아가 존재 근거를 근본적으로 훼손시키기 때문이다. 이처럼 승부 조작은 현대의 경쟁적 스포츠에 대한 최대의 위협으로 부각되고 있다. 이에 위의 두 가지 이유를 기둥으로 하여 승부 조작이 발생시키는 문제와 그에 대한 대책을 다각적으로 생각해볼 필요가 있다.

첫째, 승부 조작은 이미 국내외에서 많은 문제를 일으키고 있다. 경쟁적 스포츠, 경기 대회의 개최 및 관심 범위, 선수들의 활동 및 교류 범위는 지역과 국가를 넘어 국제로 빠르게 확대되고 있다. 예를 들어 축구의 경우 대중의 관심은 국내 리그라는 지역의 제약, 4년마다 열리는 FIFA월드컵 같은 시간적 제약을 넘은 지 오래다. 우리나라 대중의 관심이 유럽 주요 국가의 축구 리그에 연중 관심을 기울이는 것이 그 증표이다.

경쟁적 스포츠, 경기 참가의 세계화, 일상화와 함께 과거 가벼운 유흥으로 여겨졌던 내기(betting)가 합법적 또는 불법적 도박(gambling)으로 전환되면서 거대한 금전이 오가는 거래 내지는 산업으로 자리 잡았다. 이는 경기의 승부 그리고 대중의 참가 및 관심 사이를 금전적 이득이나 손실로 연결시키는 요인이 되고 있다. 더 나아가 금전적 이득을 위하여 경기의 승부에 영향을 미치고자 하는 직·간접적 개입을 자극하고 있다. 경쟁적 스포츠, 경기에 대한 관심은 금전의 손익을 따지는 경향이 강해지는 쪽으로 흘러감과 동시에 승부를 조작하고자 하는 각양각색의 시도들이 등장하고 있다. 여기에 인터넷의 발달은 그러한 시도에 기름을 붓는 효과를 낳고 있다. 그 결과 경쟁적 스포츠 세계는 본래적·목적적 가치가 퇴색되고 파생적·수단적 의미가 부각되는 양상이 확산되고 있다.

승부 조작에 대한 문제제기, 위기의식은 국제올림픽위원회(IOC)를 중심으로 국가적·국제적 대책 마련을 요청하고 있는데 그 움직임은 2000년대 이후 상당히 구체화되고 있다. 전 국제올림픽위원회 위원장 자크 로게(Jacques Rogge)는 승부 조작 및 돈 세탁과 결합한 불법 도박은 도핑에 비견할 만한 위협이며 스포츠기구는 반부패 기금 조성 등과 같은 대책을 세워야 한다고 하였다. 또한 세계반도핑기구(WADA) 사무총장 데이빗 하우만(David Howman)은 세계스포츠진실성기구(World Sports Integrity Agency)의 창설을 요청하기에 이르렀다.[7]

둘째, 승부 조작은 경쟁적 스포츠의 본래적 가치를 훼손시키고 그 존재 근거를 상실시킬 가능성이 크다. 형식주의 공정시합의 관점에서 경쟁적 스포츠, 경기는 참가자의 노력과 능력을 시험하고 겨루는 것으로서 각 종목의 본질을 구현하면서 겨루기가 공정하게 이루어지도록 하는 장치인 규칙의 준수를 요구한다. 여기서 승부 조작과 관련하여 하나의 논란이 등장한다. 규칙을 준수하면 된다는 형식주의 관점에 따른다면 어떤 경기의 참가자가 승부 조작을 실행하더라도 규칙 위반을 범하지 않았다면 윤리적으로 문제가 없다는 논리가 가능할 수 있기 때문이다.

그러나 비형식주의 공정시합의 관점에서 승부 조작은 윤리적 비난을 피하기 어렵다. 비형식주의 관점은 공정한 시합은 규칙의 준수를 넘어 (해당 종목 또는 모든 종목) 스포츠의 역사적·사회적 보편성 및 정당성 속에서 형성되고 공유된 에토스(shared ethos)에 충실할 것을 요구한다. 그러한 에토스의 실천은 존중(respects)으로 바꾸어 표현할 수 있는데 경기에 대한 존중(respect for the game), 상대에 대한 존중(respect for opponents), 동료에 대한 존중(respect for teammates), 심판에 대한 존중(respect for officials), 지도자에 대한 존중(respect for the coach), 관중에 대한 존중(respect for spectators) 등이 그것이다.[8]

경기에 대한 존중은 경기의 참가자가 최선을 다함으로써 그 경기의 가치가 최대한 실현되도록 하는 것을 의미하는데, 이때 최선을 다하는 것은 ① 경기의 본질에서 벗어나는 목적을 추구하지 않음으로써 그 경기가 수단으로 타락하는 것을 방지하고, ② 규칙에 없더라도 불편부당한 이득을 발생시키는 행위를 하지 않음으로써 경기를 더욱 공정하게 만드는 것이다. 아울러 ③ 최선을 다하지 않음으로써 상대나 동료 그리고 심판, 지도자, 관중의 노력을 무의미하게 만들어버리고 기대를 저버리는 것은 그들을 존중하지 않는 것과 같다.

　이렇듯 비형식주의 관점은 성문의 규칙을 준수하는 것을 넘어 존중으로 대변되는 공유된 경기 에토스를 충실하게 지킬 때 공정하다고 본다. 이러한 관점에서 승부 조작은 결코 (해당 종목, 시합의 본질에 충실하게) 최선을 다하는 것이 아니며 따라서 경기를 존중하는 것도, 상대를 존중하는 것도, 동료를 존중하는 것도, 심판을 존중하는 것도, 지도자를 존중하는 것도, 관중을 존중하는 것도 아니다. 결국 경쟁적 스포츠, 경기에 자발적으로 참가한 사람은 해당 경기 종목의 에토스를 지켜야 할 뿐 아니라 보존하고자 노력해야 하는 의무를 스스로 짊어지는 사람이다. 그러한 의무를 소홀히 하는 참가자는 참가의 의미, 가치를 스스로 부정하게 된다. 그러므로 경쟁적 스포츠, 경기의 의미, 가치를 근본적으로 훼손시키는 승부 조작은 추구해서도, 용인되어서도 안 된다고 하겠다.

Ⅲ부
스포츠와 불평등

스포츠 현장에서는 다양한 불평등 현상들이 존재한다. 특히 성차별 문제는 고대 그리스의 올림피아 제전경기에서부터 그 기원을 찾아볼 수 있으며, 지금까지도 그 모습을 찾아볼 수 있다. 이 단원에서는 이러한 성차별의 과거와 현재, 그리고 원인과 극복방안을 다양한 관점에서 해석해보고, 나아가 스포츠의 공정성을 유지하기 위해 성전환 선수에 대한 처우 문제를 해석하고 제시하였다.

1장 성차별

 학습목표

- 스포츠에서 나타나는 성차별 문제를 파악한다.
- 스포츠에서의 성차별을 극복하기 위한 방안을 탐색한다.
- 성전환 선수의 처우 및 관점에 대해 이해한다.

1. 스포츠에서 성차별의 과거와 현재

현대에 이르러 스포츠를 포함한 사회 전반에서 발생하고 있는 성차별 문제는 제법 완화되었다고 볼 수 있다. 이는 그동안 지속되어온 여성의 처우개선을 위한 다양한 활동들이 있었기 때문이다. 그러하더라도 아직은 그러한 문제들이 만족할만한 수준에 이르렀다고 단정할 수는 없을 것 같다. 스포츠의 성차별 문제를 이해하기 위해서는 스포츠의 기원과 동시에 나타나기 시작한 과거의 모습에서부터 현재까지의 변화과정을 살펴볼 필요가 있다.

가. 스포츠 성차별의 과거

스포츠에서의 성차별은 근대올림픽의 모태가 된 고대 그리스의 올림피아, 피티아, 네메아, 이스트미아의 4대 제전경기에서 비롯되었음을 알 수 있다. 이러한 제전경기의 참가자격은 순수 그리스 남성으로서 여성은 참가뿐만 아니라 관람도 할 수 없을 정도였다. 또한 그리스 이전의 4대 문명의 기록에서도 여성의 전문적인 스포츠 활동에 대한 기록이 없었음을 알 수 있는데, 이는 여성에 대한 편견에서 비롯된 것으로 해석할 수 있다. 남성들은 권투, 승마, 활쏘기, 수영 등 다양한 신체활동을 수행하였다는 기록이 존재하는 반면, 여성들은 주로 무용 같은 유희적 활동을 수행하였음을 알 수 있다.[1]

강력한 군대를 양성한 스파르타에서는 여성 또한 남성과 마찬가지로 20세까지 다양한 신체훈련을 시켰는데, 그 이유는 건강한 아기의 출산을 목적으로 이루어진 것이기에 특별한 경우라 할 수 있다. 고대 로마시대에도 건전한 시민과 용감한 병사를 양성하기 위해 신체훈련을 중시하였는데, 이는 주로 남성들에게만 해당되는 사항이었으며, 여성들은 무용 등의 활동에 참가하였다. 중세에 이르러서는 신체를 등한시하는 기독교적 금욕주의로 인해 신체활동이 상대적으로 제한되고 억제되었다. 이러한 시대적 배경 속에서도 기사 양성을 위한 활동은 장려되었는데 승마, 수영, 사격(궁술), 검술, 수렵, 서양장기, 작시의 7예를 비롯한 다양한 활동이 바로 그것이다. 하지만 기사 양성을 위해 이루어진 다양한 신체활동은 모두 남성을 대상으로 한 것이었으며, 여성들은 해당되지 않았다.[2] 사회가 발전해갔음에도 불구하고 여성들의 스포츠 참여는 여전히 미진한 수준으로 유지되었으며, 성 역할 자체는 더욱 고착화되었다. 산업사회에서 남성은 공장에서 일을 하고, 여성은 가사 일을 하는 등의 일반적인 인식이 자리매김하였고, 영국의 엘리트교육에서도 남성 위주의 스포츠 활동이 진행되었다.

근대올림픽의 부활에서도 여성들의 참여는 제한적이었다. 근대올림픽의 창시자인 쿠베르탱(P. Coubertin)은 고대 올핌피아 제전경기에서 여성을 배제시킨 형태를 그대로 받아들였다. 또한 쿠베르탱은 여성의 스포츠 참여는 여성성을 파괴하는 요소이기도 하며, 여성은 격렬한 운동을 수행하기 힘든 신체를 가지고 있다는 신념으로 여성의 스포츠 참여를 반대하였다.[3] 1908년 런던올림픽에서는 여성 선수가 전체의 1%밖에 되지 않았으며, 1928년 암스테르담올림픽에서도 전체 선수의 10%만이 여성 선수였다. 그나마도 여성이 출전할 수 없는 종목이 출전할 수 있는 종목보다 많았으며, 이는 여성에 대한 기회균등이 보장되지 않은 차별적 행태라 할 수 있다. 여성의 스포츠 참가가 확대되기 시작한 결정적인 계기는 1972년 미국에서 Title IX이 통과되면서부터라고 할 수 있다.

> **Title IX**
> Title IX은 보조금, 장학금 또는 기타 학생 지원금 등의 형태로 연방재정의 지원을 받는 학교에서 성차별을 금지하는 법조항이다. 1972년에 통과된 이 법은 교과과정, 상담, 학업지원이나 일반적인 교육기회의 제공에 있어서 의도적으로 성차별을 하는 학교는 연방정부로부터 재정지원이 취소될 수 있다고 규정하고 있다. 이러한 조항에는 학교 대항 및 학교 지원 스포츠 프로그램까지 포함되어 있다.
> 초기에는 이 조치가 남성지배적인 학교와 대학의 스포츠당국자들에게 인기를 얻지 못했으나, 1978년 알래스카대학의 여성 운동선수 세 명이 Title IX을 준수하지 않았다고 주를 고소하면서 이슈가 되기 시작하였다. 남성 농구팀에 비해 예산과 장비, 광고를 잘 제공해주지 않았다는 것이다. 이후 더 많은 고발이 잇따라 1979년 말에는 62개 대학이 시민권국의 조사를 받았다.

나. 스포츠 성차별의 현재

Title IX의 제정 이후 스포츠에서 여성의 참여가 활발히 진행되었으며, 그러한 현상은 올림픽에서도 동일한 양상을 보였다. 평등과 자유가 내재되어 있는 올림피즘은 여성의 스포츠 확대를 정당화할 수 있는 기제로 작용하였다.[4] 개정된 올림픽헌장에는 "모든 수준의 스포츠에서 여성스포츠 증진을 지원하고 장려하며, 여성과 남성에 대한 동등한 원칙을 바탕으로 스포츠에 참여할 수 있도록 한다."고 명시되어 있다. 이는 초기 쿠베르탱이 창시한 근대올림픽과는 달리 여성의 올림픽 참가에 대한 적극적인 지지를 표명한 것으로 해석할 수 있는 부분이다.

이제 올림픽에서 여성이 참가할 수 없는 스포츠는 거의 없다고 할 수 있으며(2012년 런던올림픽에서는 여성이 참가하지 못한 종목이 단 하나도 없었음), 오히려 싱크로나이즈드 스위밍이나 리듬체조 등 여성들만 참가할 수 있는 종목이 있는 실정이다. 이는 과거에 비해 여성의 스포츠 참여 기회가 확대된 부분이라 할 수 있으며, 성차별적 요인이 감소하였음을 알 수 있다.

하지만 일각에서는 아직까지 성차별적 요인이 발생하는데, 그것은 성의 상품화를 추구하는 요인들이다. 1998년에 시작된 한국여자프로농구는 선수들의 유니폼으로 몸매가 확연히 드러나는 원피스형 타이즈 유니폼을 선정한 경우가 있었다. 이는 실력보다 관중의 눈요기를 위한 성의 상품화를 추구한 것이며, 여자프로농구의 흥행을 위한 수단으로 활용된 것이다. 또한 한국여자프로배구에서는 유니폼으로 치마바지를 선정하는 등 여성의 몸을 수단으로 흥행에 주력한 사례들이 다수 존재한다. 이외에도 이슬람 문화권에서는 아직까지 여성이 스포츠에서 신체를 드러내는 것을 금기시하고 있으며, 상대적으로 빈곤한 아프리카 지역에서는 여성들의 스포츠 참여 기회가 제한되고 있기도 하다.

2. 스포츠에서 성 평등을 위한 방안

가. 스포츠에서의 성차별의 원인

스포츠에서 여성의 역할은 수동적 참가자나 관중으로 한정되어왔다. 그러한 배경에는 다양한 요인이 작용하였다.

첫째, 스포츠에 내재되어 있는 공격성이나 위계화, 경쟁적 요인 등이 남성적 영역으로 생각될 수 있으며, 여성에게 적합하지 않은 사회적 성역할의 고착화 때문이라고 할 수 있다.[5] 이러한 인식은 스포츠의 남성지배적 방향으로 진행되었다. 대부분의 전통적인 스포츠는 남성 중심의 규칙이나 형태를 취하고 있음이 그 근거라고 할 수 있다.

둘째, 역사적으로 스포츠는 여성다운 성질과는 거리가 멀었다고 할 수 있다. 그것은 여성의 신체조건에 대한 편견인데, 여성의 신체는 생리적으로 스포츠 활동에 부적합하기에 스포츠의 참여는 몸을 상하게 하는 요인으로 인식하였다. 하지만 여러 연구 결과를 통해 이는 잘못된 견해임을 알 수 있다.[6]

셋째, 스포츠에 참여하는 여성은 여성성을 잃게 되고 매력적이지 못하다는 것이다. 스포츠에서 행하는 다양한 신체활동이 여성성과 대립된다는 입장을 가지고 있었다.

결국 이러한 요인들이 복합적으로 여성의 스포츠 참여 기회를 막는 결과를 가져온 것이다. 현재에 이르러 스포츠에서 성차별적 요인이 다소 완화되기는 했지만, 아직까지 여러 형태로 그 잔재가 남아 있음은 부정할 수 없는 사실이다.

나. 스포츠에서의 성 평등 방안

스포츠에서 발생하는 다양한 성차별적 현상들이 과거에 비해 해소되거나 완화되었다고는 하지만 아직까지 그러한 문제들이 완전히 해소되었다고 볼 수는 없다. 많은 사람들이 양성평등을 주장하고 있지만, 아직은 평등을 위한 노력들이 강화되어야 할 부분이다. 특히 남성들이 가진 헤게모니의 일부를 여성에게 나눠주는 것을 꺼려하는 경우들이 남아 있다. 이러한 문제들을 해결하기 위해서는 다양한 노력들이 수행되어야 한다.

첫째, 여성 스포츠의 적극적인 홍보가 필요하다. 여성 스포츠를 위한 여러 조건이 충족되었다고 하더라도 여성 스스로의 의식 변화가 없거나 구체적인 지식이나 정보가 부족하다면 여성 스포츠의 활성화는 소원할 수밖에 없다. 이에 대한 방안으로 홍보매체를 제시할 수 있다.[7] 여성 스포츠에 대한 필요성과 목적, 효과 및 구체적인 방법 등 여성 스포츠 전반에 대한 다양한 홍보를 통해 사람들의 인식 속에 깃들게 하는 작업이 선행될 필요가 있다.

둘째, 스포츠에서 나타나는 성차별에 대한 공론화가 필요하다. 성차별이 발생하는 원인 등 불평등을 조장하는 사회문화적 요인에 대한 집중적인 고찰을 비롯하여 성차별에 대한 긍정적·부정적 사례를 소개하면서 그것을 공론화해야 한다. 이러한 공론화의 가장 효과적인 수단은 시각주의라 할 수 있는데, 말이나 글이 아닌 시각적인 차원에서의 공론화가 진행될 필요가 있다.[8]

셋째, 여성 스포츠의 지도자, 프로그램, 시설 등의 확충이 이루어져야 한다. 스포츠 현장에는 이러한 요소들이 아직은 부족한 것이 현실이다. 먼저 여성 지도자의 지도능력을 배양시킬 수 있는 다양한 방안이 구축되어야 할 것이다. 이후 여성 선수 및 생활체육인들이 참여할 수 있는 여성 전용 프로그램과 더불어 시설확충이 이루어진다면 여성 스포츠의 차별적 문제는 해소될 수 있을 것이다.

3. 성전환 선수의 문제

가. 여성 성별확인 검사제도

여성 성별확인 검사제도는 1968년 올림픽에 도핑검사와 함께 도입되었다. 이 검사는 여성들이 참가하는 경기에 여성이 아닌 선수가 참가하게 되었을 경우 공정성을 유지할 수 없기에 참가자의 성별을 확인하는 제도이다. 1930년대부터 스포츠계에서는 남성이 여성으로 분장을 하거나 흉내를 내면서 여성의 경기에 참여한 사례가 있었기에 이를 방지하고자 도입되었다.[9]

초기의 여성 성별확인 검사는 산부인과 의사가 실시하는 검사를 받아야 했으며, 이후에는 소속 국가에서 여성이라는 성별확인서를 제출하도록 규정하기도 하였다. 검사방법으로는 나체의 선수를 여러 명의 여의사가 눈으로 검사하였는데, 검사를 거부하는 사례 또한 종종 발생하였다. 이후 눈으로만 검사하는 것에 한계를 느껴 구강점막도말검사(Buccal Smear Test)와 염색체검사, 모공 샘플

검사 등을 실시하는 등 과학적인 방법이 동원되기 시작하였다.

　하지만 검사의 신뢰도를 의심하는 사건의 발생으로 여성 성별확인 검사제도는 폐지되기에 이르렀다. 검사결과 남성이라고 판명된 선수가 있었는데, 몇 년 뒤 이 선수가 스스로 특이 체질의 여성임을 의학적으로 밝혀낸 사례가 발생했기 때문이다. 여러 가지 한계를 보인 여성 성별확인 검사제도는 2000년 시드니올림픽부터 실시하지 않는 것으로 결정되었으며, 현재는 의심이 가는 경우에 한해서만 검사를 실시하고 있는 실정이다.

나. 성전환 선수의 윤리문제

　남성이 여성의 경기에 출전하는 것은 심각한 공정성의 문제를 초래할 수 있다. 하지만 남성과 여성의 기준을 정하는 것이 쉽지 않다는 것이 문제이다. 여성 성별확인 검사를 거쳐도 오류가 발생하는 실정이기에 그 기준에 대한 구체적인 논의가 이루어질 필요가 있다.

　일반적으로 선수들의 경기력은 재능과 노력의 결실이라 할 수 있다. 재능과 노력이라는 두 가지 요소 중 어느 하나라도 충족되지 못한다면 선수로서 성공하는 것은 쉽지 않을 것이다. 하지만 우리는 때때로 선수의 재능보다는 노력에 더욱 관심을 가지거나 열광하는 경우가 있다. 주로 성공한 선수들이 어떤 장애를 극복하였는지, 어떤 상처와 고난을 이겨냈는지, 가난과 역경, 조국의 정치적 문제 등 불우한 환경 속에서 얼마나 노력했는지를 조명하는 경우가 많다. 이는 성공신화에 열광하는 사람들의 일반적인 특성이라 할 수 있다.[10]

　따라서 도핑이나 유전공학을 통한 경기력 향상은 선수의 재능을 증대시키는 것으로 해석할 수도 있지만, 노력 없이 얻은 결과로 이해해도 문제가 없는 것이다. 도핑 등의 문제가 금지되는 것이 바로 노력 없이 얻어지는 결과에 대한 공정성 위반이 될 수 있다. 성전환 선수의 문제도 동일한 논리로 접근할 수 있다. 남성이 여성으로 성전환 수술을 하게 되면 일반적인 여성에 비해 근력 등 신체적 기능이 상대적으로 우월할 수밖에 없는 것이 생리학적 이치이다. 성전환 선수는 일반적인 여성 선수에 비해 재능이나 노력적인 측면에서 앞서 있다고 할 수 있다.

　성전환 수술을 했다고 해서 신체능력 또한 모두 여성화되는 것은 아니다. 따라서 성전환 선수에 대한 명확한 규정을 제시할 필요가 있다. 일반적으로 성을 구분할 때 생물학적 성(sex)과 사회학적 성(gender)으로 분류할 수 있는데, 생물학적 성은 말 그대로 생식기와 내부의 호르몬을 포함한 신체적인 모든 요소에 해당하는 것을 의미한다. 반대로 사회학적 성은 사회적 기대에 맞는 성역할을 수행하는 성으로서 남성이더라도 여성의 삶을 사는 것을 예로 들 수 있다. 성전환 수술은 생물학적 성은 남성이지만 사회학적 성이 여성에 가까울 때 이루어지는 경우가 많다. 하지만 이 경우 수술을 하더라도 신체의 모든 기능이 여성화되는 것은 아니다.

　따라서 성전환 수술을 했더라도 신체능력이 여성보다 남성에 가까울 수 있다는 것이다. 성전환 수술을 통해 생물학적·사회학적 성이 모두 여성인 경우더라도 일반 여성 선수에 비해 신체적 이점을 가질 수 있는 것이 문제이다. 이러한 경우 성별검사에서 다루어지는 일반적인 기준을 명시화하여 그에 해당하는 수치가 나올 경우에만 여성 선수로 출전을 허용하고, 그렇지 않을 경우에는 출전을 제한하도록 해야 한다. 최근 성전환자의 성별 정정에 관한 허가가 법적으로 허용되고 있지만,[11] 법으로 인정받은 여성이라고 해서 스포츠에서도 동일한 논리로 접근해서는 안 될 것이다. 스포츠는 스포츠만의 독특한 영역이 있기에 그에 맞는 명확한 기준을 설정하여 경기에 임하는 것이 스포츠의 가치인 공정성을 유지하는 가장 바람직한 방안이 될 수 있다.

2장 인종차별

 학습목표
- 인종차별의 개념 및 역사를 알아본다.
- 스포츠와 인종차별의 관계에 대해 알아본다.
- 우리 사회의 다문화 형성과정에 대해 알아본다.
- 우리 사회의 스포츠와 다문화사회의 관계에 대해 알아본다.
- 스포츠에서 인종차별을 극복하기 위한 방안을 알아본다.

1. 스포츠에서 인종차별의 과거와 현재

인종이라는 개념이 생겨난 역사적 배경을 살펴보면 고대 그리스인들이 주변의 그리스어를 쓰지 않는 사람들을 자신들과 구별하여 야만인이라고 불렀던 기록이 있다. 이는 언어나 문화가 다른 집단이나 타 종족과의 접촉 과정에서 인종이란 용어의 존재 여부와 상관없이 종족과 관련된 의식들이 존재했음을 알 수 있다.

가. 스포츠 인종주의의 배경 형성

스포츠 인종주의란 스포츠계에서 특정한 인종이 다른 인종을 차별하거나 분리하려는 비합리적인 사고방식으로 남아프리카공화국이나 미국 등과 같은 다인종사회에서 상존해왔다. 특별한 이유 없이 백인들은 자신들과 다른 유색인종(흑색인종, 황색인종)에 대한 지배나 정복을 정당화하고 헤게모니를 확보하기 위한 수단으로 인종주의적 편견을 유지하고 신봉해왔다. 이러한 인종주의는 사회공동체와 밀접한 영향을 가진 스포츠 세계에도 정도의 차이는 있지만 계속 유지되고 있는 실정이다.

대표적인 예로 프로스포츠의 종주국이라 할 수 있는 미국의 인종주의는 스포츠계에도 오랫동안 유지되어왔으며, 현재까지도 인종주의적 사고와 인종적 불평등은 완전히 사라지지 않고 있는 실정이다.

1960년대의 흑인 민권운동의 성과로 미국사회에서 인종차별적인 법과 제도들은 거의 철폐되었으나 여전히 흑인과 소수 인종집단은 인종차별에서 자유롭지 못하다.

현재 인종차별이 불법화되었고 흑인 대통령이 미국을 집권하고 있지만 단순하던 인종차별 형태가 직접적으로 표출되거나 언급되지 않은 채 더욱 교묘한 방법으로 영향력을 행사하고 있다.

오늘날 스포츠 현장에 나타나는 인종차별의 더욱 교묘해진 한 예는 뛰어난 경기자의 평가에서 찾을 수 있다. 백인 스타선수에 대한 언론이나 방송의 평가는 본인의 피땀 어린 노력과 불굴의 투지 그리고 희생정신으로 경기에 임한 결과임을 강조한다. 즉, 선수 자신의 탁월한 업적이 스스로의 끊임없는 노력으로 성취한 긍정적 결과임을 강조하는 반면 흑인 선수의 뛰어난 성과는 천부적인 재능에 의해 얻어진 것이라고 설명한다. 이러한 평가의 이면에는 천성적으로 주어진 능력이므로 노력하지 않아도 우수한 성적을 거둘 수 있다는 주장으로 흑인 선수들의 숨은 노력과 땀의 대가를 폄훼하는 교묘한 방법의 인종차별을 보이고 있다.

예를 들어 흑인 농구선수의 화려한 묘기가 연출되면 아나운서는 "흑인 선수의 재능과 기술은 태어날 때부터 타고난 재주이다. 저것은 가르칠 수 없는 묘기이다."라고 목청을 높이면서 극찬한다. 반면 백인 선수가 좋은 묘기를 창조해내면 피나는 맹훈련으로 저런 묘기가 가능하다고 백인 선수의 끈질긴 노력에 대한 칭찬을 아끼지 않는다. 마치 흑인 선수들은 맹훈련이나 피나는 노력 없이도 태어날 때부터 타고난 운동신경으로 훌륭한 선수가 될 수 있다는 것을 암시하는 것으로, 일반적인 흑인 선수들에 대한 편견을 재확인시켜주고 있다.[1]

한편 흑인의 뛰어난 경기력을 평가하는 주장으로서 발생학적·생리학적으로 운동경기 능력이 생존을 위하여 필수적인 원시적인 조건을 갖추었다는 논리를 펴고 있다. 흑인들은 열악한 자연환경 속에서 생존하기 위한 본능적 활동으로 스포츠를 실시하였으므로 그들의 삶을 관철하는 생존투쟁적 상황에 직면하여 흑인들은 백인에 비해 훨씬 일찍 그리고 적극적으로 경쟁적인 태도를 발달시킬 수 있었다. 그리고 더 나아가 발생학적·생리학적 차이를 과학적이라는 미명하에 근섬유나 백근과 적근으로 구분되는 근육 구성의 차이를 증명하고자 하는 일련의 노력으로 인종차별을 교묘하게 정당화하려는 시도를 보인다.

경제적인 관점에서 인종차별을 살펴보면 미국의 사회 계층문제와 밀접한 관계가 있음을 알 수 있다. 현재는 많이 완화되었지만 미국 역사에서 경제적 하층구조에 있던 흑인들이 자동차경주나 골프, 테니스, 승마 등 귀족 스포츠의 성격을 지닌 종목에 참가할 수 없었던 것은 당시 부(富)와 권력을 누리던 백인들이 각종 스포츠에서 흑인과 같은 하층계급의 참여를 막기 위한 경제적·사회적 장벽을 만들었기 때문이다.

20세기 후반, 특히 1960년대부터 약 40년 동안 미국에서 흑인들의 스포츠 참여는 점진적으로 확대되었으며, 흑인들은 육상, 미식축구, 농구, 야구 등과 같은 대중 스포츠계에 진출하여 뛰어난 활약을 보였다. 1990년대 후반부터 대학(Division 1 University)의 흑인 학생 비율은 6%였지만 흑인 선수의 비율은 27.5%로 증가했고, 남자 농구선수의 60%, 미식축구선수의 42%를 흑인이 차지하게 되는 변화가 일어났다.[2]

2. 다문화사회의 도래와 예상되는 갈등들

한민족이라는 단일민족문화가 오랜 전통으로 계승된 우리나라의 경우 사회적으로나 스포츠경기에 미국이나 외국의 경우처럼 인종차별에 대한 갈등은 그다지 심각한 수준은 아니었다. 물론 사회적으로 외국인에 대한 편견이 전혀 없었던 것은 아니지만, 그것으로 인해 사회적으로 물의를 일으키거나 우리 사회의 핵심 쟁점으로 부각되지는 않았다. 특히 스포츠경기에는 아예 외국 선수가 없었기에 국내의 스포츠 분야에서 인종갈등이나 차별로 논란이 된 경우는 거의 없다. 다만 국내 선수가 외국으로 진출한 경우 그 국가에서 차별을 받거나 인종 간 갈등을 초래하는 경우는 가끔 보도를 통해 접할 수 있었으나 이 경우도 그저 일회성 기사로 가볍게 다루어지거나 실력 차에 대한 관점에서 보는 시각이 우세하였다고 할 수 있다.

그러나 최근 법무부 2012년도 출입국·외국인 정책통계연보에 따르면(2008년 12월 31일 기준) 국내 체류 외국인(단기체류자 포함)은 1,158,866명으로 전체 인구의 2.34%를 차지하고 있으며, 2004년에 체류 외국인의 수가 750,872명이었던 것과 비교하면 4년 만에 1.5배 증가하였다. 2012년에는 1,445,103명으로 전체 인구의 2.84%를 차지하고 있으며, 2008년에 비해 1.2배 증가하였다. 이처럼 국내에 체류하는 외국인의 수가 계속해서 증가하고 있는데, 이러한 추세라면 외국인의 비율이 2020년에는 5%, 2050년에 9.2%로 증가할 것으로 예측된다.[3] 이처럼 우리 사회는 다양한 인종들이 함께 살아가는 다문화사회로 급속하게 변모하고 있는 실정이다. 미국이나 유럽을 포함하여 동남아국가의 다양한 인종이 우리 사회의 구성원으로 함께 생활하고 있으며, 스포츠경기에서도 프로스포츠를 중심으로 외국인 용병들이 뛰어난 기량을 보이고 있다.

현재 우리 사회는 급속도로 빠르게 다문화사회로 옮겨가고 있으며, 이에 따른 다양한 사회문제가 발생하고 있는 실정이다. 스포츠문화는 그 사회의 문화와 교류하며 상호보완적 관계가 형성된다는 것을 전제한다면 앞으로 우리 스포츠경기에도 인종차별에 대한 많은 과제들이 발생할 것이다.

가. 다문화사회에 대한 한국인의 인식

다문화사회에 대한 한국인의 인식 정도에 대해 일방적으로 이해하는 것은 무리가 있다. 예컨대 다문화사회는 다른 문화로부터 많은 것을 배울 수 있다는 점에서 긍정적으로 인식되기도 하고, 한편 다문화사회가 사회통합을 저해하고 민족의 전통문화를 훼손할 위험이 있다는 점에서는 부정적으로 인식되기도 한다.

그러나 다문화사회를 오래 경험한 유럽이나 미국 혹은 캐나다의 관점에서 보면 한국인의 다문화적 인식수준은 매우 낮은 것으로 평가되는데, 그 이유 중 하나가 바로 한국은 오랜 전통을 고수하고 있는 세계에서 희귀한 단일민족국가라는 자부심 때문이다.[4]

한편, 최근 조사에 의하면 한국인은 이러한 단일민족주의를 다문화주의와 동시에 긍정적인 것으로 받아들이고 있는 것으로 나타났다. 과거와 비교하여 한국인의 외국인에 대한 태도는 보다 관용적·개방적인 방향으로 변했다. 이런 변화들은 한국인이 선진화된 의식과 가치관의 정체성을 갖게 된 것을 의미한다.

그러나 외국인과 의미 있는 수준의 접촉과 교류는 여전히 미미한 수준이며, 겉으로 드러내는 태도는 개선되었을지 몰라도 내면적으로는 여전히 외국인에 대한 사회적 거리감이 크고, 피부색과 출신국의 발전수준에 따라 차별적으로 대우하는 관행은 그대로 남아 있다. 따라서 표면적으로 드러난 한국인의 외국인에 대한 인식과 태도를 액면 그대로 받아들이기보다 외국인의 특성과 한국인과의 관계, 한국문화 수용성 등을 고려해서 다면적으로 이해할 필요가 있다.[5]

나. 다문화사회에서 나타나는 갈등들

1) 언어소통의 문제

특정 문화권에서 생활하던 사람이 자신이 사용해온 언어와 그것을 둘러싼 사회문화적 맥락이 다른 문화권으로 이주할 경우 가장 우선적으로 다가오는 문제는 바로 의사소통의 문제이다. 따라서 외국인이 한국에 발을 딛는 순간부터 언어소통의 문제를 경험하는 것은 당연한 일이며, 이주노동자의 경우에는 직장생활을 하는 데 있어서 언어로 인해 많은 어려움을 겪고 있으며, 결혼이주여성의 경우 언어소통의 문제로 배우자를 포함한 가족들과 갈등, 고립, 외로움, 좌절을 겪는 것으로 나타났다.[6]

여성가족부에서 발표한 2012년 전국 다문화가족 실태조사에 따르면 결혼이주여성이 가지고 있는 한국생활에서의 가장 큰 어려움은 언어문제(21.1%)인 것으로 나타났다. 결혼이주여성 가운데 직장에서 무시, 조롱, 폭언 등으로 피해를 입은 경우 그 원인을 자신의 한국어 실력 부족과 그로 인한 주위 사람들의 오해 때문인 것으로 여기고 있어 언어의 문제가 차별의 문제로 이어질 수 있음을 보여주고 있다.[7]

현재 대부분의 기관에서 이주노동자 및 결혼이주여성의 편의를 위해 한국어교육서비스를 제공하지만 학습자의 특성과 요구를 충분히 반영하지 못하고 있는 실정이다. 이를 개선하기 위해서는 먼저 학습자의 특성에 맞는 교재를 제작, 보급하여 그들이 한국생활에 있어 언어소통에 대한 불편함이 없도록 하는 것이다. 외국인이 일상생활에서 꼭 필요로 하는 언어소통의 상황을 수업내용으로 구성하고, 그에 맞는 교재와 부교재를 개발하여 학습효과를 높여야 할 것이다. 또한 한국어교육을 위한 전문가가 충원되어야 하며, 자원봉사자들을 대상으로 한 한국어교육도 반드시 필요하다.[8]

2) 문화적응의 문제

한국에 이주해오는 노동자와 결혼이주여성들은 자국에서 한국의 문화에 대해 교육받을 수 있는 통로가 거의 없는 실정이다. 특히 결혼이주여성들의 경우 생소한 한국문화에 대한 문화적 갈등을 겪으면서 순탄하지 못한 결혼생활로 파국을 초래하는 등 서로 간의 문화 차이를 극복하지 못해 다양한 사회문제를 야기하기도 한다. 이는 한국사회와 문화에 대한 사전정보와 습득이 부족한 상태에서 시작된 이들의 한국생활이 초반부터 난관에 부딪히는 경우라고 할 수 있다.

이에 대한 개선방안으로 초기이주자의 한국사회 적응을 위한 한글 및 언어교육을 우선적으로 실시하고 거주 지역에 대한 정보제공을 위해 교통관련 관공서, 고유풍속, 복지시설 이용방법 소개 등을 중심으로 한 정보제공 프로그램을 개발하여 제공할 필요가 있다.[9]

3) 자녀양육과 교육의 문제

외국인, 특히 결혼이주여성들에게 있어서 자녀양육은 기쁨보다 부담이 더 큰 것이 사실이다. 가장 큰 어려움은 부모로서 자녀에게 한국말을 잘 가르치지 못한다는 것이다. 이는 체계적으로 한국말을 배우거나 익힌 경험이 없는 외국인으로서 당연한 것이며, 한국말이 능숙하지 못한 결혼이주여성에게 가장 큰 어려움이다.

또한 다문화가정 아이의 경우 오직 부모를 통해 말을 배울 수 있는 유아기에 한국어를 체계적으로 배울 수 있는 기회를 얻지 못하고 있다. 언어능력이 서툰 어머니로부터 언어교육을 받기 때문에 언어발달이 늦어지고 이로 말미암아 의사소통에 부분적으로 제한을 받게 된다. 이러한 언어발달의 지체는 학교생활과 수업태도로 이어져 수업에 대한 집중력을 떨어뜨리고 발표를 할 때도 발표내용에 대한 확신이 없어 자신감 없이 수업에 참여하게 한다.[10] 그리고 언어소통이 원활하지 못해 아이들은 또래집단에서 소외되거나 외톨이가 되기도 하며 부모에 대한 원망과 갈등으로 방황하기 쉽다.

다문화가정 학생들은 이러한 언어지체와 학습결손 외에 정체성에 대한 혼란을 경험하기도 한다. 아버지와 어머니 사이의 인종적·민족적·문화적 차이를 지각하면서 자신은 그 어느 편에도 속하지 않는 주변인으로서 정체감 상실이나 정체감 유예의 고민에 직면하기 쉽다. 또한 국제결혼가정 2세들에 대한 주변의 편견이나 차별과 멸시를 경험하면서 심리적인 상처를 받거나 자신감을 상실할 수 있다. 남들과 다른 외모, 어눌한 말투, 부진한 학교성적으로 인해 또래들의 놀림감이 되거나 배척대상이 되기도 한다.[11]

4) 편견과 차별의 문제

과거에 비해 이주노동자의 인권 상황과 처우가 개선되기는 했지만 여전히 이주노동자들은 노동과 관련해서 저임금, 임금체불, 열악한 노동조건 등의 문제들을 겪고 있으며 일상생활에서는 언어와 문화적 차이, 유색인종과 저개발국가 출신에 대한 한국인의 편견과 차별, 경찰폭력, 의료 등 복지제

도에서 배제되는 문제, 법적권리의 미보장에 따른 불이익 등 다양한 문제를 안고 있다.[12]

2013년 2월 26일 여성가족부에서 발표한 '2012년 다문화가족 실태조사'에 따르면 결혼이주여성의 41.1%가 외국인이라는 이유로 차별대우를 받은 적이 있는 것으로 나타났다. 특히 결혼이주여성에 대한 편견과 차별은 그들의 자녀에게도 이어지는데, 다문화가정 학생들은 겉으로는 교우관계나 교사관계 같은 대인관계에서 특별히 문제가 없는 것처럼 보이지만 자세히 살펴보면 타인에 의한 편견으로 인해 대인관계에서 소극적인 태도를 보이고 있다.

예를 들면, 동북아 출신 부모로 구성된 가정보다는 외모의 차이가 두드러진 동남아 출신 부모로 구성된 가정의 자녀들이 외모에 대한 편견으로 더욱 소극적인 학교생활을 하고 있다. 또한 동남아 출신 다문화가정 학생들은 심지어 담임교사에게서도 후진국이라는 편견을 받고 있었고 친구들로부터 피부색을 이유로 혼혈인이라는 차별을 받고 있었다.[13]

5) 소외와 갈등의 문제

외국인근로자와 결혼이주자 같은 다문화민족의 사회구성원들은 다양한 양상의 소외와 갈등을 겪고 있다. 또한, 이들은 문화적 보수성이 농후하고 타 문화에 대한 배타성이 강한 한국인과 한국사회로부터 무시당하거나 편견과 모멸감을 느끼며 가정과 이웃, 직장에서 차별당하며 살아가는 경우가 흔하다. 이와 같은 상황에서 한국사회의 다문화집단, 특히 사회·경제적 지위가 낮은 다문화민족의 구성원들이 한국의 또 다른 소외계층, 부적응집단으로 자리 잡아가고 있는 상황이다. 이는 결국 우리 사회의 새로운 암적 존재로 심리적·사회적·문화적·경제적·교육적 차원의 심각한 문제를 야기하고 있으며, 나아가 세대 간 갈등은 물론 우리 사회의 정체성을 위협하는 요소가 될 것이다.

3. 스포츠에서 인종차별을 극복하기 위한 방안

스포츠가 우리 사회에서 존재하는 가장 가치 있는 이유는 좋은 의미든 나쁜 의미든 스포츠가 일어나고 있는 사회의 가치를 최소한 부분적으로 반영하고 있다는 사실이다. 즉, 사회에서 통용되고 용인되는 가치(윤리와 도덕을 포함한)들은 스포츠의 장면에 반영되어 새로운 스포츠문화를 창출하게 된다. 그리고 이 새로운 문화 혹은 가치는 다시 우리 사회로 환원되어 사회의 새로운 가치를 형성하는 데 기여하게 되는 것이다.

인종 및 민족차별 제도나 관습은 오래전 우리 사회에서 형성되어 지금까지 다양한 방식으로 유지되고 있다. 아마도 인종차별은 피부색과 민족성이 사라지지 않는 한 그리고 사회적으로 인식되고 있는 한 계속 유지될 것이다. 그렇다면 스포츠에서의 인종차별도 예외는 아닐 것이다.

우리나라의 경우 단일민족이라는 민족정체성으로 인해 미국의 인종차별 역사와는 다른 국면으로 시작되었고, 백인에 대한 유색인의 차별이 아닌 동남아민족이나 저개발국가 민족에 대한 차별이 특징이다.

　다문화사회가 급속하게 진행됨에 따라 우리 사회는 다양한 사회적 갈등과 모순을 겪고 있으며, 이는 우리 사회의 민족정체성에 대한 갈등을 야기하고 있다.

　이와 관련하여 스포츠경기에서도 아직 표면화되지는 않았지만 우리 사회의 가치를 반영한다고 하면 인종차별에 대한 관심이 요구되는 시점이다. 특히 주목할 사실은 신체의 탁월한 기량으로 승부가 결정되는 스포츠의 특성상 아직까지 외국인에 대한 편견이나 차별은 심각하지 않지만 최근 국내 혼혈아에 대한 차별과 편견은 우리 사회의 고정관념이 그대로 전이되어 이슈가 되기도 한다.

　보다 바람직한 사회문화와 스포츠문화가 정착되기 위해서는 다양한 경험과 문화적 관점을 지닌 각각의 사람들과 상호작용하면서 같이 살고, 일하고, 경기할 수 있는 법을 배워야 한다.

　감독과 코치는 하루라도 빨리 다양한 문화와 국가적 배경을 갖고 있는 선수들과 효율적으로 팀을 운영해야 한다. '다른' 선수들과 팀을 하나로 융화시킬 수 있어야 하며, 인종적 그리고 민족적 고정관념의 영향력을 억제시켜야 한다. 또한, 이전에 접해본 적이 없던 관습과 생활방식에 대해 존중할 줄 알아야 할 뿐만 아니라, 경기 전 식단까지도 서로 다른 인종과 민족 모두를 고려해서 결정해야 한다. 즉, 현재는 경기 전 식단을 결정하는 것조차 창조적인 관리 전략을 필요로 한다.[14]

　지난 수십 년 동안 인종과 민족적 다양성에 대한 인식 및 관심의 증대로 인해 스포츠 영역에서는 많은 변화가 있어왔다. 하지만 여기서 더 나아가 이제 지도자들은 스포츠조직 내 통합적 문화 및 권력 구조를 창출하는 방법에 대해 진지하게 고민해야 한다. 그리고 이를 위해서는 운동선수뿐만 아니라 구단주 및 총감독을 포함한 조직 내 모든 구성원들, 그리고 미디어 역시 같이 힘을 합쳐야 한다. 즉, 스포츠 영역에 속해 있는 사람들은 각자 자기 위치에서 조직 내 인종과 민족의 통합적 문화를 견지하고, 모든 인종과 민족에게 골고루 핵심 요직을 배분함으로써 평등한 권력 구조를 도모할 수 있도록 노력해야 함을 뜻한다.[15]

　이와 같은 노력은 스포츠의 새로운 문화를 창출하는 원동력이 될 것이며, 나아가 우리 사회가 가지고 있는 왜곡된 인종차별의 문화를 개선하는 데 기여하게 될 것이다.

3장 장애차별

 학습목표

- 장애인의 기본 권리에 대해 알아본다.
- 장애인 스포츠의 개념과 인간의 존엄성에 대해 알아본다.
- 장애차별이 없는 스포츠의 조건에 대해 알아본다.

1. 장애인의 스포츠권

한국의 헌법은 인간의 장애 유무를 막론하고 태어날 때부터 인간답게 생활하며 인간으로서 그 존엄성을 인정받고 생활할 수 있는 천부적 권리를 헌법 제10조(행복추구권), 11조(평등권), 31조(교육권), 32조(근로권), 33조(환경권), 34조(생존권)에 명시하여 모든 국민이 보장받도록 규정하고 있다.

"인간은 모두 태어나면서부터 자유이며 존엄과 권리에 있어 평등하다"는 세계 인권선언이나 "장애인은 인간으로서 존엄이 존중되며, 같은 연령의 다른 모든 시민과 동등한 기본적 권리를 가지고 있다"는 장애자 권리선언에서 표방하고 있는 바와 같이 인간은 장애가 있든 없든 간에 태어날 때부터 인간답게 생활하며 인간으로서 그 존엄성을 인정받고 살 권리를 지니고 있다.[1]

우리나라는 1988년 서울장애인올림픽을 계기로 장애인스포츠의 저변 확대와 스포츠시설의 확충, 우수 선수의 발굴, 국내 장애인체육대회의 활성화 등 장애인 스포츠 분야의 획기적인 발전을 거두었다. 이후 서울장애인올림픽 잉여금 50억 원과 서울올림픽조직위원회 지원금 50억 원을 기초로 하여 1989년 보건복지부 산하 장애인복지체육회가 장애인체육을 위한 행정조직으로 설립되었고, 2005년 장애인체육 분야가 보건복지부에서 문화관광부(현 문화체육부)로 업무가 이관되었으며, 이와 관련 대한장애인체육회가 국민체육진흥법(제34조)에 근거하여 2005년 11월 설립되었다. 또한 국민체육진흥법의 개정(2005년 7월)과 더불어 장애인차별금지 및 권리구제 등에 관한 법률 제정(2007년 4월)과 동법 시행령의 시행(2008년 4월) 등 법적 뒷받침을 이루어냈다. 이와 같은 장애인체육의 발전에 있어서 법적 뒷받침에 근거한 조직 기반의 확대가 큰 역할을 하였다.[2]

위에서 언급한 바와 같이 한국의 헌법이 정한 법률에 따라 장애인의 스포츠 참여가 보장되고 장애인은 이를 통해 신체적·정신적 재활 도모뿐만 아니라 장애인의 문화생활 향유 및 건전한 경쟁을 통한 자기발전과 자아개발을 경험할 수 있는 좋은 기회를 가지고 있다. 이를 장애인의 스포츠권이라 할 수 있으며, 헌법상의 권리로서 완전한 참여와 평등의 보장은 장애인으로 하여금 천부적 권리로서 차별 없는 사회생활을 영위할 수 있도록 하는 것이다.

장애인의 정상적인 사회생활을 보장하려면 무엇보다 교육을 받을 권리와 일할 권리, 여가생활을 즐길 수 있도록 자유로운 장소 이동과 건물 및 시설물 그리고 정보와 통신에 대한 접근이 용이해야 한다. 또한 장애인이 모든 체육 관련 건물 및 체육시설을 이용함에 있어서 최단거리로 이동할 수 있도록 편의시설을 설치하여야 하며, 장애인이 아닌 사람들이 이용하는 시설과 설비 및 정보를 다른 사람의 도움 없이 동등하게 이용하고 접근할 수 있는 권리가 보장되어야 한다.[3]

장애인이 스포츠 활동에 참여하여 누리는 다양한 권리인 스포츠권은 재활 및 예방의 신체적 가치 이외에도 체육활동 참여를 통해 지역사회와의 상호관계 형성을 통한 장애인의 사회통합 수단으로서도 중요한 가치를 갖는다. 또한 장애인 선수들이 불굴의 투지와 역경을 이겨내고 거두는 인간 승리의 경험은 비장애인들에게 사회적 정체성과 자존감 형성에 많은 도움을 줄 뿐만 아니라 귀감이 되기도 한다. 따라서 장애인 선수는 그들의 기본권인 스포츠권을 통해 장애인과 비장애인이 함께 만들어가는 사회통합의 큰 틀을 제공하고 있다.

장애인이 아무 차별 없이 스포츠에 참여할 수 있는 권리가 주어짐과 동시에 그들에 대한 권익이나 인권문제도 같은 수준에서 다루어져야 하지만 그렇지 못한 것이 현실이다. 운동선수의 인권문제나 윤리문제는 장애인 선수만의 문제는 아니다. 비장애인 선수들의 약물복용, 선수 선발을 둘러싼 금품수수, 승부조작, 성폭행, 폭력 등 다양한 인권문제나 윤리문제가 대두되고 있는 실정이다.

최근 육상 종목과 보치아 종목에서 장애인 선수의 폭행과 성폭력 사건이 발생하여 2013년 장애인 스포츠 현장에 대한 전면적인 실태조사를 실시하기도 하였다. 이를 통해 알 수 있는 것은 비장애인 스포츠 현장에서도 다양한 인권문제와 관련된 윤리문제들이 제기되지만 장애인의 스포츠 현장에서 발생하는 윤리문제들은 정상적이 못한 신체나 정신적 결함의 특수성 때문에 그 양상이 다르다는 특징을 가지고 있다.

2. 스포츠에서의 장애인 차별

이 장의 내용은 크게 두 가지로 구분할 수 있는데, 먼저 가항에서 장애인 스포츠 선수의 (성)폭력에 관한 내용을 다루고 있으며, 나항에서는 생활체육 현장에서 일반인들의 장애인 차별에 대한 내용을 중심으로 서술하였다.

가. 장애인 스포츠의 (성)폭력 현황

한국의 장애인 스포츠가 괄목할만한 발전을 이룰 수 있었던 것은 선수들의 피땀 어린 노력과 불굴의 정신력으로 각종 세계대회에서 우수한 성적을 거두었기 때문이다. 이렇게 한국의 장애인 스포츠가 세계적인 강국이라는 국위선양은 하였지만, 그 뒷면에는 승리지상주의로 인하여 순수한 스포츠정신을 잃어버리고 스포츠 현장에서는 '승리'라는 미명 아래 구타, 기합 같은 폭력 등 반인권적인 행위가 만연하면서도 공공연하게 비밀로 하거나 어쩔 수 없는 현실로 묵인되어왔다.[4]

장애인 스포츠 선수가 인권이나 권익문제에 무방비로 노출되어 가장 심각하게 거론되는 부분이 (성)폭력의 문제이다. 2013년 장애인체육회[5]가 장애인 스포츠 선수, 지도자, 특수학교 체육교사, 학부모 등 997명을 대상으로 한 (성)폭력 실태조사에서 최근 1년간 지도자 또는 선수들 간의 성추행은 없었다고 응답하였고, 구타당한 경험은 4%(2명)만 지도자에게 시합 또는 훈련 중에 경험한 것으로 조사되었다. 이는 2010년 국가인권위원회가 조사한 비장애인 학생선수 5,128명 대상자 중 34%(1,751명)가 구타 및 성추행을 당한 경험이 있다고 한 것에 비하면 현저히 낮은 수준으로 조사되었다.

그러나 대한체육회 스포츠인권익센터의 장애인 선수들의 신고상담 현황을 보면 해를 거듭할수록 (성)폭력 문제가 증가하는 것을 알 수 있다(표 3-1 참조).

또한 대한장애인체육회 산하 장애인 스포츠인 권익보호센터 개소 이후 5개월간(2013년 5~10월) 상담 건수가 총 40여 건에 달했다는 보고를 상기하면 장애인 스포츠 선수들이 다양한 (성)폭력 문제에 노출되어 있음을 알 수 있다. 최근 육상과 보치아 종목에서 일어난 폭행사건에서 알 수 있듯이 피해자들은 대부분 지적장애인 선수들로서 의사표현이나 방법에 한계가 있고, 대부분 적절한 신고와 대응방법을 모르기 때문에 더욱 많이 일어날 수 있는 환경에 노출되어 있다. 특히 여성장애인 선수의 경우 성폭력 위험에 더 많이 노출되어 있는 것이 현실이다. 더욱 심각한 것은 학교 내에 성폭력문제를 담당하는 곳이 있느냐는 설문[6][2012년 장애인체육 (성)폭력 실태조사, 대한장애인체육회 주관]에 90% 이상의 응답자가 '없거나 모른다'라고 답하고 있어 비록 최근에는 사건이 없었지만 사건 발생을 막아주는 안전장치가 없다는 것을 단면적으로 보여주는 현실이다.[7]

표 3-1. 대한체육회 스포츠인권익센터 신고상담 현황[8]

연도	폭력			성폭력			계		
	신고	상담	소계	신고	상담	소계	신고	상담	소계
2008	7	0	7	2	0	2	9	0	9
2009	19	9	28	3	3	6	22	12	34
2010	31	117	148	5	11	16	36	128	164
2011	28	72	100	8	26	34	36	98	134
2012.8	19	53	72	6	10	16	25	63	88
계	104	251	355	24	50	74	128	301	429

장애인 스포츠는 비장애인 스포츠와 달리 지도자는 장애가 없는 정상인이 대부분이다. 즉, 장애를 가진 선수와 정상인 지도자의 관계는 평범한 지도자와 선수의 관계에서 발생할 수 있는 다양한 인권문제나 윤리문제보다 훨씬 심각한 윤리문제가 발생할 여지가 다분하다.

오늘날 장애인 스포츠 현장에는 지도자들의 장애인 특성에 대한 전문적 이해가 부족하고 선수들이 폭력 등으로부터 보호받을 수 있는 안전장치가 충분히 마련되어 있지 못하다. 특히 정신장애, 지적장애의 경우 피해 사실에 대한 인지능력이 현저히 떨어지며, 중증 지체장애의 경우 스스로 방어할 수 있는 능력이 부족하여 (성)폭력에 노출될 위험이 높다. 나아가 스포츠라는 특수한 상황에서 지도자나 선배 혹은 기량이 우수한 동료들의 경기력 향상이라는 미명하에 행해지는 다양한 형태의 폭력은 장애인 스포츠 현장에서 또 다른 문제점을 야기하고 있는 실정이다.

2012년 런던장애인올림픽에서 보치아 종목 코치가 선수를 폭행하고 금품을 갈취했다는 내용이 보도되었는데, 국가인권위원회 조사 결과 대한장애인체육회 가맹단체 소속 일부 지도자들이 장애인 선수에게 심한 욕설을 하거나 비하하는 언어를 사용하고, 장애 여성 선수에게 여성의 신체부위를 언급하는 등 성적 수치심과 불쾌감을 느끼게 하는 성희롱 행위와 폭행, 금품수수 등이 사실로 확인되었다.[9] 이는 운동 외의 다른 대안이 없는 현실적 상황과 경기력 향상을 위해 폭력과 비인간적 처사도 감수해야 하는 위계적·강압적 권력구조가 가지는 구조적 한계를 드러낸 것이며, 지도자는 물론 선수, 학부모조차 경기력 향상과 정신력 강화 수단으로 (성)폭력을 어느 정도 인정하는 경향이 만연해 있기 때문이다.

장애인 스포츠 선수들의 인권 향상을 위한 사회적 환경의 보완적 차원에서 정복자(2014)는 다음 3가지를 강조하였다.[10]

첫째, 인권은 사후처리보다는 예방교육이 무엇보다 중요하기 때문에 장애인 스포츠문화에 맞추어 인권교육의 목표를 설정하고 선수 인권교육 프로그램을 개발하여 일회성으로 그치는 것이 아니라 지속적인 예방교육 및 홍보를 통해 인권의식을 고취시켜야 한다.

둘째, 장애인 운동선수들의 인권과 경기력 향상, 승리를 위해서는 지도자들의 과학적 교육이 무엇보다 필요하다. 경기력 향상이나 승리를 위해 지도자는 선수를 가르치는 것이 아니라 선수 스스로 느낌을 가질 수 있도록 기다려주고 백 번의 훈련을 시킴으로써 과학적 지도방법을 모색해야 할 것이다.

셋째, 장애인 운동선수의 인권과 경기력 향상을 위해서는 장애인들을 위한 과학적 훈련방법에 대한 연구와 운동선수의 인권관련 측정 등의 연구가 지속적으로 이루어짐으로써 현장과 연구의 협력 관계가 이루어져야 할 것이다.

나. 장애인 생활체육 현황

현재 우리나라의 장애인 체육 인구는 과거에 비하여 증가하고는 있지만, 증가폭이 매우 완만하여 비장애인의 참가율에 비해 매우 열악한 현실이다(표 3-2 참조).

표 3-2. 연도별 생활체육 참여율[11]

구분 \ 연도	2008	2010	2012
장애인(%)	6.3	8.3	10.6
비장애인(%)	34.2	41.5	43.2

(출처: 문화체육관광부, 2013)

우리나라에서 보급되고 있는 장애인 생활체육 프로그램은 대부분 비장애인의 프로그램을 그대로 이용하고 있는 실정이다. 기존의 생활체육 프로그램을 수정이나 보완 없이 적용한 프로그램들은 실제 장애의 영역이나 특성을 고려하지 않았기 때문에 많은 문제점을 안고 있다.[12]

그리고 장애인들은 수영, 자전거 등 고도의 기술이나 신체수행의 만족감이 높은 운동을 선호하고 있으나 실제 하고 있는 운동과 하고 싶은 운동이 다르게 나타나 삶의 질 향상과 다양한 운동욕구를 만족하지 못하고 있는 실정이다.[13] 이는 장애인들이 다양한 생활체육 종목에 대한 참여욕구가 있지만, 장애인들의 다양한 생활체육 욕구를 충족시켜줄 다양한 프로그램이나 지도자, 시설 그리고 사회적 인식이 부족하다는 것을 나타내고 있다. 이에 따라 남녀노소 누구나 장애유형 구분 없이 쉽게 접근할 수 있는 장애인 스포츠를 통하여 참여 동기 유인을 높이고, 참여인구의 저변을 확대할 필요성이 있다.

미국의 경우 학교생활에서 장애인과 비장애인이 동시에 참여하는 통합교육의 기회를 통하여 보다 많은 자극을 주어 활기를 띠고 동기를 유발시켜주는 환경을 제공하고 있으며, 장애인과 비장애인이 서로를 이해하고 상부상조하는 우호적 관계를 발달시킬 기회를 가지도록 하고 있다.

1) 지도자

장애인의 경우 일반인들보다 스포츠 참여 기회가 훨씬 적거나 아예 이용하지 못하는 경우도 있다. 물론 여러 가지 요인이 있겠지만 조직체의 활동, 유지, 발전에 가장 중요한 역할을 하는 인적 요인은 지도자이다. 지도자는 생활체육 참여자들을 효율적으로 관리하고 시설의 활용가치를 극대화시키며 운동 프로그램의 효율성을 제고시켜주는 역할을 수행함으로써 생활체육 참여에 중요한 요인으로 작용한다.[14]

일반체육지도자 양성사업은 시작단계부터 국민체육진흥법에 기초한 법적 자격을 갖춘 지도자 양성이 이루어졌으나 장애인체육지도자 양성사업은 법적 근거를 갖추지 못한 민간자격에 불과하였다. 민간자격이기 때문에 지도자 자격에 대한 위상이 낮을 뿐만 아니라 체육지도자의 고용불안정으로 인하여 우수한 인력이 부족하였으며 장애인체육을 이해하는 전문지도자가 부족한 실정이다.[15]

학교행정가, 체육지도자, 경기지도자들은 장애인들의 운동 참가를 위한 정책을 검토하고 그 규칙이 합리적이고 상식적인지를 확인해야 한다. 과거의 관습과 경직된 규칙을 맹목적으로 답습하지 말고 장애인을 포함한 모든 이들의 욕구를 만족시킬 수 있는 최선의 실천을 수행해야 한다.[16]

그리고 장애인체육지도자는 장애인들의 신체활동을 계획 및 제공하기 위해 장애유형과 정도, 손상부위의 잔존능력을 정확히 이해하고 장애인의 신체활동을 계획해야 한다. 또한 장애인을 위한 확고한 신념을 가지고 체육현장에 서야 하며, 장애인을 가르친다는 것이 즐거움보다는 어렵고 힘들다는 사실을 깨달아야 한다.[17]

장애인이 자신이 가진 신체적 문제를 스스로 이해하고 유사한 장애를 가진 지도자에게 지도를 받을 수 있다면 체육 프로그램의 효과가 더욱 증대될 것이다. 즉, 자신의 장애를 이해해주고 공감해주며 자신의 입장에서 체육활동의 경험을 지도받는 유익을 확보하기 위하여 장애인 지도자나 우수 선수를 양성해야 한다.

체육을 전공하지 않은 장애인이나 장애인 선수에게 지도자로서의 교육을 받을 수 있는 기회가 더 많이 제공되어야 한다. 분명히 그들이 나중에 지도자가 되었을 때 장애인 입장에서 당하게 되는 신체적 곤란과 문제들을 쉽게 발견하고 조치할 수 있으며, 동료와 같은 입장에서 모델링(modeling)될 수 있다는 장점이 있을 뿐만 아니라 다른 장애인들에게 체육을 통하여 자립적인 생활을 실천하는 긍정적인 영향을 줄 수 있다.[18]

오늘날 장애인의 체육활동을 지도하는 지도자는 장애인의 체육활동을 실천할 수 있는 운동기술과 전문지식을 습득하고 장애인을 위한 지역사회 연계 프로그램을 충분히 숙지해야 할 것이다. 장애인의 개인별 요구를 수용하고, 단순하게 교육하는 행위자로서의 역할뿐만 아니라 체육이라는 활동 매개를 통해 장애인들과 함께 소통함으로써 그들의 삶을 이해하고 희로애락을 함께하는 동반자로서의 역할을 해야 한다.[19]

2) 시설

체육시설의 설치 및 이용에 관한 법률 제2조 제1호에서 체육시설은 "체육활동에 지속적으로 이용되는 시설과 그 부대시설"로 정의되며, 국민체육진흥법 제2조에서 체육은 "운동경기, 야외경기 등 신체를 통하여 건전한 신체와 정신을 기르고 여가를 선용하는" 활동으로 규정되고 있다. 따라서 법적 정의에 의하면 체육시설은 "건전한 신체와 정신 함양, 여가 선용을 목적으로 운동경기, 야외운동 등의 신체활동에 지속적으로 이용되는 시설 및 그 부대시설"로 정의된다(문화관광부, 2006.1).

장애인체육시설이라 함은 체육시설과 구별하지 않는 시설이며 체육시설에 편의시설을 충분히 갖추어 장애에 관계없이 모든 사람들이 체육활동에 이용할 수 있는 시설로서, 장애가 있는 사람들이 건전한 신체와 정신 함양, 여가 선용 및 재활을 목적으로 운동경기, 야외운동 등의 신체활동에 지속적으로 이용되는 시설과 그 부대시설을 의미한다.[20]

장애인들이 스포츠와 신체활동의 참여가 저조한 이유는 그들이 자발적으로 신체활동에 즐겁게 참여할 수 있는 시설이 부족하기 때문이다.[21]

비장애인의 공공체육시설 수는 총 9,949개소인 반면 장애인 체육시설은 턱없이 부족한 실정이다. 장애인전용 체육시설은 장애인전용 종합체육시설과 장애인 종합체육시설로 구분된다. 장애인전용 종합체육시설은 장애인 지역사회재활시설 중 장애인체육시설로서 서울 7개, 대전 3개 등 16개 시·도에 총 24개가 운영되고 있다.[22]

또한 시설 대부분이 대도시에 편중되어 있으며, 2012년 현재 장애인체육관 개선 및 운영에 관한 정부 지원이 전무한 실태여서 장애인을 위한 전문 시설이나 지도자 혹은 프로그램을 개발하고 현장에 적용하는 데 문제점을 가지고 있다.

그리고 대부분의 장애인들은 체육시설 이용에 있어서 편의시설이 부족하다는 의견이 지배적이다. 특히 장애인 전용시설의 부재, 불편한 경사로, 승강기, 휠체어리프트, 장애인 전용 샤워실 및 탈의실 부족, 불편한 체육관 출입구 등 장애인 편의시설의 문제점을 지적하고 있다.[23]

따라서 신체활동 참여를 위한 시설 설치, 정부의 재정지원, 편의시설의 확충이 필요하다. 시설 설치 측면에서 접근성 강화가 우선적으로 고려되어야 하며, 전국적인 균형 배치가 필요하다. 공공체육시설을 포함한 체육시설에 장애인을 위한 편의시설을 설치하는 것은 국민통합과 인권신장을 이루어내고 비장애인들에게는 장애인에 대한 인식을 개선할 수 있는 중요한 수단이 될 수 있다.[24]

3) 프로그램

장애인체육 프로그램은 시설, 지도자와 함께 장애인 생활체육의 3대 요소이다. 현재 우리나라의 경우 장애인체육 프로그램은 수요자 중심이 아닌 공급자 중심으로 제공되고 있다. 그 이유는 장애인체육 역시 체육행정업무를 담당하는 조직이므로 조직과 사업에 대한 성과 전개 및 성공 여부를 평가하기 위해서는 규준지향적인 관점의 양적 평가 위주로 이루어진다. 즉, 결과와 성과 위주의 경기 결과를 바탕으로 차기 연도의 정책 및 사업(예산 포함)이 결정되는 현재의 조직 평가 시스템으로는 공급자 중심의 프로그램 제공이 이루어질 수밖에 없는 한계를 지닌다.[25]

생활체육 프로그램은 체육활동을 실천할 수 있는 동기와 방법을 제시해주는 내용으로 장애인의 효과적·합리적 체육활동을 보장하기 위한 구체적인 수단이다. 생활체육 활동 프로그램은 각 개인을 체육활동의 장으로 적극 유도하는 효과적인 유인체로서 참여자들로 하여금 체육활동 참여 시간을 창조적이고 건설적으로 사용할 수 있게 하여 성취감과 만족을 갖게 해주며, 체육활동의 효율성을 높여 운동의 효과를 극대화시킨다.[26]

장애인구가 소수이고 장애인 생활체육인구가 극소수인 환경에서 프로그램을 개발하여 운영하기란 쉬운 문제가 아니다. 이 문제를 해결하기 위해서는 일반인과 통합하여 운영하는 프로그램의 개발을 생각할 수 있다. 통합스포츠의 초기 단계에서는 일반인 체육 프로그램의 한 부분이 되어 소수의 장애 생활체육 참여자를 참가시키고 점차 사람들의 인식을 개선하면서 그 수를 확대하는 방법이다. 참여자, 지도자, 프로그램이 서로 맞물려 있기 때문에 장애인구만으로 체육을 활성화하는 정책은 찾기 힘들지 모른다. 국민인식 개선을 비롯하여 장애인체육의 활성화를 도모하기 위해서는 일반 체육 활동과 함께하는 프로그램이 보급되어야 한다.[27]

또한 공급자 중심의 프로그램에서 수요자 중심의 프로그램으로 전환해야 한다. 선천적 장애뿐만 아니라 후천적 장애인을 위해 재활 단계 이후의 스포츠를 향유할 수 있는 체계를 마련하기 위한 각종 체육사업 및 프로그램이 필요하다. 최소한 기본 움직임과 스포츠 기술, 실내운동과 실외운동, 개인운동과 단체운동, 경쟁과 승부 위주의 전통적인 스포츠 체험과 신체활동 위주의 뉴스포츠 등 체육의 성격에 따라 수요자가 선택할 수 있는 기회가 제공되어야 한다.[28]

한편, 장애인만을 위해 적용되는 생활체육 프로그램을 실시한다면 경도 중심의 프로그램 이외에 중증 장애인만을 위한 프로그램이 개발되어야 하며, 장애인들의 욕구를 기초로 한 프로그램이 실시될 수 있도록 해야 한다.[29]

3. 장애차별 없는 스포츠의 조건

스포츠에서 장애인에 대한 사회적 태도는 호의적이지 않은 것이 사실이다. 이러한 현상은 우리 사회가 만들어낸 고정관념으로서 장애를 범주화하여 일반화하려는 왜곡된 생각이 장애인을 소외시키고 스포츠 참여 기회마저 빼앗는 결과를 초래하고 있다.

대부분 일반인들은 정신적인 장애를 가진 사람(정신지체, 발달장애)은 경기를 이해할 수 없거나 즐거움을 모를 것이라는 편견을 가지고 있었다.

1980년대를 기점으로 현재까지 장애인의 스포츠 참여나 경기력이 눈에 띄게 향상되었지만 여전히 전문 스포츠 프로그램의 부족, 어린 시절 스포츠 경험의 결핍, 지도자와 프로그램 부족, 스포츠 시설 미비, 심리적·사회적 요인의 한계 등으로 스포츠를 통해 누려야 할 인간의 천부적 권리인 행복추구권이 제한을 받고 있는 실정이다. 정부에서 발표하는 장애인체육 관련 사업을 살펴보면, 장애인들을 위한 사업이 재활체육 구조의 특성을 간과한 채 생활체육사업에 편중되어 있다.[30]

생활체육 정책사업의 노력에도 불구하고 정부의 장애인들을 위한 생활체육 참여와 대중화에 관한 지원과 관심은 여전히 부족한 실정이다. 따라서 현재 지속적으로 증가 추세에 있는 장애인구와 이들 중 장애인체육활동에 참여하고 있는 사람들에게 필요한 것이 무엇인지 검토하는 것이 매우 중요하다.[31]

또한 장애인을 지도할 전문지도자 양성이 시급하며 스포츠와 레크리에이션 전문가뿐만 아니라 재활이나 치료를 담당하는 의사들의 전문교육이 활성화되어 장애인의 신체활동과 스포츠 활동을 위한 의학적 지식의 접목이 필요한 시점이다.

장애인들의 스포츠 참여를 방해하는 또 다른 요인은 경제적·심리적·사회적 요인을 들 수 있다. 고가의 장비를 구입하는 데 따른 어려움, 장애인을 대하는 사회적 안목, 그리고 장애인 스스로 자각하는 소외감 등이 사회 전체적인 합의에 의해 해소되도록 복지 차원의 정책이나 대안이 절실한 시점이라 할 수 있다.

즉, 금전적·제도적 지원을 통하여 무조건 주기만 하는 의미로서의 지원이 아니라 장애가 있는 사람들이 자발적으로 참여할 수 있는 여건을 개선하고 이들을 지원할 수 있는 환경을 구축하는 것이 필요하다.[32]

지금까지 언급한 내용들이 긍정적으로 발전한다면 장애인들을 스포츠에 더 많이 참여시킬 수 있는 기회가 올 것이다. 이것이 진정한 사회 통합이며, 국가의 경쟁력을 대변하는 복지국가의 초석인 것이다.

통합은 소외된 집단(예: 장애인, 소수인종, 여성)이 지배문화(예: 백인, 남성, 일반인)의 사람들에게 제공되는 것과 유사한 선택권을 갖는 것이다. 소위 스포츠 접근성이란 장애가 있는 사람들에게 스포츠 참가(그리고 경기), 일반인의 스포츠 참가를 위한 기회가 주어지는 것을 의미한다.[33] 이런 맥락에서 통합은 일반인들과 함께 경기하고 참여하는 것을 선호하는 것을 의미하는 것이 아니라 오히려 참가하는 것에 선택권을 주고, 분리된 상황에서 경기하거나 일반인과 함께 참가하고 경기하는 것이다.[34] 이러한 사회가 진정한 장애차별이 없는 사회이며 나아가 장애인들이 누릴 수 있는 차별 없는 스포츠의 장이 될 것이다.

IV부
스포츠에서 환경과 동물윤리

오늘날 스포츠와 자연환경은 심각한 갈등을 겪고 있다. 이 갈등의 원만한 해결은 양자의 공존을 위하여 반드시 이루어야 할 과제이다. 지금까지 인간과 자연의 갈등을 해소하고 환경문제를 해결하기 위해 학자들이 제시한 윤리이념에는 인간중심주의와 자연중심주의가 있다. 참된 의미에서 공존은 평등한 관계를 전제로 하지만 인간중심주의도 자연중심주의도 인간과 자연의 평등을 단호하게 거부한다. 양자가 공존하기 위해서는 두 이론을 변증법적으로 지양(止揚)하는 윤리이념이 요구되는데, 이 단원에서는 그와 같은 공존적 윤리이념에 근거한 구체적인 행위규범으로서 필요성, 역사성, 다양성이라는 3가지 계율을 제안한다.

1장 스포츠와 환경윤리

학습목표

- 스포츠에서 생겨날 수 있는 환경윤리적인 문제들에 대해 알아본다.
- 스포츠에 적용 가능한 환경윤리학 이론인 인간중심주의와 자연중심주의에 대해 알아본다.
- 지속 가능한 스포츠발달의 윤리적 전제 3가지를 이해한다.

1. 스포츠에서 파생되는 환경윤리적인 문제들

벡(Beck, 1987)은 20세기 후반의 상황을 "산업화된 위험사회로 가는 길목"이라고 진단한 바 있다[1]. 이 진단은 현대문명이 처한 현실에 비추어볼 때 결코 과장이 아니다. 오히려 여러 가지 상황을 종합적으로 고려할 때 현대문명은 위험사회로 가는 길목이 아니라 이미 위험사회에 도달해 있다는 평가가 적절하다. 요즘 인구에 회자되고 있는 생태학적 위기라는 말은 현대문명이 내포하고 있는 위험 수치가 이미 한계선을 넘어서고 있음을 알려준다. 이를 증명이라도 하듯 근래에 환경문제에 대한 세간의 관심은 계속해서 높아지고 있다. 각종 대중매체에서 하루에도 몇 번씩 이 문제를 보도하고 있으며, 학계에서도 빈번히 이 문제에 관한 각종 세미나와 심포지엄을 개최하고 있다. 정부 역시 환경법을 제정하여 1990년을 환경 원년으로 선포하기에까지 이르렀고, 수많은 환경보호단체들

생태학적 위기
지구의 환경, 특히 자연환경은 오랜 세월 동안 인간에게 있어 삶의 전제이며, 필수조건이었다. 인간은 거기서 개체뿐만 아니라 종족의 생존을 유지할 수 있었다. 그러나 그것은 오늘날 인간의 작위적 노력으로 말미암아 무참하게 파괴되고 있다. 인간의 이기적 욕구충족을 위한 각종 노력들이 엄청난 공해를 일으켜 자연환경을 유지해주었던 생태계를 위기에 몰아넣고 있다. 그 결과 지금까지 줄곧 균형을 유지해왔던 지구 생태계는 재생능력과 자정능력을 상실하고 있다. 이와 같은 현상을 통틀어 '생태학적 위기'라고 부른다.

환경
국어사전을 찾아보면 환경이란 "생활체를 둘러싸고, 그것과 일정한 접촉을 유지하고 있는 외계"라고 설명하고 있다. 이 설명을 받아들일 경우에 사회환경, 문화환경, 교육환경, 가정환경 등 다양한 환경에 대해 이야기할 수 있다. 그러나 이 글에서 환경이 지칭하는 대상은 오늘날 논의의 초점이 되고 있는 자연환경을 뜻한다. '환경 위기', '환경오염', '환경 파괴', '환경 보존', '환경보호', '환경단체' 등의 말은 신문, 잡지, 텔레비전, 라디오 등의 언론 매체와 전문 서적은 물론이고 심지어 대중적인 서적의 주제로도 활발히 다루어지고 있다. 이 자연환경 개념은 철학적 인간학자 플레스너가 사용한 개념인 인간의 '외면계(Aussenwelt)'와도 일맥상통한다(Plessner, 1975: 293~308)[2].

이 결성되고 있다. 서점을 둘러보아도 환경문제를 전문적으로 다루고 있는 책자들이 수없이 쏟아져 나오고 있다.

환경오염은 결코 새로운 현상이 아니다. 인류가 출현하여 불을 사용하기 시작한 30만 년 전부터 있어온 현상이다. 남미의 잉카문명은 환경오염에 의해 멸망하였다는 설도 있고, 고대 로마에서는 식수오염문제가 말썽이 됐다고도 하며, 중세 유럽의 도시들은 마소의 배설물에 의한 오염으로 골머리를 앓았다고 한다. 그러나 요즘 환경오염이 부각되고 있는 이유는 환경문제가 과거와는 질적·양적으로 전혀 다른 차원으로 진입하였기 때문이다. 과거의 환경오염이 국지적 현상에 머물러 있었다면 오늘날 환경오염은 전 지구적 차원에서 일어나고 있다. 그 결과 지구의 생태계가 균형을 상실하고 있으며, 인류 문명 전체가 위협받고 있다. 따라서 오늘날 이 문제는 인류 최대의 이슈가 되었다.

환경오염은 인류의 사활이 걸린 중대한 사태인 만큼 이 사태를 야기한 근본적인 원인의 색출과 극복은 인류 최대의 과제가 된다. 그동안 원인으로 지목된 요인들도 다양하다. 군사산업, 원폭실험, 인구집중, 산업화, 교통수단 등의 주요 원인에서 무심코 버리는 쓰레기, 음식물 찌꺼기, 가정에서 배출되는 오수 및 폐수, 농약 등의 사소한 원인에 이르기까지 셀 수 없이 많은 요인들이 환경오염의 원인으로 지목되고 있다.

이제 관심을 스포츠로 돌려보자. 과연 스포츠는 인류 최대의 난제인 환경문제와 아무런 연관이 없을까? 그 해답은 대중매체의 각종 고발성 기사와 방송에서 찾을 수 있다. 범위를 한국사회에만 국한하여 살펴보더라도 스포츠가 환경에 큰 피해를 주고 있다는 고발성 기사들은 눈에 띄게 증가하고 있다. "골프장 건설에 의한 산림훼손이 전체 산림훼손의 46%", "골프장 건설로 무너지는 가야산", "덕유산 무주리조트 스키장 건설로 100만 평 가까운 산림이 훼손되었으며, 작업로 개설 명목으로 20만 평 추가 훼손" 등의 기사 제목은 스포츠가 환경오염의 주범이 되어가고 있음을 직접적으로 시사해주고 있다.

그러나 다른 시각에서 볼 때 스포츠 역시 환경오염의 피해자이다. 대도시 지역의 환경오염이 심각해지면서 스포츠는 점차 활동공간을 잃어가고 있다. 대기오염으로 마땅히 달릴만한 곳을 찾기가 수월치 않게 되었고, 수질오염으로 수영은 고사하고 물에 발을 담그기조차 겁나게 되었다. 대부분

> **스포츠**
> 이 글에서 스포츠는 주로 신체활동을 통해 이루어지는 놀이, 게임, 운동경기 등 우리가 일반적으로 체육활동이라고 부르는 행위뿐만 아니라 그에 수반되는 각종 시설과 용구까지 포괄하는 광범위한 의미를 지닌다. 즉, 각종 경기대회뿐만 아니라 여가활동, 레포츠, 생활체육, 사회체육 및 그에 수반되는 각종 시설까지 모두 포괄한다.

의 도로가 자동차 행렬로 메워지면서 마음 놓고 공놀이 할 곳, 자전거 탈 곳을 찾기가 어렵게 되었다. 이렇게 볼 때 스포츠가 환경오염의 피해자임은 명백한 사실로 나타난다.

오염된 주거공간에서 내몰린 스포츠는 계속해서 오염되지 않은 곳을 찾아 나선다. 사람들은 떼를 지어 산으로, 바다로, 계곡으로, 강으로, 들로 나가고, 그것도 모자라 이젠 바다 속으로 들어가고, 하늘로 올라간다. 바야흐로 '자연스포츠(eco-sport)'의 시대가 도래한 것이다. 스키, 골프, 암벽등반, 제트스키, 윈드서핑, 요트, 급류 타기, 패러글라이딩, 산악자전거 타기, 절벽에서 줄 매고 뛰어내리기 등 듣기에도 생소한 스포츠 종목들이 새롭게 출현하고 있으며, 동시에 그 추종자의 수가 크게 늘고 있다. 그리고 그 결과 스포츠는 환경에 큰 부담을 안겨주는 요인이 되었다. 오염된 환경은 스포츠를 위협하고, 이 위협을 피하려는 스포츠(특히 자연스포츠)는 또다시 아직 오염되지 않은 환경을 위협한다. 환경을 옹호하는 대중매체나 환경보호단체는 환경을 오염시키는 스포츠를 신랄하게 비판하고 나섰고, 스포츠 수요자 및 공급자는 온갖 수단을 동원하여 스포츠 영역의 확대를 꾀하고 있다. 물고 물리는 악순환의 연속이다. 스포츠를 포기할 것인가, 환경을 포기할 것인가?

이 물음에 대한 답변은 스포츠윤리학자들이 찾아야 한다. 스포츠윤리학은 스포츠 상황에서 어떤 행위가 올바르고 적절한지 탐구하는 학문이기 때문이다. 보다 구체적으로 말해 스포츠윤리학이란 스포츠도덕이라는 행위양식의 본질 및 근거에 대한 철학적 탐구이며, 스포츠도덕이란 스포츠에서 통용되는 특정한 가치, 기준, 원칙 등에 부합되는 행위양식으로서 스포츠 활동을 통해 만나게 되는 타자와의 관계에서 가능한 한 마찰과 갈등을 줄여주는 행위기제인 것이다. 따라서 스포츠와 환경 간의 갈등 문제는 결국 스포츠윤리학의 문제로 귀속된다고 할 수 있다. 물론 이 문제의 해결에 스포츠윤리학적 작업만이 요구되는 것은 아니다. 환경문제 일반의 경우와 마찬가지로 이 문제도 여러 가지 다른 문제들과 복잡하게 뒤얽혀 있기 때문에 원만한 해결을 위해서는 다양한 방법이 시도되어야 할 필요가 있다. 때에 따라 정치적 협상이나 법적 제재, 경제적 지원, 새로운 과학기술의 창출 등과 같은 직접적 조처들이 요구될 수도 있으며, 교육에 의한 의식개혁이나 사회제도의 점진적 혁신 등과 같은 장기적인 방안이 요구될 수도 있다. 그러나 분명한 점은 이 모든 조처들의 이념적 토대가 될 원리를 모색하는 윤리학적 작업이 선행되어야 한다는 사실이다. 그러나 여기서 분명히 지적하고 넘어가야 할 점이 있다. 여기서 시도하려고 하는 윤리학적 작업이 스포츠와 환경의 갈등문제를 해결하는 구체적인 방안은 될 수 없다는 점이다. 그렇지만 이 작업은 문제의 해결에 직접적인

> 심재룡은 환경문제를 해결하기 위하여 3가지 접근방식이 가능하다고 보았다. "첫째, 직접적·과학기술적 접근방식. 둘째, 사회제도적 장치 등을 들 수 있겠다. 그러나 기술과 제도를 밑받침하는 종교철학적 세계관의 문제는 역시 철학적 사유의 영역이다. 기술을 창출하는 것도, 제도를 만드는 것도 모두 인간의 유의적 의식의 소산이라면, 우리는 이른바 환경위기를 점검하고 그 방향을 궁구하는 세 번째 철학적 접근을 가장 근원적 해결책으로 생각하지 않을 수 없다"(1997: II-43)[3]. 이 인용문에서 확인할 수 있듯이 그 역시 저자의 생각과 동일하게 철학적 이념의 모색을 가장 근원적인 선결과제로 보고 있다.

기여는 할 수 없을지라도 해결의 실마리를 제공해줄 수 있다는 점에서 반드시 필요하다.

2. 스포츠에 적용 가능한 환경윤리학의 이론들

생태윤리학(ecological ethics)은 오늘날 따옴표 없이 써도 될 만큼 흔하게 쓰이는 익숙한 용어가 되었다. 그러나 그 학문적 경계와 문제영역에 대해서는 지금까지 의견의 일치를 보지 못하고 있다. 의견의 불일치는 특히 다음 물음들에 대한 생태윤리학자들의 상이한 답변에서 명백하게 드러난다. 왜 자연환경은 보존되어야 하는가? 그것은 인간의 삶과 건강, 행복을 위해 도구적인 가치를 지니고 있기 때문에 보존되어야 하는가, 아니면 그 자체로서 고유한 가치를 지니고 있기 때문에 보존되어야 하는가? 그렇지 않고 또 다른 이유가 존재하는가? 이 물음들에 대한 생태윤리학자들의 답변은 대체로 두 가지 서로 다른 입장으로 나누어진다. 첫 번째는 자연환경 보호의 당위성을 그 도구적 가치에서 찾는 입장으로서 이것을 '인간중심주의(anthropocentrism)'라고 부르고, 두 번째는 자연환경은 그 자체로 고유한 가치를 지니고 있기 때문에 보존되어야 한다고 주장하는 입장으로서 이것을 '자연중심주의(ecocentrism)'라고 부른다. 과연 어떤 생태윤리학적 입장이 환경문제 해결에 보다 적절한 실마리를 제공해줄 수 있을까? 이하에서는 스포츠와 환경의 공존, 다시 말해 인간과 자연의 공존을 위해 어떤 입장이 설득력이 있는지 검토하기 위해 먼저 이 두 입장이 주장하는 바를 살펴보겠다.

가. 인간중심주의(anthropocentrism)

인간중심주의란 인간에게만 본질적 가치를 부여하고, 인간 이외의 존재에게는 도구적 가치만을 부여하는 윤리적 입장이다. 따라서 오직 인간만을 도덕적 주체로 여긴다. 우리는 이와 같은 사상적 태도를 서양의 윤리학적 전통 전반에서 찾아볼 수 있다.

고대 그리스의 철학자 프로타고라스의 "인간은 만물의 척도"라는 말은 고대 서양인들의 인간중심적 태도를 잘 대변하고 있다. 이와 같은 태도는 중세인들에 의해 전승되는데, 그 대표적인 인물이 스콜라철학자로 분류될 수 있는 토마스 아퀴나스이다. 그는 자신의 저서 『수마 테올로지카(Summa Theologica)』에서 인간이 자연(동물)을 보호해야 하는 당위성을 다음과 같이 언급하고 있다. "의로운 사람은 동물을 따뜻이 돌보는 반면에 신앙 없는 인간은 무자비하게 취급한다"(Kurt, 1991: 278~321)[4]. 이 구절은 오로지 인간만을 상대하려는 교육적인 의도를 담고 있다. 이러한 생각은 근대철학으로 전래되어 칸트로 대표되는 독일 관념주의 철학에서 그 절정에 이른다.

근대철학에서 인간중심주의의 전형은 베이컨 사상이다. 그가 『신기원(Novum Organum)』에서 "일체의 지식의 의의는 인간의 삶에 새로운 발명과 편의를 제공하는 데 있다."고 말했을 때, 이미 인간 이외의 존재자들(넓은 의미의 자연)에게서 그 고유의 권리와 의미를 부정하고 그것을 단지 인간의 지배와 이용의 대상으로만 생각하려는 태도가 분명하게 나타나 있었던 것이다. 데카르트 역시 『방법서설(Discours de La methode)』에서 전통 철학 대신에 "인간으로 하여금 자연의 지배자와 소유자가 될 수 있게끔 하는" 새로운 철학의 구상을 촉구했다는 점에서 인간중심주의적 입장에 서 있었다고 볼 수 있다.

    근대의 인간중심주의 사상은 칸트의 『순수이성비판』에서 철학적 인식론의 형태로 체계화된다. 칸트는 자연을 오로지 "현상의 총체"로 파악한다. 즉, 주체인 인간에게 스스로를 드러내 보여주는 자연은 인간이 없으면 있을 수 없는 것으로 이해한다. 그와 동시에 원래 자연의 고유한 법칙이라든가 질서 같은 것은 완전히 부정되어버린다. 자연은 오직 인간에 의해서만 그 의미와 가치를 부여받는 존재로 하락하게 된다(허재윤, 1992: 10)[5].

    이상의 논의를 통하여 고대에서 중세를 거쳐 근대로 이어지는 서양의 철학적 전통에는 인간에게만 본질적 가치를 부여하고 인간 이외의 존재자에게는 단지 도구적 가치만을 부여하는 인간중심주의가 면면히 흐르고 있음을 확인할 수 있었다. 서양의 철학 전통은 오직 인간만 도덕적 판단을 내릴 권리와 도덕적 판단의 대상이 될 자격을 가진 존재로 규정하였고, 자연 또는 세계는 단지 인간이성에 의하여 규정되는 자 또는 그 법칙이 부여되는 자로 규정되었다. 여기에서 우리는 인간이성의 자율성과 주권성이 최고조에 이른 반면, 그에 마주해 있는 자연은 그만큼 위축되어 있음을 어렵지 않게 확인해볼 수 있다.

    오늘날 생태윤리학 논의에서 종종 등장하고 있는 인간중심주의 역시 "인간이 만물의 척도"라는 그 근본이념에 있어서는 위에서 언급한 전통적 인간중심주의 사상과 별 차이가 없다. 그러나 현대 인간중심주의는 인간을 이해하는 데 있어 전통적 인간중심주의와는 다른 입장을 취한다.

    현대의 인간중심주의에 따르면 전통적 인간중심주의의 인간관은 매우 근시안적이다. 전통적 인간중심주의에서 인간은 오직 나 또는 내가 거주하는 집단의 구성원(서구인)만을 뜻했다. 따라서 그들은 거시적 안목으로 볼 때 인간에게 해가 되는 환경파괴 행위를 아무런 죄책감 없이 자행하였다. 현대의 인간중심주의는 이와 같이 협소하고 근시안적인 인간 개념을 확대시키고 수정한다. 황경식(1994: 185)은 이 점을 다음과 같이 말하고 있다.

> 과거의 근시안적 인간중심주의는 인간의 생존과 삶의 질과 관련된 생태계의 일부를 파멸시켰다. 그러나 인간의 생존에 본질적인 중요성을 갖는 것은 역시 신중하고 합리적인 인간중심주의가 아닐 수 없다고 생각한다. 인간 생명의 진정한 가치를 인식하는 신중하고 합리적인 인간중심주의는 우리의 개별적인 생명을 초월해서 우리 동시대인은 물론 미래 세대와 일체감 및 유대를 이루고 있는 인류 전체의 진화를 향해 나아가고자 한다.

이 진술은 윤리적 책임의 대상에 동시대적 인간에서 아직 태어나지 않은 미래 세대의 인간으로까지, 그리고 어느 한 집단 구성원뿐만 아니라 제3세계 국가의 국민을 포함한 전 세계인까지 확장해서 포함시킬 것을 요청하고 있다.

한편 생태윤리학적 인간중심주의는 현재 우리가 직면하고 있는 환경위기 역시 인간중심적 윤리학 이론에 의해서만 해결의 실마리를 제공받을 수 있다고 주장한다. 그리고 그들은 여전히 인간 이외의 존재자들의 도덕적 권리를 인정하지 않는다. 그 이유는 인간 이외의 생물 또는 무생물이 도덕규범을 이해하고, 수용하고, 따르는 도덕적 주체가 될 수 없으며, 인간과 동물 피차간에 존재하는 권리와 의무를 알아듣도록 설명할 수 있는 상황에 있는 계약적 주체도 될 수 없다고 생각하기 때문이다. 동물들에게 도덕적 권리가 있다고 가정하더라도 동물들이 자신의 도덕적 권리를 어떻게 행사할 수 있을지에 대해서는 알기 어려우며, 그 까닭은 동물들이 그러한 권리를 행사할 능력을 갖고 있지 못하기 때문이라고 강변하는 사람도 있다(황경식, 1994)[6]. 따라서 현대의 인간중심주의는 오직 인간에게만 도덕적 책임의 한계를 제한한다. 특정 종의 사멸, 자원의 고갈, 각종 환경오염, 급속한 인구증가, 끊임없는 군비확장 등 기술과 과학의 이용에서 오는 바람직하지 못하고, 해로우며, 위험하고, 재앙을 몰고 오는 현상들은 오직 도덕적 주체가 될 수 있는 인간에 의해서만 통제될 수 있고, 예방될 수 있으며, 오직 인간만이 그에 대해 책임질 수 있는 현상들이라는 것이 현대 인간중심주의의 기본 입장이다. 이와 같은 이유에서 현대의 인간중심주의는 환경문제를 윤리학적으로 해결하기 위하여 윤리학의 근본적인 혁신이 필요한 것은 아니라고 주장한다. 이들에 따르면 환경문제는 전통적인 인간중심주의적 윤리학설에 의해서도 만족스럽게 설명될 수 있다(황경식, 1994: 184). 여기서 전통적인 인간중심주의적 윤리학설이란 아이러니하게도 환경위기의 주요 원인이며, 인간이성에 대한 무한한 신뢰를 기반으로 하는 '기술만능주의'와도 상통한다. 마르크스에 의해 그 토대가 다져진 기술만능주의는 인간의 모든 문제들 또는 적어도 가장 중요한 문제들이 과학적·기술적·산업적 자연지배의 무한한 발전을 지향하는 확장에 의해 해결될 수 있으리라고 기대하는 이론체계이다.

스포츠는 인간중심주의와 어떤 연관이 있을까? 스포츠는 자연 적대적인 노동과 달리 자연 친화적인 활동으로 이해되는 경우가 많다. 스포츠에서는 본질적으로 자연에 속한 신체 활동이 주가 되기 때문이다. 실제로 우리는 일을 하거나 책을 읽을 때보다 스포츠를 할 때 더 자연에 가까워지는 것처럼 느낀다. 따라서 우리는 스포츠가 인간중심주의와 관련이 없는 영역이라고 생각한다. 그러나 이와 같은 생각은 착각일 뿐이다. 스포츠는 결코 자연적인 활동이 아니기 때문이다. 그것은 줄곧 인간의 내적 자연을 인위적으로 길들이는 수단이었고, 이제는 외적 자연마저 억압하는 활동으로 발전하고 있다.

　스포츠는 단순히 신체만을 움직이는 활동이 아니다. 스포츠를 수행하기 위해서는 적절한 용구와 시설이 필요하다. 그리고 이와 같은 시설을 건립하거나 스포츠 활동에 필요한 용구를 대규모로 제작할 경우 자연환경의 침탈과 훼손은 필연적이다. 스포츠에 의한 자연환경의 훼손은 소위 자연스포츠에 대한 대중의 수요가 증가하면서 점점 더 심해지고 있다.

　자연스포츠는 오염되지 않은 자연에서 수행하는 스포츠를 의미한다. 제동 없이 진행되어온 탈자연화로 인해 직·간접적인 피해를 경험한 현대인은 상실된 자연을 체험하기 위해 다양한 노력을 기울인다. 도심의 회색빛 콘크리트 벽 위에 나무와 풀을 그리고 녹색으로 칠하는 사람들도 있고, 자연식, 자연의류, 바이오가구, 생수, 생약 등 자연과 관련된 수식어가 붙은 소비상품들을 선호하는 사람들도 있으며, 주거 공간을 화분, 분재, 생화, 조화 등으로 장식하는 사람들도 있다. 조금 더 적극적인 사람은 직접 자연을 찾아 떠나며 그곳에서 스포츠를 수행하기도 한다. 지금까지 사람들은 줄곧 학교운동장이나 근린공원 또는 스포츠센터에서 스포츠를 수행해왔다. 그러나 스포츠 활동을 위해 자연을 찾는 사람이 점점 더 늘고 있다. 골프, 윈드서핑, 스키, 암벽등반, 카누, 스킨스쿠버 등 소위 자연스포츠 인구 증가와 주말 등산인구의 증가는 이러한 경향을 잘 보여준다.

　자연스포츠에는 철저하게 인간의 욕구충족을 우선시하는 인간중심주의적 관점이 내재되어 있다. 그러나 역설적이게도 이와 같은 스포츠 활동이 인간 적대적인 결과를 유발한다. 도시에서의 자연 상실을 보상받기 위해 자연을 찾아 떠나는 대중의 노력이 아직 훼손되지 않은 자연을 훼손시킴으로써 환경오염을 가속화시키기 때문이다. 그렇다고 현대사회에서 인간의 근본 욕구가 되어버린 스포츠 활동을 금지시킬 수도 없다. 인간중심주의는 다른 영역에서와 마찬가지로 과학기술에 의존하는 방법을 해법으로 제안한다. 예를 들면 친환경 테크놀로지를 도입하여 골프장, 스키장, 리조트 같은 스포츠시설을 건설하거나 스포츠 활동을 목적으로 한 숲이나 산악지대의 출입을 특정 시기, 특정 시간, 특정 인원으로 제한하는 방법이 그것이다. 현재 여러 나라에서 이와 같은 방법을 선택하고 있다.

나. 자연중심주의(Ecocentrism)

　일단의 윤리학자들은 기존의 윤리학 이론이 현재 우리가 직면하고 있는 환경문제의 해결에 아무런 실마리를 제공해주지 못할 것이라고 믿는다. 오히려 기존의 윤리학 이론은 현재의 문제를 일으킨 결정적인 원인이라고 주장한다. 그래서 그들은 기존의 윤리학 이론들과는 질적으로 다른 새로운 윤리학 이론을 구성하려고 시도하고 있다. 기존의 윤리학이 인간중심주의였다면 이 윤리학자들이 구상하고 있는 윤리학은 자연중심주의(ecocentrism) 또는 생명중심주의(biocentrism)라고 부를 수 있다. 이 점을 구승회(1995)는 『에코필로소피』 서문에서 다음과 같이 쓰고 있다. "지금은 인간을 위한 윤리가 아닌 자연을 위한 윤리가 필요한 시기이다[7]. 인간과 생물의 '생존권(Recht auf Leben)', 그리고 무생물의 '존재권(Recht fürs Sein)'으로 눈을 돌려야 한다."

현대 자연중심주의 윤리학설의 효시는 아프리카의 성자로 잘 알려진 알베르트 슈바이처이다. 그는 순수의식을 철학의 근거로 삼는 데카르트적 관념철학을 비판하고, 자연의 산물인 생명을 모든 철학의 출발점으로 삼을 것을 강조하였다. 슈바이처는 인간을 만물의 척도 또는 자연의 지배자와 같이 특별한 존재로 보지 않고 다른 존재자들과 더불어 살아가는 여러 생명체 가운데 하나로 이해한다. 따라서 그에게 있어 선이란 생명을 보존하고 발전시키는 것이며, 악이란 생명을 해치거나 없애는 것, 또는 발전 가능한 생명을 발전하지 못하도록 방해하는 것이다. 슈바이처(Schweitzer, 1981: 133~134)[8]는 이와 같은 생명존중사상으로부터 다음과 같은 자연중심적 윤리학의 구성 원리를 끌어내었다.

> 종래 윤리학의 최대 과오는 윤리학이 인간에 대한 인간의 태도만을 다루어야 한다고 믿었던 점이다. 그러나 사실은 인간이 세계에 대해, 그리고 그의 삶 속에서 마주치는 모든 생명들에 대해 어떤 태도를 취해야만 하는가도 역시 윤리학적으로 신중하게 고려되어야 한다. 생명 자체를, 즉 인간의 생명과 마찬가지로 식물이나 동물의 생명도 신성시하는 자, 그리하여 곤궁에 빠져 있는 생명을 돕기 위해 헌신하는 자만이 도덕적이라 할 수 있다. …… 따라서 인간에 대한 인간의 태도만을 연구하는 윤리학은 독자적인 것이 아니고 보편적인 생명윤리로부터 파생되어 나온 특수적인 것일 따름이다.

슈바이처 다음으로 언급할 가치가 있는 자연중심주의 생태윤리학자는 한스 요나스이다. 그는 『책임의 원리: 기술시대의 생태학적 윤리』에서 자연과 인간의 관계를 다음과 같이 규정하고 있다. "자연은 인간과 분리된 단순한 대상이 아니라, 인간과는 불가분의 관계에 있는 다른 것이며, 인간을 구성하고 있는 인간 존재의 부분이고, 인간 자신의 실존적 완전성의 한 요소이다"(Jonas, 1984: 246)[9]. 그는 이와 같은 자연관을 근거로 '기술시대의 윤리학'은 인간중심주의에서 탈피하여 인간 이외의 자연의 상태, 생명권 전체 및 그 부분들을 윤리학적 고려 대상에 포함시켜야 한다고 주장한다.

요나스는 계속해서 인간중심주의를 강하게 비판하고, 그것을 극복하는 것만이 인류의 미래를 보장하는 유일한 길이라고 역설한다. 그에 따르면 인간중심주의를 극복하는 구체적인 방법은 '책임의 원칙'의 준수이다. 여기서 도덕적 책임의 대상은 현재 우리와 마주하고 있는 인간들뿐만 아니라 아직 태어나지 않은 인간, 그리고 인간 이외의 존재자들(생물 및 무생물)까지를 포괄한다. 요나스에 따르면 인간은 결코 자연의 지배자가 아니다. 단지 자연의 한 부분에 불과할 뿐이다. 이를 깨닫기 위해 인간은 인간중심주의적 도그마[dogma, doxa: 억견(臆見)]에서 벗어나야 하며, 비인간적인 존재자들과 자연환경을 존중하는 태도를 가져야 한다.

이와 같이 자연중심주의 윤리학은 인간을 결코 '만물의 척도'로 보지 않고, 만물 가운데 하나로 본다. 바꾸어 말해 인간을 자연의 지배자이며 창조주의 위치에서 자연의 부속물이며 피조물의 위치로 상대화시키고 있다. 인식의 코페르니쿠스적 전회 이후 스스로를 우주의 중심이라고 선언했던 인간은 자연중심주의 윤리학에서 총체로서의 자연(natura naturans: 산출하는 자연) 속에서 다른 생물 및 무생물들(natura naturata: 산출된 자연)과 나란히 서 있는 존재로 그 위상이 격하되었다. 마이어-아비히는 이와 같은 패러다임의 전환을 다음과 같이 짤막하게 기술하고 있다. "우리에게 속해 있는 것은 사실 우리가 속해 있는 것에서 비롯되었다"(Meyer-Abich, 1986: 99)[10]. 그에 따르면 자연과의 평화(Frieden mit der Natur)는 이와 같은 의식 변화의 토대 위에서만 비로소 가능하다. 인간은 다른 인간뿐만 아니라 자연의 모든 피조물들에 대해 책임을 져야 하며, 총체로서의 자연이 욕구하는 바가 무엇인지 신중하게 고려하고 그것을 좇아야 한다. 지금까지 지배자와 피지배자의 관계였던 인간과 인간 이외의 자연은 동반자의 관계, 평등한 관계로 바뀌어야 한다.

지금까지 살펴보았듯이 자연중심주의는 인간의 특수한 위치를 철저하게 거부한다. 자연을 보호하는 목적도 인간의 건강한 생존을 위해서가 아니라 외경의 대상인 자연을 존중하는 데 있다고 주장한다. 자연보호의 방법도 결코 인간의 뜻에 의존해서는 안 된다. 자연의 목적을 알고 순종하는 길만이 참된 자연보호의 태도이다. 이러한 근본 원리에 입각하여 테일러는 생태윤리의 4가지 행위규칙을 발전시켰다(Taylor, 1986: 169)[11].

> 첫째, 생명체를 해치지 말아야 한다는 비상해(非傷害)의 규칙
> 둘째, 개개의 생명체들과 생태계 전체가 자유롭게 발전하는 데 제한을 가하지 말아야 한다는 불간섭(不干涉)의 규칙
> 셋째, 자연상태에서 살고 있는 야생동물들을 기만함으로써 그들에게 위해를 끼쳐서 그들의 우리에 대한 신뢰를 훼손해서는 안 된다는 신뢰(信賴)의 규칙
> 넷째, 부득이한 경우 인간과 다른 생명체 간의 '정의의 균형'이 깨어졌을 때 그것을 회복시키도록 노력해야 한다는 이른바 보상적 정의(報償的 正義)의 규칙

자연중심주의를 스포츠에 적용할 경우에 일단 투우, 투견, 소싸움, 경마 같이 인간의 욕구를 위해 동물들의 생존권을 유린하는 스포츠는 모두 금지되어야 한다. 자연중심주의는 생명체를 해치지 말아야 한다는 비상해 규칙을 제안하기 때문이다. 만일 생명체의 범위를 숲과 산악지역에 터를 잡고 살아가는 조류, 포유류, 곤충 그리고 식물에까지 확대시킨다면 원칙적으로 현대사회에서 큰 인기를 얻고 있는 자연스포츠도 금지되어야 마땅하다.

또한 자연중심주의는 철저하게 자연을 중심에 두고 일체의 인위적인 노력을 거절하기 때문에 '친환경' 테크놀로지도 신뢰하지 않는다. 자연중심주의의 관점에서 볼 때 그와 같은 테크놀로지도 인위

적인 것이며, 인간의 욕구에 봉사하는 것을 목적으로 하기 때문이다. 만일 스포츠에 의한 환경오염이 심각해질 경우에 자연중심주의는 스포츠의 폐지를 강력하게 권고하고 추진할 수도 있다. 인간이 스포츠를 하지 않는다고 멸종되지는 않기 때문이다. 실제로 자연중심주의자들의 반발로 스위스 알프스지역에서 스키가 금지된 경우도 있다.

다. 인간중심주의인가, 자연중심주의인가?

지금까지 철학적 생태윤리학의 두 가지 대표적 입장인 인간중심주의와 자연중심주의가 내세우는 논리를 개괄적으로 살펴보았다. 과연 스포츠와 환경의 공존을 위해 보편적으로 표현해서 인간과 자연의 공존을 위한 윤리적 이념으로서 어떤 입장이 보다 설득력을 가지고 있을까? 인간중심주의인가 아니면 자연중심주의인가? 두 입장은 나름대로의 설득력을 가지고 있다. 그러나 양자 모두 공존을 위한 윤리적 이념의 이론 모형으로서는 편협성이라는 한계를 갖는다.

참된 의미에서 공존(共存)은 평등한 관계를 전제로 한다. 그러나 인간중심주의는 인간과 자연의 평등을 단호하게 거부한다. 인간이 자연을 보호하고 보전해야 하는 이유는 자연 자체의 권리를 인정해서라기보다는 인간의 이익 때문이라고 강변하는 인간중심주의의 논리에는 이미 인간과 자연 간의 불평등한 가치 서열이 전제되어 있다. 자연중심주의 역시 인간과 자연의 공존을 위한 윤리적 이념 모형으로서 타당성을 상실한다. 자연의 목적을 알기 위해 노력하고 실천하는 것이 인간의 목적이라는 노자적 태도[소위 무위자연(無爲自然)의 태도]에서 인간에 대한 고려를 찾아볼 수 없기 때문이다. 이와 같이 인간중심주의도 자연중심주의도 인간과 자연의 평등한 관계를 전제하고 있지 않다는 점에서 양자의 공존을 위한 윤리적 이념 모형으로서 한계점을 갖는다.

이 두 이념 모형이 갖는 한계점은 이들이 제시하는 자연에 대한 인간의 태도에서 보다 극명하게 드러난다. 인간중심주의는 자연의 정복을 강요하는 반면에 자연중심주의는 자연의 목적에 맹목적으로 추종할 것을 강요한다. 이와 같이 자연을 '정복' 아니면 '복종'이라는 양자택일적 태도로 대해야 한다는 경직된 사고방식은 바람직하지 못하다. 자연은 원래 야누스적인 양면성을 갖고 있다. 즉, 자연은 인간을 위협하는 적대적인 면을 갖고 있는 반면, 인간을 다정하고 포근하게 감싸주는 친근한 면도 갖고 있다. 아무리 긍정적 자연관을 가진 사람이라도 대홍수나 대지진 또는 쥐벼룩이나 뇌염모기를 찬미하지는 못할 것이다. 반면에 자연을 부정적인 정복의 대상으로 보는 사람도 일몰의 아름다움과 가을의 풍요로움을 쉽사리 부정하지는 못할 것이다. 이와 같이 자연은 양면성을 갖고 있다(허재윤, 1992: 26). 그러나 인간중심주의는 자연의 적대적인 면만을 일방적으로 강조하고, 자연중심주의자들은 자연의 친근한 면만을 일면적으로 부각시킨다. 따라서 그들은 자연을 정복 아니면 복종이라는 양자택일적 태도로 대해야 한다고 주장한다.

자연의 이해와 관련하여 이 두 입장이 견지하고 있는 설명논리 역시 편협성이라는 문제점을 내포하고 있다. 인간중심주의는 자연을 이해하고 설명하는 데 지나치게 기계론에 의존하고, 그에 반해 자연중심주의는 오직 유기론에만 매달린다. 그러나 기계론도 유기론도 자연의 일면적인 모습만 그려낼 수 있을 뿐이다. 자연에는 기계론적으로 파악될 수 있는 부분도 있고 유기론적으로 이해될 수 있는 측면도 있기 때문이다(허재윤, 1992: 27). 우리는 하이젠베르크의 양자물리학에서 동일한 현상을 기계론적 시각에서 접근할 수도 있고 유기론적 관점에서 해석될 수도 있음을 배웠다. 그러므로 경직된 양자택일적 사고법으로 정복이냐 복종이냐, 기계론이냐 유기론이냐, 또는 인간중심주의냐 자연중심주의냐 식의 선택을 강요할 수는 없다. 우리를 지금까지 지배해왔던 양자택일적 논리 대신에 양자를 조화롭게 중재하고 지양하는 논리와 지혜를 가져야 한다. 자연에 대한 편협하고 독단적인 태도는 양자의 조화와 공존을 추구하는 성숙한 태도로 대체되어야 한다.

이미 하이젠베르크(Heisenberg, 1976)가 『부분과 전체(Der Teil und das Ganze)』에서 지적하였듯이 하나만을 선택하도록 강요하는 양자택일적 사고는 편협성을 가질 뿐만 아니라 악마적 속성을 지닌다. 어느 한편의 선택은 필연적으로 다른 한편의 배척을 의미하기 때문이다. 따라서 나는 스포츠와 환경의 공존을 위한 윤리적 이념 모형으로서 제3의 길을 제안하고 싶다. 다시 말해 인간중심주의와 자연중심주의를 종합적으로(synthetisch) 지양(止揚: aufheben)하는 중도적인 입장을 모색하여 그것을 윤리적 이념으로 설정할 것을 제안한다. 하이젠베르크(Heisenberg, 1976: 285)는 이미 양자택일적 사고를 비판하고 그 대안을 모색하면서 제3의 길에 대한 가능성을 다음과 같이 언급한 바 있다[12].

> 우리의 사고는 가장 간단한 것으로부터 시작하는 것이 합목적적일 것이라는 식으로 행해지며, 가장 간단한 것은 긍정 아니면 부정, 존재 아니면 비존재, 선 아니면 악이라는 식의 양자택일이다. 이러한 양자택일이 일상생활에서 일어나는 식으로 그렇게 생각되는 한 이것으로부터 더 이상 아무것도 생겨나지 않는다. 그러나 우리는 양자이론으로부터 양자택일에는 반드시 긍정 아니면 부정이라는 대답만 있는 것이 아니라, 긍정 혹은 부정의 가능성이 확정되고, 특히 언명가치를 지닌 긍정과 부정 사이의 일정한 중간형태(Interferenz)가 정해지는 또 다른 형태의 상호보완적인 대답들이 있다는 것을 알게 되었다. (……) 아리스토텔레스 논리학적 의미에서의 이분(二分)은 확실히 파울리(Pauli)가 말한 대로 악마적 속성을 지닌 것이고, 그것은 반복하게 되면 우리를 오로지 혼란으로 이끌 뿐이다. 그러나 양자이론적 상호보완성과 함께 나타난 제3의 가능성은 좋은 결과를 맺을 수 있고, 반복에 의해 우리를 진정한 세계의 공간 속으로 이끈다.

양자택일을 강요하는 극단주의는 다른 모든 경우에서처럼 환경문제의 해결에 있어서도 그 특유의 배타성으로 말미암아 상황을 공정하게 볼 수 있는 여유를 갖지 못하게 한다. 차분히 여유를 가지고 볼 때, 현재의 자본주의적 경제체제 아래에서 현재의 방식 그대로는 환경오염의 문제를 다 해결할 수는 없을 것이고, 그 해결을 위해서는 현재의 체제와는 매우 다른 체제가 필요할 것이다. 반면에 아무리 체제의 변화를 주장한다고 해도 과학기술에 의해 유지되고 있는 현재의 체제를 전면적으로 부정할 수는 없다. 따라서 현재 우리가 할 수 있는 최선의 방책은 두 극단적 이론 모형을 합리적으로 중재하고, 지혜롭게 조화시켜나가는 일이다. 이것이 바로 제3의 길의 이념이 추구하는 바이다(허재윤, 1992: 25~26).

제3의 길은 헤겔적 의미에서 변증법적 길이다. 헤겔은 변증법을 사고(Denken)뿐 아니라 실재(Wirklichkeit)의 본성(Natur)에 속하는 법칙성(Gesetzmäßigkeit)으로 파악하였다. 변증법적 사고에서 모든 정립(These)은 이미 반정립(Antithese)을 포함하고 있으며, 양자는 결국 종합(Synthese)으로 지양(Aufheben)된다. 지양이란 용어는 헤겔 변증법의 핵심개념이다. 이 말은 보존과 끝냄이라는 이중적 의미를 갖는다. 따라서 지양된 것, 즉 보다 높은 단계로 종합된 것은 그 이전 단계의 양극단(정립과 반정립)이 그들의 독자적인 의미가 손상됨 없이 온전히 보존된 채로 중재된 상태로 이해되어야 한다(Kunzmann, 1991: 153)[13].

인간의 욕구와 자연의 욕구가 그들의 독자적인 의미가 손상됨 없이 온전히 보존된 채로 중재된 제3의 길은 어떤 상태일까? 스포츠와 환경이 조화롭게 공존·공영하는 상태란 구체적으로 어떤 것일까? 이 물음에 답하는 것은 결코 쉬운 일이 아니다. 그 상태란 일회적 노력으로 도달할 수 있고, 그것이 어떤 상태라고 분명하게 규정할 수 있는 폐쇄적 성격을 갖기보다는 오히려 상황에 따라 늘 새로운 모습으로 나타나는 개방적 성격을 갖기 때문이다.

3. 지속 가능한 스포츠 발달의 윤리적 전제

지금까지의 논의로부터 스포츠와 환경의 공존을 위해, 바꿔 말해 지속 가능한 스포츠의 발달을 위해 어떤 결론을 이끌어낼 수 있을까? 우선적으로 말할 수 있는 바는 자연환경이 더 이상 자유시장 이데올로기의 제물이 되어서는 안 된다는 점이다. 스포츠 활동을 위해 자연공간이 통제 불가능할 정도로 파괴되어서는 안 된다. 정도 이상의 성장은 인간과 자연의 공존이라는 윤리적 가치를 파괴한다. 극단적인 경우에는 자연환경을 위하여 생태학적 급브레이크가 작동되어야 한다. 비록 이러한 조치가 'sport for all'이나 생활양식의 스포츠화 같은 민주화 구호에 상충된다고 할지라도 적극적으로 밀고 나가야 한다. '자연경관을 갉아먹는 좀벌레'인 스포츠는 자연경관의 보호자로 다시 태어나야 한다. 그리고 상황에 따라 탐욕스런 욕구를 억제하고 다이어트의 길을 모색해야 한다. 오늘날 스포츠가 적극적으로 추종하고 있는 '경제동물(homo economicus)'의 인간상이 깊게 각인된 성장과 진보의 이데올로기는 진지하게 재고되어야 한다. 우리는 최고의 창의력을 발휘하여 경제적 성장과 진보가 아닌 생태학적 성장과 진보의 모형을 개발하는 데 필사적인 노력을 기울여야 한다. 즉, 자연을 더 이상 정복대상으로 보지 말아야 하며 인간과 자연, 즉 인간의 욕구와 자연의 욕구가 서로 공존할 수 있는 가능성을 모색해야 한다. 이것을 가능하게 해주는 혁신적인 진보 및 성장의 사상 없이는 우리에게 녹색의 미래는 불투명한 기대로 남게 된다. 이하에서는 스포츠와 환경의 공존을 위해, 바꿔 말해 지속 가능한 스포츠의 발전을 위해 반드시 준수해야 할 3가지 계율을 제시하고자 한다.

가. 필요성의 계율

필요성의 계율이란 새로운 스포츠시설을 건립할 경우에 전문가를 투입하여 이 시설의 건립이 반드시 필요한 것인지 아니면 그렇지 않은 것인지를 정확하게 진단하여 불필요한 것으로 판명될 경우 건립을 포기하도록 종용하는 행위지침을 뜻한다. 새로운 스포츠시설이 필요한지 아닌지를 결정하는데 있어 중점적으로 고려해야 할 사항은 그 시설의 설치가 소수의 인간에게만 이익을 주는지 아니면 자연환경 및 동식물을 포함한 다수에게도 이익을 주는지의 여부이다. 만일 진단 결과가 새로운 시설의 설치로 인하여 소수만이 이득을 얻고 다수는 오히려 피해를 입는 것으로 나타날 경우 그 작업은 마땅히 포기되어야 한다. 소수에게만 이익을 가져다주는 시설은 전체의 공존을 가로막는 요인으로 작용할 수 있기 때문이다. 한 예로 골프장 건립과 관련하여 그 시설의 건립이 지역주민의 삶과 주변 생태계의 보존에 유익한 것인지 아니면 시설업주를 비롯한 소수의 부유층에만 이익을 주는 것인지를 종합적으로 고려하여 건립 여부를 결정해야 한다. 우리나라의 경우 스포츠시설을 건립하는데 있어 필요성의 계율을 고려하지 않거나 중요하게 생각하지 않는 경우가 많다. 환경 친화적 스포츠의 실현과 지속 가능한 스포츠의 발달은 이 필요성의 계율이 잘 지켜지느냐의 여부에 전적으로 의존한다는 점을 명심하여 이 계율이 잘 지켜질 수 있도록 각종 노력을 기울여야 한다.

나. 역사성의 계율

우리는 오직 인간만이 역사를 갖는다고 믿어왔다. 그러나 그것은 말 그대로 하나의 인위적 믿음일 뿐이다. 우리의 믿음과는 달리 자연 역시 나름대로의 역사를 갖는다. 자연의 역사는 인간의 역사처럼 과학적 논증을 거쳐 꼼꼼하게 문서화되거나 역사가들에 의해 세밀하게 연구된 적은 없지만 사실적으로 존재한다. 자연공간에 새로운 스포츠시설을 건립할 경우에 우리는 이와 같은 자연의 역사성을 존중해주어야 한다. 그렇다면 왜 그것을 존중해주어야 하는가? 역사란 세월이 흐르면서 꾸준히 형성되어온 생활환경 및 생활습관에 다름 아니며, 그것 없이는 개체와 집단의 지속적인 생존이 불가능하기 때문이다. 20세기 초 제국주의가 만연하면서 타 민족을 강점한 일본과 서구의 제국들이 가장 먼저 수행한 작업은 피지배국가의 역사 단절이었다. 그들이 피지배국가의 역사를 단절하려고 했던 이유는 무엇보다 그 국가의 지속적인 존립을 원하지 않았기 때문이다. 이와 같이 역사의 단절은 뿌리의 단절을 뜻한다. 뿌리가 잘린 식물은 더 이상 살아갈 수 없다.

자연의 경우도 마찬가지이다. 아직 개발의 손이 미치지 않은 자연환경뿐만 아니라 인간에 의해 인위적으로 조성된 인공자연 또는 인공물 역시 인간 개체 또는 집단과 마찬가지로 세월이 지나면서 꾸준히 형성되어온 일정한 생활환경, 생활습관, 생활관계망, 즉 역사를 가진다. 이렇게 형성된 역사는 그 개체 또는 집단으로 하여금 다른 생물 및 무생물들과 조화롭게 공존할 수 있도록 해준다. 그러나 우리는 가끔 눈앞의 이익에 사로잡혀 이와 같은 자연의 역사성을 무시하고 무모한 스포츠시설 건립을 시도한다. 그 결과 오랜 세월 동안 조화를 유지해왔던 생태계가 파괴되고 그 속에 존재하는 생물들은 위기를 맞게 된다. 이와 같은 예를 우리는 해인사와 그 주변 환경에서 찾아볼 수 있다.

해인사의 목조건물과 팔만대장경, 그리고 그 주변의 자연환경은 나름대로 적절한 조화를 이루며 수백 년간 공존해왔다. 그러나 1990년대 초부터 지방자치단체와 기업은 이와 같은 역사성을 외면한 채 그 주변에 골프장, 스키장, 리조트 등 대규모 위락단지를 조성하려고 노력해왔다. 만일 이와 같은 위락단지가 조성될 경우 자연적으로 형성된 통풍로가 차단되고, 적절한 습도유지를 가능케 해주었던 수목들이 무참하게 벌채되어 주변의 자연환경뿐만 아니라 그곳에서 살아가고 있는 동식물의 생존이 크게 위협받을 수 있다. 아울러 오랫동안 잘 보존되어왔던 팔만대장경도 훼손될 가능성이 크다. 그런 의미에서 2011년 가야산 골프장 건립계획 폐지를 고지한 환경부의 결정은 분명히 환영할 일이다. 이와 같은 우를 범하지 않기 위해 우리는 스포츠시설을 개발하는 데 있어 늘 천연자연과 인공적 자연, 그리고 인공물들이 갖는 역사성을 충분히 고려할 필요가 있다. 이와 같이 자연의 역사성을 존중하는 요청이 역사성의 계율이다.

다. 다양성의 계율

자연과 스포츠 수행자와의 관계는 화학식이나 생물학적 언어를 통해 상징적으로 표현될 수도 있겠으나 미학적으로도 접근할 수 있다. 특히 자연스포츠 인구가 급격하게 증가하고 있는 요즘, 자연공간에서 스포츠를 수행하고자 하는 사람들의 주요 동기 가운데 한 가지는 자연미의 체험이다. 여기서 자연미가 무엇인지 구체적으로 알아보는 일은 불필요하다. 단지 자연미는 무엇보다 자연이 갖는 다양성의 보존과 밀접한 관련이 있다는 사실의 확인만으로 충분하다. 그러나 역설적이게도 자연스포츠를 빌미로 자연이 갖는 다양성이 크게 훼손되고 있다. 그것은 일상적인 삶 속에서 환경오염과 무분별한 동식물 남획으로 인하여 지구상에 생존하는 생물 가운데 수없이 많은 종들이 멸종위기를 맞고 있는 상황의 스포츠 특수적 재현이다. 각종 개발과 스포츠산업의 성장으로 인해 자연이 갖는 다양성은 점차 줄어들고 있다. 단지 인간의 의도에 따라 점차 단순화되어가고 있다. 공존은 다양성의 보존 위에서만 가능하다. 단순성의 증가는 공존의 파괴 과정을 의미한다. 우리는 자연과 환경의 공존을 위해 자연이 보유하고 있는 다양성이 지켜질 수 있도록 최선의 노력을 기울여야 한다. 이와 같이 자연의 다양성이 보존될 수 있도록 노력하라는 요청이 다양성의 계율이다.

2장 스포츠와 동물윤리

 학습목표

- 종차별주의와 반종차별주의에 대해 이해한다.
- 스포츠에서의 종차별주의에 대해 알아본다.
- 종차별주의로 희생되고 있는 동물의 권리문제를 이해한다.

스포츠와 관련된 인간의 다양한 활동 중 경쟁, 유희, 실험 등에서 동물과 관련된 문제가 제기될 수 있다. 승마 같은 경쟁 활동, 낚시와 사냥 같은 유희활동, 인간의 대체 수단으로 활용되는 동물실험 등은 모두 동물의 윤리문제에 대해 생각해볼 필요가 있는 요소들이다. 이러한 동물윤리 문제를 종차별주의와 반종차별주의의 관점에서 논의하고 동물의 권리문제를 이해할 필요가 있다.

1. 스포츠의 종차별주의 문제

"인간은 만물의 영장"이라는 말이 의미하는 바와 같이 과거의 인간들은 자연환경이나 동물 등에 대한 도덕적 의식 없이 살았다고 할 수 있다. 하지만 문명이 발달할수록 환경오염과 관련한 윤리문제에 관심을 기울이기 시작하였고, 1970년대에 이르러서는 동물의 도덕적 지위문제에 대한 의견이 본격적으로 제기되었다. 이에 영향을 받아 스포츠계에서도 동물을 활용한 다양한 접근들이 이루어지고 있어 동물에 대한 윤리문제는 중요한 이슈가 되고 있다.

가. 종차별주의

종차별주의(speciesism)란 자신이 속한 종의 이익은 옹호하는 반면, 다른 종의 이익은 배척하는 편견이나 왜곡된 태도를 의미하는 것인데, 1970년대 피터 싱어(P. Singer)에 의해 본격적으로 논의되기 시작하였다.[1] 싱어가 이러한 주장을 제기하기 전까지만 해도 인간의 동물에 대한 차별적 대우는 당연한 것으로 인식되어왔다. 이러한 인식은 아직까지도 당연한 것으로 여겨지고 있고, 문제의식 자체가 없는 경우도 많다.

종차별주의의 기원은 성경에서부터 찾아볼 수 있다. 성경에는 인간이 속한 종이 신의 피조물 중 으뜸이며, 신이 다른 동물들에 대한 지배권을 부여하였다고 명시하고 있다. 여기에서 의미하는 지배권의 부여는 생사여탈권이나 식용으로 활용할 수 있는 권한까지 포함되어 있다고 볼 수 있다. 종차별주의는 이후 그리스 사상으로 전파되었는데, 그중 아리스토텔레스(Aristoteles)를 거쳐 로마의 문화에도 영향을 미쳤다. 아리스토텔레스는 노예제도를 옹호하면서, 노예가 인간을 위해 존재하는 것과 마찬가지로 동물 또한 인간을 위해 존재하는 것이라는 인식을 가지고 있었다. 로마시대에는 콜로세움에서 인간과 동물, 동물과 동물 간의 결투를 지속하면서 동물을 단순히 유희적인 도구로 활용하고 인식하였다.[2]

중세로 접어들면서 기독교가 부흥함에 따라 로마시대의 유희로서의 검투는 쇠퇴하였으나 동물 간의 싸움은 지속되는 등 동물의 도덕적 지위는 그대로 지속되었다. 이후에도 여러 학자들은 동물에 대한 차별적 주장을 펼쳤는데, 대표적인 인물이 아퀴나스(T. Aquinas)와 칸트(I. Kant)이다.[3] 아퀴나스는 동물들에 대한 가혹한 처우를 그 자체로 나쁘다고 말하지는 않았으나 경우에 따라 옳지 않은 행동으로 해석할 수도 있다는 주장을 하였다. 이러한 주장은 일견 종차별주의를 반대하는 것으로 비칠 수도 있으나 기실 종차별에 대한 의식이 없는 쪽에 가깝다는 것을 알 수 있다. 그는 인간이 동물을 무분별하게 억압하고 가혹한 처우를 하는 것이 잘못되었다는 주장을 하였으나, 그 이유는 동물에게 하던 행동이 습관이 되어 인간에게도 저지를 수 있기 때문이라는 것이다. 만약 동물에게 하던 가혹행위가 인간에게까지 피해를 주지 않는다면 반대할 이유가 없다는 입장이라고 볼 수 있다. 이는 지극히 인간중심적인 사고이며, 다른 종에 대한 지위문제를 전혀 고려하지 않은 처사라고 할 수 있다.

칸트에 의하면, 동물은 자의식을 가지고 있지 않은 존재이며 오직 인간만을 위한 수단으로 정의하였다.[4] 인간 이외의 종인 동물은 인간으로부터 직접적인 의무를 부여받지 못한 존재이기에 직접적인 도덕적 지위 또한 없다는 것이다. 예를 들자면, 모든 인간은 도덕적 지위를 가지고 있기에 어느 누구든 인간에게 피해를 주어서는 안 된다. 이는 도덕적 문제와 직결되는 사항이라 할 수 있다. 또한 길가에 있는 돌멩이의 경우 도덕적 지위가 없다고 할 수 있기에 그것을 발로 차는 행위에 대해 도덕적 문제가 발생할 소지는 없는 것이다. 그러나 박물관이나 문화재 또는 누구의 소유물로 지정되어 있는 돌멩이의 경우, 그것을 발로 차는 등의 행위를 하였을 때 도덕적 문제가 발생할 수 있다. 마찬가지로 주인이 없는 동물에게 가해지는 억압이나 피해는 동물 스스로에게 도덕적 지위가 없기 때문에 아무런 문제가 없지만, 주인이 있는 동물의 경우 도덕적 지위를 가진 인간이 주인이기에 도덕적 문제가 될 수 있다는 것이다. 따라서 칸트는 동물 스스로에게는 도덕적 지위가 없으나 도덕적 지위를 가진 인간의 소유물일 경우 보호받아야 한다는 입장이었다. 이 또한 아퀴나스와 마찬가지로 다른 종에 대한 본질적인 지위를 고려하지 않은 주장이라고 할 수 있다.

이처럼 종차별주의는 과거부터 지금까지 사회 전반에서 만연하고 있는 풍토라고 할 수 있을 것이다. 단순히 동물을 수단으로 생각하고 활용하는 것을 종차별주의라 할 수 있으나, 동물에 대한 아무런 의식 없는 태도나 대우 또한 종차별주의에 해당하는 것이라 할 수 있다. 이러한 의식과 습관 속에서 종차별주의는 지속적으로 이어져가고 있는 게 현실이다.

나. 반종차별주의

반(反)종차별주의는 종차별을 반대하는 입장이긴 하지만, 그것이 인간과 동물의 조건 없는 평등을 주장하는 것은 아니다.[5] 인간도 서로 간의 차이가 존재하듯이 이 세상의 모든 존재는 저마다의 차이를 가지고 있기에 반종차별주의란 서로 간의 차이를 인정하고 그 차이에 맞는 처우를 해야 한다는 입장이다.

여기에서 싱어는 다시 이익동등 고려의 원칙을 내세우면서 능력이나 여건에 맞게 이익을 동등하게 분배하거나 대우해야 한다고 하였다. 이익동등 고려의 원칙에서 의미하는 이익이란 쾌고감수능력(sentience)을 기준으로 설정하였다.[6] 쾌고감수능력은 쾌락과 고통을 인지하는 능력을 의미하는데, 쾌락과 고통을 느낄 수 있는 존재는 이익을 고려해야 할 존재이며, 쾌락에 비해 고통을 상대적으로 적게 느끼게 할 의무를 가지는 것이다.

이러한 쾌고감수능력을 가진 존재들을 바탕으로 그 차이에 맞는 처우를 하는 것이 바람직하다고 본다. 예를 들어, 축구경기에서 A팀이 골을 넣으면 1점이고 B팀이 골을 넣으면 2점으로 인정하는 것은 공정하지 못한 처우로 볼 수 있다. 이럴 경우 동일하게 1점으로 인정하는 것이 정당하다. 나아가 골을 넣은 팀은 취업을 시켜주고 골을 넣지 못한 팀은 취업을 시키지 않는다는 조건 또한 경우에 맞지 않는 처우로 볼 수 있다. 골을 넣었으면 그에 맞는 결과를 제공해야 하며, 취업을 위해서는 그것을 위한 정당한 시험을 통과해야 하는 것이다. 그리하여 취업에 대한 기준이 축구에서의 득점이 되는 것은 잘못된 기준 설정으로 볼 수 있다. 인간은 쾌고감수능력을 가지고 있는 존재이기에 상황에 맞는 정당한 대우를 받을 권리가 있다.

쾌고감수능력을 다른 종으로 확대해보았을 때도 명확한 기준으로 처우에 차이를 두어야 한다. 인간과 동물은 지능에 차이가 있기에 동물들이 대학 입학을 거부하더라도 그것이 정당한 처우가 될 수 있다. 인간도 일정 수준의 지능이 되지 않는 경우 대학 진학이 이루어질 수 없는 것과 동일한 이치이다. 이처럼 종 사이에 존재하는 차이를 인정하고 그에 맞는 처우를 해야 하는데, 상대적으로 쾌락은 배가시키고 고통은 감소시킬 수 있도록 하는 것이 반종차별주의라고 할 수 있다.

위에서 설명한 아퀴나스와 칸트의 종차별주의 입장은 반종차별주의에서 반박할 수 있는 내용이다. 그들은 개를 발로 차면 안 되는 이유가 인간에게 피해가 갈 수 있기 때문이라고 주장하였으며, 인간에게 피해가 없다면 개를 차더라도 아무런 도덕적 책임이 없다고 하였다. 하지만 개는 쾌고감수능력을 가지고 있기 때문에 발로 차는 등의 고통을 증가시키는 행위를 해서는 안 되지만, 돌멩이의 경우 쾌고감수능력이 없기에 도덕적 책임이 없다고 볼 수 있다. 또한 그들의 입장에 의하면 주인이 없는 개와 주인이 없는 축구공을 발로 차는 행위는 동일한 행위라고 할 수 있으나, 실제로는 '개와 축구공은 다르다'는 입장이 제기될 수 있다.[7]

이처럼 반종차별주의는 쾌고감수능력을 보유한 존재들 중에서 이익동등 고려의 원칙을 통해 그 차이를 인정하고 차이에 맞는 적절한 처우가 필요하다는 입장이다. 이는 인간과 동물뿐만 아니라 식물을 포함한 자연으로까지 대상을 확대하여 공존의 대상임을 자각하고자 하는 것이라 할 수 있다.

다. 스포츠의 종차별주의

현대의 스포츠에서는 동물을 활용한 다양한 활동들이 이루어지고 있다. 스포츠라는 활동 자체가 인간의 이상을 추구하기 위한 것이기에 그것에서 동물들은 목적이 아닌 수단으로 활용되고 있음을 알 수 있다. 스포츠에서 수단으로 활용되는 동물들은 모두 종차별주의의 희생양이라 할 수 있으며, 이는 개선의 여지가 있는 부분이다.

고대부터 말은 인간의 이동수단으로 활용되면서 전쟁이나 사냥 등을 주로 수행하였으며, 현대에는 승마(마장마술, 장애물 비월, 종합마술)나 경마 등의 스포츠종목에서 주로 다루어지고 있다. 또한 로마의 콜로세움에서 비롯된 동물 간의 싸움도 현재까지 그 맥을 이어오고 있는데, 우리나라의 전통 소싸움과 유럽의 투우(鬪牛) 등은 공식적으로 인정받는 종목이라 할 수 있다. 이외에도 말싸움[鬪馬], 닭싸움[鬪鷄], 개싸움[鬪犬] 등은 불법적으로 이루어지고 있는 활동이다. 이처럼 현대사회에서는 동물을 활용하는 다양한 스포츠가 자리매김하고 있다. 하지만 이러한 활동들은 모두 종차별주의에서 비롯된 것이며, 개선의 여지가 있는 활동이라 할 수 있다.

2. 경쟁 · 유희 · 연구도구로 전락한 동물의 권리

스포츠에서는 다양한 종차별주의가 만연하고 있는데, 그 요소는 3가지로 구분된다. 승리를 목적으로 하는 경쟁 활동, 인간의 유희수단, 인간을 대체하는 연구의 희생물 등이 그것이다. 이러한 문제에 대한 구체적인 이해와 개선방안이 필요하다.

가. 경쟁도구로 전락한 동물의 권리

고대부터 동물은 경쟁의 도구로 활용되어왔다. 고대올림픽의 전차경기도 말이 끄는 전차를 타고 경기가 진행되었으며, 중세의 토너먼트 같은 시합도 기사들이 말을 타고 실시되었다. 1900년 파리 올림픽에서는 비둘기 사격이라는 종목이 포함되어 있기도 하였으며, 최근까지 이어지고 있는 스포츠종목인 마장마술, 장애물 비월, 종합마술을 포함한 승마와 기수를 태운 후 속도를 겨루는 경마가 있다. 이러한 종목들은 모두 동물과 선수가 수많은 훈련을 통해 기량을 향상시켜야 하는 것으로, 사람 간의 경쟁에 동물들이 수단으로 활용되는 경우라 할 수 있다.

동물이 경쟁하는 또 다른 경우는 동물과 동물 간의 싸움이다. 그중 우리나라의 소싸움은 전통 놀이 중 하나로서 성행하고 있는 종목이다. 3개의 체급으로 구분되어 있으며, 토너먼트를 통해 진행된다는 점 등은 인간이 하는 경기와 동일한 양상을 보이고 있다. 하지만 소싸움이 보호대상으로 지정되어 성행하고 있는 반면, 닭싸움과 개싸움, 말싸움 등은 국내에서 동물보호법에 의해 금지되고 있음은 이해하기 힘든 부분이라 하지 않을 수 없다.

이처럼 많은 동물들이 경쟁의 수단으로 전락해 있는데, 이는 인간의 종차별주의적 성향에서 비롯된 것이라 할 수 있다. 최초의 종차별주의는 경기에 활용할 동물을 포획하는 과정에서 발생한다. 포획과정은 동물들에게 고통을 주게 되며, 가족과의 생이별, 수송과정에서 발생하는 공포 등의 문제들을 지속적으로 경험하게 한다. 또한 동물을 키우는 과정은 아무리 노력하더라도 인간이 동물의 눈높이를 맞추는 건 어려운 일이다. 인간과 동물은 처음부터 차이를 가진 존재이기 때문이다.

이를 개선하기 위해서는 많은 노력이 필요하다. 가장 좋은 방안은 동물의 경기를 없애는 방법이겠으나 현실적으로 그러한 극단적인 방안보다는 개선방법을 찾는 것이 중요하다. 그것은 동물을 다루는 선수나 사육사에 대한 체계적이고 지속적인 윤리교육을 실시하여 윤리의식을 강화하는 것이다. 일반적으로 사람들에게 동물의 도덕적 지위는 고려대상이 아닌 경우가 많다. 동물을 학대하는 것만이 종차별주의가 아니라 동물에 반종차별주의적 의식이 없는 것 또한 종차별주의로 분류될 수 있다. 따라서 동물경기의 진행이나 관리에 있어서는 반종차별주의가 확대되어야 하며, 고통을 최소화시킬 수 있는 명확한 지침이 필요하다. 또한 동물 간의 싸움에서도 이와 동일한 논리로의 접근이 이루어져야 할 것이다. 현재 소싸움은 법으로 권장되고 있는 반면, 말싸움, 닭싸움, 개싸움 등은 법으로 금지되어 있는데 이는 정당한 조치라고 볼 수 없다. 이러한 문제에 대한 보다 구체적이고 명확한 기준이 제시되어야 동물의 고통을 최소화시켜 그들의 도덕적 지위를 보장할 수 있을 것이다.

나. 유희도구로 전락한 동물의 권리

동물들은 경쟁의 수단뿐만 아니라 유희수단으로도 활용되고 있다. 말을 타고 사냥을 하는 행위는 말은 물론 사냥의 대상이 되는 동물 또한 인간의 유희수단이 된 경우이다. 또한 중세부터 시작된 스페인의 투우는 스포츠와 유희의 경계에 있는 행위로서 사람과 동물의 대결을 통해 관중의 공격성을 자극하는 하나의 문화로 자리매김하였다. 이외에도 밀렵(密獵)이나 수렵(狩獵), 그리고 낚시 등은 인간의 유희도구로서 철저히 이용당하는 동물의 권리침해이다.

밀렵이나 수렵은 모두 동물을 강제적으로 포획하는 행위이며, 이는 동물의 입장에서 보면 그 과정에서 발생하는 고통은 지대할 것이다. 또한 낚시의 경우에 있어서도 개인적인 유희활동을 넘어 대회까지 개최할 정도로 저변이 확대되어 있다. 설령 잡은 동물들을 방생하더라도 포획과정에서 발생하는 고통은 당연히 동반될 수밖에 없는 것이다. 이외에도 동물원이나 서커스에서 관람을 위한 동물들의 훈련과 시연, 그리고 치료나 재활수단으로 활용되고 있는 승마 등은 모두 동물에게 고통을 겪게 하는 행위이다. 인간의 유희를 위해 동물에게 고통을 가하는 행위는 지극히 종차별주의적 접근이다.

인간이 생존을 위해 하는 사냥이나 낚시는 당연한 것으로 비칠 수 있다. 현실적으로 인간이 채식만 하면서 살아가기는 어렵기 때문이다. 하지만 인간의 생존수단이 아닌 단순한 유희를 위한 사냥이나 낚시는 재고의 여지가 있다고 볼 수 있다. 또한 투우나 동물원 등 관람문화로 자리매김한 경우에도 동물들의 사육이나 훈육과정에 있어서 이익동등 고려의 원칙을 최대한 준수해야 할 것이다.

다. 연구도구로 전락한 동물의 권리

인간이 연구를 위해 활용하는 동물의 경우는 인간을 대상으로 실험하기 힘든 요소들을 대체한다는 명분이 있긴 하나, 여기에도 종차별주의는 발생하게 된다. 체육학계에서는 주로 선수들의 경기력 향상을 위해 흰쥐나 토끼 등의 동물을 대체수단으로 활용하는 경우가 많은데, 이는 체육학 연구에서뿐만 아니라 의학이나 다양한 실험연구에서도 만연하고 있는 부분이다.

동물을 연구대상으로 활용할 경우 그에 대한 최소한의 기준이 있어야 할 것이다. 동물실험윤리위원회에서는 이러한 기준을 3R(replacement, reduction, refinement)의 원칙으로 명시하고 있다.[8] 첫째, 대체(replacement)의 원칙은 대상에 대한 기준을 권장하는 것이다. 예를 들어, 인간의 대체수단으로 동물이 활용되는 것과 동일한 논리로서 동물 중에서도 고등동물보다 하등동물을 활용하거나 동물보다 식물, 식물보다는 무생물을 사용하도록 하는 것이다. 둘째, 감소(reduction)의 원칙은 실험에 동원되는 동물의 숫자를 최소화하도록 권장하는 기준이다. 일반적으로 실험연구에서는 신뢰도 있는 결과를 도출하기 위해 일정 이상의 대상이 필요한 것이 사실이다. 따라서 감소의 원칙은 최소한의 기준에 부합하는 정도의 대상만 활용할 것을 권장하고 있다. 셋째, 개선(refinement)의 원칙은 실험에 동원되는 동물들에게 최대한의 복지와 도덕적 지위에 맞는 처우를 해줄 것을 권장한다. 즉, 실험으로 희생될 동물들이더라도 살아 있는 동안은 이익동등 고려의 원칙에 따라 차이에 맞는 처우를 받을 권리가 있다는 것이다.

물론 이러한 원칙이 철저히 준수되기는 어려우며, 설사 지켜지더라도 그러한 행위 자체가 도덕적으로 인정받기는 어렵다. 하지만 최소한 현재의 종차별주의적 사고를 전환하기 위해서는 그와 관련된 노력들이 지속적으로 이루어져야 할 것이다. 다시 말하면, 스포츠에서의 종차별주의를 개선하기 위한 반종차별주의의 확대는 스포츠에서 동물의 도구화를 금지하거나 육식을 금지하는 등의 극단적인 방안이 아니다. 인간과 동물은 태초부터 차이를 가진 존재이기에 그 차이를 인정하고 그에 맞는 처우를 할 수 있는 여건을 조성하는 것이 필요하다는 것이다.

V부
스포츠와 폭력

현대생활에서 스포츠는 문화의 한 현상으로서 인간의 삶과 밀접한 관계를 지니고 있다. 이러한 스포츠는 인간 삶의 질을 향상시키는 데 크게 기여하고 있으나 스포츠 현장에서 나타나는 폭력의 문제는 인간의 근원적 경향과 함께 사회문화적 삶과 역사의 발전과정에서 나타나는 것으로 심각한 상황이 만들어질 수 있다. 따라서 인간의 공격적 특성과 공격성을 가능하게 하는 것은 무엇이며, 스포츠와 폭력의 관계에서 어떤 복합적 작용이 생산되는가에 대한 의문과 함께 인간에게 내재된 근원적 성향에 대해 윤리적인 관점에서 다루어보고자 한다.

또한 운동선수, 감독, 심판, 스포츠 관계자 등에 의해 실수나 고의로 발생되는 신체적·언어적·정신적 폭력 행위 또는 과도한 투지나 승부욕에서 발생하는 자기통제 상실에 의해 순간적인 감정 폭발 등의 폭력적 행위가 발생되는 사항에 대해 논의하고자 한다. 그리고 스포츠 현장에서는 관중이 무리지어 잠재적 폭동의 긴장감을 지니게 된다. 이러한 스포츠 현장 주변의 관중 난동을 비롯하여 관중의 폭력적 행위를 강화하고, 합법화하고, 생산하는 내용들에 대하여 윤리적인 관점에서 논의하고자 한다.

1장 스포츠폭력

 학습목표

- 스포츠에서 나타나는 인간의 공격적 특성과 폭력성을 이해한다.
- 윤리적 논쟁이 되고 있는 이종격투기의 특징과 위험성을 파악한다.
- 격투스포츠로서 이종격투기의 윤리적 논쟁에 대해 탐색한다.

1. 스포츠의 공격적 특성과 폭력성

일반적으로 폭력이란 '다른 사람의 의도에 반해 특정의도를 관철시키기 위해 강제수단을 행사하는 것'으로 정의하고 있다. 그러나 사회적 삶과 역사발전의 과정에서 살펴보면 폭력은 다양한 관점에서 해석이 가능하다.

플라톤(Platon, B.C. 428~348)은 인간의 사나움과 거칢에 대한 격정적인 면이 인간의 본능적 기질에서 나온다고 하였으며, 아리스토텔레스(Aristoteles, B.C. 384~322)는 인간의 감정에 관한 언급에서 노여움 또는 분노로 보았고, 동물행동학자 로렌츠(K. Lorenz, 1903~1989)는 인간의 공격성이 본능에 기인한다고 설명하였다. 반면에 마르크스(Marx Karl, 1818~1883)는 폭력행위의 정당성을 주장하지 않았지만 혁명적인 폭력행사의 필연성을 인정하였으며, 푸코(M.P. Foucault, 1926~1984)는 인간의 폭력에 대한 기저를 권력의 관계로 보았다. 이와 같이 인간의 폭력적 성향은 인간 스스로의 본능적 기질에서 나타나는 것을 역사적·사회적·문화적 상호관계 속에서 재생산을 거듭하는 산물로 생각하였다.

오늘날에 있어서 스포츠는 상대방인 경쟁자에게 심각한 부상을 입힐 수 있는 폭력적인 행동을 최대한 배제한 인간 대 인간의 경쟁적인 행위로서 자기통제를 요구하는 구성적 장치와 규제적 규범을 통해 폭력성을 제한하면서 발전되어왔다. 이러한 스포츠는 언제나 즐거움이 있는 것만은 아니었지만, 이제 스포츠는 일상생활의 한 부분을 차지하며 희로애락(喜怒哀樂)을 함께하는 인간 삶의 일부가 되었다. 이러한 스포츠는 경쟁성, 도전성, 규칙성, 유희성, 조직성을 갖는 것을 특징으로 하여 신체를 통해 인간의 탁월한 능력을 겨루고 인간의 감성에 있어서 근원적 욕구를 발산하고 구체화시킬 수 있는 훌륭한 도구로서 그 역할을 감당하기에 이르렀다.

그러나 스포츠를 통해 표현되는 인간의 감성적 부분에서 나타나는 공격 성향인 폭력행위는 우리

스스로를 다시 이성의 영역에서 규범적 잣대로 평가하게 만들고 있다. 즉, 신체를 통해 인간의 탁월성을 드러내는 것이 스포츠라고 한다면 이성과 감성의 조화가 우선적으로 필요하다. 특히 이성과 감성의 조화는 인간의 삶에서 도덕의 문제로 나타나기 때문에 인간을 대상으로 하는 체육 분야에서 스포츠와 폭력에 대한 관계를 윤리적 관점에서 조명하는 것은 매우 의미있는 일이 될 수 있을 것이다.

가. 폭력의 유래

폭력(violence)이라는 말의 어원은 라틴어 violare이며, 그 단어는 'vis'에 뿌리를 두고 있는데, 그 뜻은 힘을 의미하는 그리스어 'bia'에서 유래되었다. 즉, 이것은 '침해하다(violare)'라는 의미로, 크거나 과도한 힘 또는 억압, 강제 등을 의미한다. 일반적으로 인간에 대한 폭력은 육체적·정신적·영적 침해 등 인간성 전체에 대한 침해를 폭력으로 규정할 수 있다.[1]

폭력은 인간의 진화 및 역사와 함께 시작된 가장 원초적인 행위로서 자기 본능적 행위에서 나타난다고 하는 주장과 문화적·사회적 상호관계 속에서 하나의 관행이나 문화로 간주되어 정당화되어 왔다는 양자의 견해가 폭력에 관한 학자들의 각기 다른 주장이다.

전자는 플라톤과 아리스토텔레스 그리고 로렌츠의 논의에 해당하는 견해들이며, 후자는 마르크스(Marx)의 '국가권력을 위한 폭력'에 대한 견해와 폭력 형태가 '문명화과정'을 밟으면서 변화해왔다는 엘리아스(N. Elias)의 견해, 그리고 스포츠에서의 사회적 연대와 폭력성에 대해 논의한 더닝(E. Dunning)의 견해이다. 이러한 학자들의 논의를 토대로 스포츠 고유의 공격적 특성과 폭력성을 윤리적 관점에서 탐색해보고자 한다.

우선 전자에서 언급한 플라톤은 그의 저서『국가론』에서 "인간의 사나움과 거칢은 천성의 격정적인 면에서 유래(410d)"한다고 하여 인간의 공격 성향이 본능적 기질에 내재되어 있다는 것을 인정하고 있다. 이러한 "격정적인 면이 올바르게 양육되려면 용기가 필요하지만, 필요 이상으로 조장하게 되면 경직되고 거칠어지게 되므로 조화를 이루지 못한 사람의 영혼은 비겁하고 사나워질 수밖에 없다(411b)."고 하였다. 즉, 플라톤은 인간의 공격성을 다스리기 위해서는 교육을 통한 절제를 강조한다. "절제는 일종의 질서이며 어떤 쾌락이나 욕망을 억제하는 것(430e)"이라는 것이다. 결국 '자기 자신을 이기는 것'이 절제하는 자의 본이 되는 것이며, 두려워할 것들과 두려워하지 않을 것들에 관한 바르고 준법적인 소신과 판단의 지속적인 보전, 그런 능력에서 인간의 기질을 제어하는 법을 교육받아야 한다(430e)고 하였다.[2] 이것을 플라톤은 '용기'라고 불렀으며, 필요한 경우 용기와 완력의 강제력을 통해서라도 자신이 갖고자 하는 의지를 행사할 수 있어야 한다는 것이 폭력에 대응하는 플라톤의 지혜였다.

아리스토텔레스는 폭력에 관한 직접적인 언급은 없었으나 그의 저서『니코마코스윤리학』의 성격적 탁월성을 드러내는 감정의 영역에서 폭력적 성향을 '튀모스(thymos)'라 하여 분노, 격정, 충동, 기개로 번역하고, 분이 격하게 분출되는 '격분'으로 표현하였다. 폭력을 욕망 같은 비이성적인 욕구들 중의 하나로 본 것이다. 즉, 분노는 욕망에서 나온 인간의 행위이며, "콧구멍에 격렬한 힘을" 또는 "그의 피가 끓었다" 같은 분노의 방출과 충동을 의미한다(1116b). 또한 "분노는 자제력이 없음을 말하며, 이야기를 끝까지 듣지 않고 달려 나가 실수하는 하인들처럼, 개들이 친한 식구인지 알아채기 전에 짖는 것처럼 분노는 본성의 열기와 빠르기로 듣기는 듣되 해야 할 바를 듣지 않은 채 복수로 돌진하는 것과 같다."고 했다. 분노에 대해 자제력이 없고 화를 잘 내는 성질은 인간에게 있어서 욕망보다도 더 본성적으로 나타난다(1149b).[3] 즉, 분노는 필수적이지 않으면서 욕망에 앞서 급격하게 나타나는 성질인 것이다.

로렌츠(K. Z. Lorenz, 1930~1989)는 폭력적 성향을 드러내는 인간의 공격성을 본능에 기인하는 것으로 설명하며, 동물과 인간은 공격적인 유전적 기질을 소유하고 있을 뿐만 아니라 모든 면에서 공격적이라고 했다. 그러나 인간은 사회적 실천의 결과로 변화된 환경의 제 조건에 항상 새로이 그리고 재빨리 적응해야 하는 필요성 때문에 고정된 행동방식 대신에 변형이 가능한 반작용의 형태를 발전시키게 된다고 하였다. 따라서 본능적 반응 자체도 문화적·사회적으로 변형되어 작용한다고 하였다. 그의 저서인『공격성에 대하여』에서 밝힌 논의를 보면, 동물들의 싸움은 공격성을 통제할 줄 아는 신사적인 면이 있다고 밝히면서 위협과 겁주기가 목숨을 건 결투를 대신한다고 했다.[4] 승자는 패자가 보여주는 항복의 작은 몸짓만으로도 만족하며 더 이상 물어뜯거나 회복불능 상태로 만들지 않는다는 것이다. 즉, 인간의 폭력적 성향은 천성의 격정적인 면에서 유래하며, 감정의 영역에서 드러내는 분노와 충동은 본성적이고 유전적 기질에서뿐만 아니라 본능으로부터 기인하는 것으로 자기 본능적 기질에서 생긴다고 하였다.

반면에 후자가 주장하는 인간과 폭력에 대한 관계는 본성적인 측면보다 전통의 사회적·문화적 환경에 관한 권력, 관습, 상호질서의 복잡성 속에서 폭력을 조장하는 관계를 만드는 필요에 의해 생산되는 것으로 보았다.

『철학대사전』에서 마르크스는 폭력의 문제에 대해 국가권력의 정당성을 옹호하는 입장에서 폭력 없는 세상을 만들기 위한 폭력만큼은 인정한다고 주장하며, 폭력의 지지 가능성에 대해 언급하였다. 이때 폭력은 특정계급 세력이 자신들의 의지를 다른 계급세력에게 강요하고, 자신들의 이익을 관철시키기 위해 정치적·국가적 강제수단을 행사하는 것을 말한다. 폭력의 성격과 역사적 역할은 자신들을 위해 폭력을 사용하는 계급의 사회적·역사적 지위에 의해 규정된다. 폭력은 계급대립이 형성된 이래 사회적 삶과 역사발전의 불가피한 현상이며 그것은 계급 적대가 소멸될 때까지 지속될 것이라고 했다.[5]

『문명화과정』의 저자 엘리아스는 폭력 형태의 행위가 문명화과정을 밟으면서 규칙과 제어장치를 갖춘 스포츠로 향하고 있다고 보았다. 이러한 폭력을 만들어낸 인간은 폭력을 통제하고 때로는 즐기며 이겨낼 수 있는 존재로 보았다.

엘리아스의 제자인 더닝은 사회학적인 관점에서 스포츠와 폭력에 대한 연구를 심화하였는데, 그는 물리적인 폭력과 관련하여 폭력을 근절하려는 최근의 시도가 사회적으로 구조화된 일상적인 폭력의 기회를 감소시켰지만, 역으로 통제가 불가능하고 파괴적인 폭력을 증가시켰다고 주장하였다. 모든 스포츠는 내재적으로 경쟁적이기 때문에 스포츠에서 나타나는 폭력성은 폭력을 더욱 조장시킬 수 있다고 하였다.

나. 스포츠에서 나타나는 인간의 폭력성

스포츠는 모의적인 폭력이 사회적으로 인정받고 관습으로 표현되는 영역이기 때문에 상대적으로 더 높은 물리적 폭력에 대한 관습적·사회적 관용이 개입되었으며, 합리적이고 감정적인 폭력 간의 균형이 합리적인 폭력을 찬성하는 방향으로 변화되었음을 말한다. 모든 현대의 운동경기에서 생성된 사회적이고 개성적인 구조가 스포츠에서 도구적이고 폭력적인 영향의 범위를 동시에 증가시켰다는 것이다.

그러므로 스포츠에서 보이는 인간의 공격성은 자신의 한계를 넘어서고자 하는 도전정신에서 비롯된 본능이며, 인간 자신의 탁월성을 위해 잠재된 능력을 드러내고자 하는 시도에서 발생된다고 할 수 있을 것이다. 반면에 자신이 살아가는 환경의 계급적 지위 또는 엘리아스가 말한 문명화의 변화 과정으로부터 인간의 공격적이고 폭력적인 성격으로 변화되어왔다는 것이다. 즉, 스포츠 고유의 공격성은 인간의 근원적이고 원초적인 욕망과 살아온 환경으로부터 습득된 것이며 그것들이 표출된 것이라고 할 수 있다.

따라서 능동적이고 활동성 넘치는 스포츠에서 인간의 근원적 경향성(original tendency)과 환경적인 영향으로 비롯된 인간의 공격적이고 폭력적인 현상들이 적절하게 통제되고 스포츠의 즐거움을 향유하려면 공동체를 지향하는 인간에게 합리적인 도덕성의 기준 설정과 제도 및 규범에 의한 규칙으로 인간의 욕구를 잘 조절해야 할 것이다. 즉, 인간 삶의 질을 향상하는 데 기여할 수 있는 스포츠가 되려면 자신의 분노를 제어하는 방법을 익혀야 하며, 스포츠를 행하는 인간의 폭력성 및 공격성을 근절시킬 수 있는 자제력을 함양해야 할 것이다.

2. 격투스포츠의 윤리적 논쟁: 이종격투기

스포츠경기는 상대의 약점을 인지하고 기회를 노리는 공격적 성향이 승패의 핵심으로 작용한다. 더욱이 승리의 기회를 포착하기 위해 상대의 허점을 노리는 격투스포츠에서는 대부분 공격적 성향이 우수한 선수가 승리하게 된다. 이러한 공격적인 장면은 경우에 따라 폭력적 현장으로 보일 수도 있다. 따라서 일상생활에서는 감히 상상할 수 없는 싸움 같은 형태의 행위가 과연 스포츠일 수 있는가? 즉, 스포츠의 형식을 갖추고 있다고 해서 격투스포츠가 윤리적 정당성을 가질 수 있는가? 체육 현장, 그리고 스포츠 현장에서 이러한 격투스포츠에 대한 근원적인 논쟁이 발생하고 있다.

가. 이종격투기와 인간의 공격성

우리는 인간의 폭력성이 인간의 원초적이고 근원적 욕구로부터 또는 계급사회에서 권력을 위한 폭력으로, 그리고 문명화과정에서 익혀온 폭력 성향이 함께 작용하여 인간에게 내재된 폭력성이 발현되었다는 것을 앞의 논의에서 살펴보았다. 이러한 폭력성이 가장 많이 나타나는 이종격투기는 규정된 공간과 시간 안에서 인간의 공격성을 마음껏 발산하고 발휘하게 하는 스포츠 중의 하나이다.

이러한 이종격투기는 오늘날 전 세계적으로 수십, 수백만의 애호가 층을 형성하고 있다. 그러나 잔혹성과 폭력성이 아무런 여과 없이 관중에게 그대로 전달된다는 문제로 인해 인간 대 인간의 폭력성에 대한 논란이 지속되고 있다. 윤여탁·김학덕(2006)이 논의한 이종격투기의 윤리적 상대주의의 맥락에서 보면, 인간의 윤리의식은 그 시대와 장소 그리고 문화에 따라 달라질 수 있다는 것을 전제로 하고 있다. 오늘날 극단적 쾌락을 추구하는 소비 행태는 인간의 전투적 본능을 자극하면서 성장하고 있는 이종격투기에서 우리가 향유할 수 있는 공통의 에토스, 즉 스포츠맨십, 페어플레이, 규칙 준수는 무엇인가에 대해 물음을 던지게 만든다. 인간의 근원적 경향성을 가장 잘 드러내고 구체화시켜주는 스포츠가 이종격투기라면 물질주의와 욕망의 극대화를 합리화시키는 윤리적 문제를 안고 있는 이종격투기가 스포츠의 본질에 충실한 구성적·규제적 요소를 지닌 스포츠의 실제적인 활동으로 인정받을 수 있는가에 대한 문제가 대두된다.[6] 많은 사람들은 과연 상대방을 폭력으로 진압하는 경기진행 방식이 윤리적 정당성을 가질 수 있는가에 의문을 가지고 있으며, 그에 대한 해답을 요구하고 있다.

나. 이종격투기의 유래와 특징

이종격투기는 고대올림픽의 판크라티온을 연상하게 하고, 고대의 격투경기인 권투와 레슬링 같은 형식을 지니고 있으며, 가능한 한 인간 맨몸만의 공격성과 상대를 제압하는 능력을 확인하고자 하는 맥락에서는 고대로부터 오랜 역사를 지닌 운동경기라고 할 수 있다. 이종격투기의 특징은 현재 스포츠로 각광을 받고 있는 두 가지 이상의 격투술적 경기가 혼합되어 하나의 규칙을 정하여 행해지는 경기이다. 오늘날 스포츠화된 이종격투기는 다른 투기종목과는 달리 선수보호 장비를 최소화함으로써 인간의 근원적 경향을 구체화시키는 데 크게 기여한다고 볼 수 있다. 그러나 이종격투기는 다른 격투술적 스포츠에서 보여주는 득점 위주의 경기방식이 아니라 상대 선수를 제압하고자 하는 목적이 강해서 종종 상대를 위험에 빠뜨리곤 한다.

특히 이종격투기는 일반 격투스포츠에서 제한되고 있는 상대의 관절을 꺾어버리는 등의 치명적 기술들이 모두 허용되고 있다. 특히 이종격투기는 타격은 물론 맨몸으로 구사할 수 있는 싸움기술이 모두 허용되고 있으며, 제도와 규칙이 존재하는 스포츠화된 종목임에는 틀림이 없다.

이종격투기의 종류는 미국에서 시작된 UFC(ultimate fighting championship) 경기로서, 직경 10m인 8각의 경기장 옥타곤에서 양 선수가 맨주먹(현재는 핑크색 오픈 핑거 글로브 착용)으로 싸우는 경기이다. 그러나 현재 미국에서 UFC 경기는 5체급 경기로 나뉘어 치러지는 경기로, TV 중계방송을 금지하고 있다. 그리고 두 번째로 많은 사람들의 관심을 받고 있는 동양의 K-1은 킥복싱, 가라테, 쿵푸의 이니셜 K를 취하여 만들어졌으며, 권법으로 타격계의 권투선수 중에서 진정한 최강자를 가리는 시합이다. 1은 무차별급을 가리키는 No. 1을 의미한다. 경기방식은 주먹과 발, 무릎의 가격은 허용되나 팔꿈치 공격은 금지하여 승부를 가리는 격투기 경기이다. 마지막으로 프라이드 FC는 대부분 링 바닥에서 상대방을 공격하는 그라운드 기술로 승부를 결정하는데, 팔을 꺾고 목을 조르며 상대방 몸에 올라타서 펀치를 날리는 마운트 펀치 등의 과격한 기술이 많아서 매우 자극적인 경기이다. 이와 같은 PRIDE, K-1, UFC 같은 이종격투기는 인간이 지닌 공격성의 극대화를 보여주는 경기이며, 이러한 경기는 바로 인간이 지닌 폭력성에 기인하여 발생된 경기라고 할 수 있을 것이다.

이종격투기의 독특한 특징은 규칙의 최소화를 추구한다는 것이다. 단순한 규칙은 능동적으로 공격성을 강화시켜 경쟁의 욕구를 자극하며, 무승부를 허락하지 않는다. 이것은 경쟁심을 더욱 자극시키게 되고, 폭력성을 수반하게 된다. 특히 경기 중에 종종 나타나는 안면부위 출혈로 인한 부상은 잔인성 여부의 논란이 되고 있다. 이러한 이종격투기 경기는 녹아웃 또는 상대의 시합 포기가 승패를 결정하는 확실한 승리 방법이다. 일반적으로 스포츠에서 나타나는 다득점에 의한 승리보다는 경기에 지고 있다가도 한방으로 상대 선수를 이길 수 있다는 찰나의 승부수가 관심사를 이루는 경기이다.

이러한 이종격투기 경기는 다른 인간을 해하는 상황을 목적으로 받아들이는 것 자체가 비도덕적이라는 관점에서 비판이 제기되고 있다. 사실상 두 선수가 링에서 상대를 죽도록 때려서 뇌손상을 입히는 것 자체가 너무 부조리하다고 보는 것이다. 이러한 행태는 스포츠의 탁월성 문제나 도덕적 판단의 객관성에 영향을 받을 수 있다는 비판이 제기되고 있는 것이다.[7]

윤여탁·김학덕(2006)의 논지에서 미국의학협회는 입식타격식 투기종목의 금지를 지지한다고 밝히고 있다. 머리에 타격을 입히는 주먹의 사용에 안전한 정도는 없다는 것이다. 주먹 글로브라는 최소화된 보호 장비가 있지만 뇌손상 누적과 눈과 눈 주위에 받게 되는 강한 반복적 충격은 정신적인 부상으로 이어지게 되고 결국 해당 선수에게는 치명적인 결과를 가져다준다.

한편 이종격투기는 선수와는 독립적으로 관중도 폭력적 성향을 갖게 한다. 즉, 관중이 폭력에 둔감해지고 주변 상황을 해결하는 데 폭력을 찬양하게 됨으로써 인간 삶에 좋지 않은 영향을 끼친다. 그러므로 이중격투기를 보고 난 후 폭력적인 범죄가 증가할 수 있다는 근거도 있다. 이것은 남성의 용맹함과 공격성을 갖게 해주는 반면 이종격투기의 야만성과 비문명성이 합쳐진 결과라는 것이다.[8] 그래서 이종격투기는 다른 사람을 정복하거나 파괴함으로써 자신의 가치를 보여주려는 기본적 욕구를 충족시키고 관중에게 대리만족을 선사한다. 즉, 인간에게 잠재해 있는 폭력성을 일깨우는 결과를 초래하게 된다는 것이다.

또한 청소년들이 강자만이 살아남는 약육강식의 원리를 그대로 답습하게 됨에 따라 무술이 신체를 단련하고 인격을 수양하게 해주는 인간수양의 도구가 아니라 싸움과 돈벌이의 수단이 되고 상대방에게 치명타를 입히는 기술을 배우는 것을 우려하고 있다.

위와 같은 부정적 사고에도 불구하고 이종격투기에 대한 긍정적인 면을 내세우는 이종격투기 지지자들은 훈련과 무술의 실전성, 규칙을 바탕으로 인간의 근원적 욕구인 공격성을 정화시킬 수 있는 매개체가 될 수 있다는 것에 수긍하고 있다.

그리고 이종격투기 선수들은 성숙한 성인이고 시합에 동의했다면 비록 선수가 다치더라도 경기를 막을 수 있는 도덕적 책임은 없다. 선수들이 자유의사를 가지고 상호 동의하에 경기를 행하는 것이기 때문에 간섭할 수 없다는 것이다. 설령 이종격투기가 청소년이나 일반적인 상황에서 해로운 영향을 준다고 할지라도 해가 된다는 증거는 없으며, 선수 자신이 선택한 행동에 대해 간섭할 수도 없다. 또한 이종격투기가 다른 격투스포츠보다 해롭다는 주장에도 설득력 있는 분명한 이유를 내세울 수는 없다. 단편적인 면에서 보면 암벽등반, 아이스하키, 럭비 등이 운동수행의 과정에서 인간의 생명을 위협하는 환경이 많고 더욱 치명적인 상황을 가져다줄 수 있다.

다. 격투스포츠의 윤리성

최근 많은 사람들은 오늘날의 이종격투기가 싸움이 아니며, 선수에게 운동수행에 대한 자기의사 결정권이 있고, 자기 존재의 탁월함을 충족하고 있기 때문에 인간에게 즐거움을 선사하는 스포츠라고 생각하고 있다. 또한 관중은 일상에서 결코 행할 수 없는 행위에 대한 비극을 봄으로써 마음에 쌓여 있던 우울함, 불안감, 긴장감의 해소와 더불어 마음의 정화로 작용하는 카타르시스를 만끽하고 환호한다. 다시 말하면 격투스포츠가 실제적인 폭력의 현장이라고 할지라도 분명한 것은 제도와 규칙의 틀 안에서 행해지는 스포츠경기라는 점이다.

그러나 우리는 세기의 대결이라 불리었던 핵주먹 마이크 타이슨이 상대 선수의 귀를 물어뜯는 반칙으로 실격패를 당했던 격투스포츠의 유례없는 해프닝을 기억하고 있다. 타이슨은 강력한 클린치를 시도하는 상대방의 공격에 제대로 대응하지 못하고 자신의 공격이 먹혀들지 않자 상대 선수의 귀를 물어뜯어 스포츠계에 파장을 불러일으켰던 사건이다. 타이슨은 복싱의 규칙을 무시하는 행위를 하였으며, 스포츠의 진정한 경쟁을 뒤로한 채 사각의 링에서 폭력을 행사한 것이다. 이와 같은 사례는 스포츠의 규칙성을 벗어난 일탈행위로서 페어플레이 정신에 위배되는 행위로 지탄을 받아 마땅한 일이었다.

격투스포츠가 인간의 본능적 기질에서 발산하는 투쟁적인 격투경기만의 특징인 폭력적이고 때로는 잔인하게 피 흘리는 광폭한 행위, 그리고 물질주의에 의한 상업성과 맞물려 스포츠의 윤리적 논쟁에 휩싸여 있다고 할지라도 경기장 내의 합리적인 폭력이 도덕성의 논란을 이겨낼 수 있는 것은 격투스포츠의 도덕성이 페어플레이 성격에 기인하고 있기 때문이라고 입을 모으고 있다. 격투스포츠 선수들은 경기기술 자체에 가치를 두고 기술을 즐길 수 있는 자세가 필요하다. 그들은 결과보다 과정에 가치를 둘 수 있는 활동으로 최소한의 제한된 규칙 내에서 즐길 수 있는 스포츠로 발전하기를 바란다. 즉, 미래의 격투스포츠는 문화적·사회적 특징을 어떤 시각에서 바라보느냐에 따라 많은 사람들로부터 사랑받는 스포츠로서 수용될 것이며, 지속적인 변화가 진행될 것이다.

2장 선수폭력

> **학습목표**
> - 폭력의 이론적 배경을 이해하고 선수폭력에 대한 규정을 파악한다.
> - 선수폭력의 유형과 예방법 및 대처법에 대해 알아본다.
> - 선수 성폭력에 대해 탐색하고 그 예방법과 대처법을 알아본다.

스포츠경기 현장 또는 운동부 내에서 발생하는 폭력행위는 가해자가 누구인가에 따라 폭력의 의미가 달라지고, 목적에 따라 폭력의 행위가 다르게 해석되고 있다. 또한 선수폭력을 야기하는 문제의 배경에는 승리지상주의, 정신력을 강조하는 엄격한 훈육방법, 스포츠계의 오랜 관행으로 나타나는 폐해 등이 문제로 지적되고 있다. 그리고 폭력의 유형에는 일반적으로 언어적 폭력과 신체폭력에 의한 정신적 폭력, 성폭력 등이 있으며, 스포츠경기 현장에서 발생하는 선수들 간의 폭력, 지도자 혹은 선수가 심판에게 가하는 폭력, 지도자가 선수에게 가하는 폭력, 선·후배 간의 폭력 등으로 구분할 수 있다.

이와 같이 스포츠에서 발생하는 다양한 폭력 현상을 살펴봄으로써 폭력을 성찰하는 이론적 배경을 바탕으로 스포츠 현장에서 발생하는 윤리적인 문제를 검토하고자 한다.

1. 폭력을 성찰하는 이론

가. 아리스토텔레스 – 분노

학생 운동선수들의 폭력에 대한 문제는 폭력이 폭력을 부른다는 것이다. 폭력의 피해자가 가해자가 되고, 폭력을 목격하는 경험 그 자체만으로도 폭력을 전용하게 된다. 즉, 폭력의 악순환이 반복되는 현상이 나타난다는 것이다. 폭력은 인간 내면의 분노 감정에서 시작된다.

아리스토텔레스는 비이성적인 욕구들 중의 하나인 분노는 자제력이 없음을 말하며, 욕망으로부터 나오는 인간의 행위라고 지적하고 있다. 그는 분노가 종종 도덕과 용기의 무기가 된다고 하면서 분노한다는 것은 잘못된 것을 시정하려는 용기이지만, 그 분노는 합당해야 하고 논리적이어야 하고 인간이 우선되어야 한다고 하였다.

본래 인간이 분노한다는 것은 자존감과 정의감을 갖고 살고 있음을 증명하는 일이기도 하다. 인간은 모욕감을 느꼈을 때, 혹은 정의가 훼손당하는 현실을 접했을 때 분노한다. 따라서 분노한다는 것은 인간으로서 깨어 있는 삶을 살고 있음을 말해주는 것이기도 하다.

분노는 세상을 변화시키는 필요조건이기는 하지만 충분조건은 되지 못한다. 분노는 세상을 바꾸는 출발점이 될 수는 있지만, 분노만으로 세상을 바꿀 수는 없다. 아리스토텔레스는 절제되지 못한 지나친 분노에 대해서는 우려하며 중용을 따르는 분노가 되어야 함을 강조했다. 그의 표현대로라면 온화한 분노는 지나친 분노와 구별된다. 분노는 자칫 니체가 말하는 원한감정(ressentiment)이 될 위험이 있기 때문이다. 원한감정이 문제가 되는 것은 분노는 표출하지만, 자신의 고통을 잊으려고만 할 뿐 근원적인 치유가 되지 못하기 때문이다. 올바름으로 출발했던 분노가 증오의 감정으로 표현될 때 결코 세상을 변화시키는 힘이 되지 못한다. 인간은 분노하되 절제된 분노를 지지해야 한다. 이 말은 분노에 대한 공감이 절실할수록 분노를 잘 다스릴 줄 알아야 한다는 것이다.

나. 푸코 - 규율과 권력

학교 스포츠의 구조적·문화적 특징은 운동부의 위계질서 상황에서 찾아볼 수 있을 것이다. 학교 운동부에 소속되어 있는 그들은 선후배 사이 또는 지도자와 선수의 관계에서 상명하복의 질서를 내세워 거부할 수 없는 힘이 작용하게 된다. 또한 팀워크를 중요하게 생각하는 지도자와 선수들 간의 믿음은 어떠한 일탈행위도 용납할 수 없으며, 그들의 목표인 승리를 위한 과정에서 강제적 억압과 체벌의 행위는 암묵적으로 행사하는 당연한 행위로 간주되고 있다. 특히 지도자의 지시는 선수들에게 강한 영향력을 행사하는 절대적 명령으로 받아들여지면서 고착화되고 있다.[1] 즉, 전문적으로 운동을 행하는 전문체육의 세계 안에서 전통이라 불리는 위계질서의 엄격한 구조 속에서 자연스러움을 가장한 권력이 폭력으로 생산될 수 있는 환경이 조성되고 있다.

푸코는 "권력이란 전략적인 기능, 즉 사물과 관계하는 기능이고, 소유할 수 있는 것이 아니라 행사되는 것으로서 사회적 관계 속에서 끊임없이 변화하며 변화하는 가운데 권력은 기능한다."고 하였다.[2] 즉, "권력은 누군가가 소유할 수 있는 어떤 것이 아니며, 힘들이 사회적으로 행사될 수 있는 과정이다. 또한 권력은 관계로서 사회적 네트워크 속에 끊임없이 변환되는 위치가 중요하며, 그 위치에서 변환운동을 통해 권력은 기능한다. 그렇기 때문에 권력은 국가나 지배계급 혹은 지배집단이 소유할 수 있거나 가질 수 있는 것이 아니고, 사회집단들 사이에서 발생하는 일종의 효과로서도 전유될 수 없다는 것이다".[3]

그리고 이러한 "권력은 개인을 억압하고 구속하여 권력에 복종시키는 것이 아니라 신체의 유순함과 유용성을 증가시키기 위해 다양한 기술로써 규제, 연습, 훈련, 시간 사용, 평가, 시험, 기록 등을 사용하여 신체를 길들이고 특정한 목적에 맞도록 만들어낸다."[4]고 하였다. 즉, 규율을 근간으로 하는 권력은 생산적이라는 것이다. 우리는 스포츠 현장에서 훈련과정을 통해 선수들을 훈육하고 운동기술과 실제적인 가능성을 개발하여 스스로 질서를 지켜나가도록 '외부적 강제 없는 지배' 또는 '강제적 통제 없는 통제'를 실현하는 데 목적을 두고 있다.

이와 같이 근대의 규율 및 권력은 억압과 금지라는 부정적인 것이 아니라 개인을 특정한 능력과 특성, 지식을 가진 주체로 생산하는 데 있다.[5] 또한 권력의 근원은 소유하는 것이 아니라 공간적인 배치에서 발생하고 특정한 배치의 메커니즘이 만들어내는 관계 속에 있기 때문에 푸코는 권력을 행사하는 사람과 관계없이 만들어지고 유지되는 기계장치와 같으며, 누가 권력을 행사하느냐가 중요한 것은 아니라는 것이다.

그러므로 스포츠 현장에서 지도자와 선수, 선후배 간의 위계질서가 성립되는 경기장이나 운동하는 장소 또는 숙소 등의 특정한 공간에서 작동하는 권력관계는 일방통행으로 흐르는 권력행사로 인해 폭력으로 변질되어 작동될 수 있음을 우려하고 있는 것이다.

다. 한나 아렌트 – 악의 평범성

스포츠계의 선수폭력에 관한 문제는 정치철학자인 한나 아렌트의 저서 『예루살렘의 아이히만』[6]에서 논쟁의 초점이 되었던 '악의 평범성(banality of evil)'이라는 개념에서 찾을 수 있다.

한나 아렌트(H. Arendt, 1906~1975)가 제시한 '악의 평범성'에 대한 의미는 나치정권 시절 아우슈비츠수용소 소장이었던 아이히만이 저지른 유태인 학살에 대해 나치전범을 재판하는 예루살렘 법정에서 그녀가 면밀히 취재한 결과의 핵심어이다. 아이히만은 자신의 무사유로 인해 유태인 600만 명을 학살한 주범이었다. 그러나 그는 오히려 상관의 명령을 충실히 따른 군인일 뿐이며 나치정권이 패했기 때문에 전범이 되었다고 했다. 이러한 진술에서 아렌트는 아이히만이 어떤 사악한 짓을 했는지 스스로 파악하지 못했고, 죄책감조차 전혀 발견할 수 없었다고 기록하고 있다. 그녀는 사유하지 않는 것이 악의 근본이라는 것을 깨닫게 되었고, 아이히만을 통해 본 무사유에 대해 '악의 평범성'이라는 새로운 정의를 내리게 된다.[7] 아렌트는 인간이라면 자신의 판단이 다른 모든 사람들과 배치되는 상황이 발생하더라도 옳고 그름을 분간하는 능력이 작용하여 자신의 의지대로 행위 해야 한다고 강조하였다. 그러나 옳고 그름을 전혀 구분하지 못했던 아이히만은 판단해야 할 상황에서 판단하기를 중지하였다는 것이다. 그녀는 아이히만의 만행이 어느 사회에서 누구라도 가능할 수

> **한나 아렌트의 저서**
> 『예루살렘의 아이히만』은 1960년 유대인 대량 학살 책임자로 체포된 나치전범의 재판과정을 다룬 일종의 보고서이다. 아우슈비츠수용소 소장으로 유태인 600만 학살의 주범이었던 아이히만이 저지른 범죄는 순전히 '무사유'에서 벌어진 악행이기 때문에 범죄자는 양심에 거스르지 않았으며 어리석음이 아니라 사유의 진정한 불능성의 결과였다. 아렌트는 재판과정에서 이러한 '악의 평범성'에 대해 성찰함으로써 서구사회의 근원적인 문제점을 직시하고자 하였다(정화열, 2005).

있다는 사실을 '악의 평범성'이라는 용어를 취하여 이 사회에 의미를 던짐으로써 무사유의 위험을 경고하였다.

이와 같이 아렌트의 '무사유' 개념에서 오늘날 스포츠 현장에서 발생하는 스포츠계의 폭력 현상들이 무사유로부터 발생한다는 현실을 직시하고자 한다. 그녀가 주장하는 '무사유'의 의미는 잘못된 관행에 복종하는 데 익숙해져서 잘못을 수정하기는커녕 잘못된 관행을 지속시키는 데 더 익숙해 있다는 것이다.[8] 다시 말하면 폭력이 습관처럼 행해지고 익숙해져 있는 스포츠계의 현실은 아무런 죄책감 없이 폭력에 노출되어 있다. 폭력을 폭력으로 인식하지 못하고 폭력에 길들여져 위계질서라는 틀에 매인 운동선수 세계의 잘못된 문화가 악을 키운다는 것이다. 이러한 잘못된 관행이 계속되는 사회에서 나타나는 사유의 부재는 전통과 관습에 묶어둔 억압적이고 강제적인 행위를 지속시키는 데 기여한다. 아렌트는 이러한 관행에 익숙해진 존경받는 지식인들에게도 그런 위험성을 발견할 수 있다고 경고하고 있다.

2. 선수폭력의 규정

스포츠에서 선수의 폭력행위는 "선수를 대상으로 구타하거나 상처가 나게 하는 것, 어느 장소에 가두어두는 것, 겁을 먹게 하는 것, 강요하는 것, 물건이나 돈을 빼앗는 것, 사실이 아닌 일로 인격이나 마음에 상처를 주는 것, 남들 앞에서 창피를 주는 것, 계속해서 반복하여 따돌리는 것 등을 말한다".[9]

대한체육회는 대한민국의 스포츠인이 행복하게 운동할 수 있는 환경을 만들고자 대한체육회 주관하에 스포츠인의 인권보호와 인권향상을 위한 교육을 연중 실시하고 있다. 또한 스포츠인권익센터를 설치하고 대한체육회, 문화체육부, 여성가족부, 여성·아동폭력피해 중앙지원단과 원스톱 지원서비스를 구축하여 폭력피해의 조사-구제-보호에 이르기까지 통합지원을 체계화하였다. 또한 대한체육회는 선수위원회를 규정하여 폭력으로부터 선수와 지도자 모두를 지키기 위한 방법으로 다음과 같은 규정을 마련하였다.

표 5-1. 대한체육회 선수위원회 규정(2009.7.21)

		선수폭력에 관한 규정
제2조	목적	위원회는 선수 및 지도자의 권익을 보호, 증진하여 건전한 운동 환경을 조성하고 페어플레이 정신 함양을 통해 존경받는 체육인 상을 확립함으로써 올림픽 정신의 보급·확산에 기여함을 목적으로 한다.
제4조	기능	위원회는 제2조의 목적을 달성하기 위하여 다음의 사항을 검토 심의한다. · 선수 및 지도자 권익 보호, 증진 및 보급에 관한 사항 · 선수 및 지도자의 권익침해(폭력·성폭력행위)를 한 자에 대한 조사 및 구제에 관한 사항
제16조	조사대상	① 폭력이나 성폭력을 당한 자 또는 그 사실을 알고 있는 사람이나 단체는 실명으로 체육회, 시·도체육회, 가맹단체에 그 내용을 진정할 수 있다. (개정 2014.4.1.) ② 누구든지 스포츠인권 침해를 신고한 사람에게 그 신고행위를 이유로 불이익을 주어서는 아니 된다. (신설 2013.7.11.) ③ 제1항에 따라 진정된 사안에 대하여 소관 위원회에서는 즉시 조사에 착수하여야 한다. 다만 진정이 익명 또는 가명으로 제출된 경우와 진정의 내용이 명백히 거짓이거나 근거가 없다고 인정되는 경우에는 조사하지 않을 수 있다. ④ 위원회는 진정이 없는 경우에도 권익침해(폭력·성폭력행위)가 있다고 믿을만한 상당한 근거가 있고 그 내용이 중대하다고 인정할 때에는 이를 직권으로 조사하여 조치할 수 있다.

제18조	징계	① 위원회는 신고 접수되거나 직권으로 조사한 사항에 대하여 그 사실이 인정될 경우 다음과 같이 징계 의결한다. (개정 2009.12.28., 2013.7.11., 2014.4.1.)
		  1. 폭력 행위를 한 선수 또는 지도자
		    가. 스포츠인권 침해가 인정되나 극히 경미한 경우: 6개월 미만의 자격정지 또는 경고
		    나. 경미한 경우: 6개월 이상 3년 미만의 자격정지
		    다. 중대한 경우: 3년 이상의 자격정지 또는 영구제명
		  3. 강간, 강제추행 등 성폭력 범죄행위를 한 선수 또는 지도자: 영구제명
		  5. 성추행, 성희롱 등 성과 관련된 범죄행위를 한 선수 또는 지도자
		    가. 혐의가 인정되나 극히 경미한 경우: 1년 미만의 자격정지
		    나. 경미한 경우: 1년 이상 5년 미만의 자격정지
		    다. 중대한 경우: 5년 이상의 자격정지 또는 영구제명
		  7. 제1호와 제5호의 행위에 대해 2회 위반한 자에 대해서는 해당 징계기준의 2배 이상 가중처벌하며, 3회 적발된 자는 영구제명 한다.
		  8. 징계일 현재 선수·지도자등록이 되지 않았으나 제1호 내지 제5호의 사유가 확인이 된 자에 대해서는 선수·지도자 등록 시 이를 제한할 수 있다.
		② 징계의 효력은 위원회가 그 징계를 의결한 날로부터 발생한다.
		③ 위원회는 징계 확정 내용을 징계대상자 및 그 소속단체장에게 통지함은 물론 체육회와 징계 대상자 소속 가맹단체 또는 시·도체육회에 통지하여야 한다.
		④ 징계처분에 이의가 있는 징계대상자 또는 피해자는 징계를 의결한 날부터 2주 이내에 징계처분을 한 단체의 소관 위원회에 1차 재심을 청구할 수 있다. 다만, 스포츠 인권 침해를 당한 피해자 보호를 위하여 다른 규정이나 관례에도 불구하고 재심기간에도 징계의 효력은 정지하지 아니한다. (개정 2013.7.11.)

3. 스포츠폭력의 유형

가. 선수들 간의 폭력

스포츠경기 현장에서 선수들 간의 폭력행동은 경기에서 승리를 위한 전술적 차원에서 시도되는 경향이 있다. 즉, 고의반칙 같은 경우가 이에 해당된다. 다시 말해서 상대 팀의 우수 선수에게 집중적으로 고의적 반칙을 가함으로써 정의롭지 못한 방법이 사용되는 것이다. 우수 선수를 집중 마크하기 위하여 심판이 보지 않는 틈을 이용한 과격한 몸싸움, 즉 일종의 폭력이 시도되고 있다. 이러한 폭력적 행위는 팔꿈치로 얼굴을 가격하거나 공격자가 방어할 수 없는 위치에서 행해지는 과격한 태클 등이다. 이러한 반칙의 행태는 상대 선수가 장기간 경기에 출전하지 못하거나 선수 생명이 위험에 처할 수도 있는 상황을 초래하며, 과격하고 우발적인 반칙이 보복성 반칙으로 이어져 더 큰 부상을 낳게 되는 수도 있다.

물론 우리는 경기에서 승리하기 위해 상대 선수에게 반칙을 지시하는 지도자도 있다는 사실을 짐작할 수 있다. 다시 말해 전술적으로 고의반칙을 행하는 경우는 있을 수 있지만 그 과정에서 상대 선수에게 폭력적인 반칙을 가함으로써 선수 생명을 단축시키는 결과를 초래할 수 있음을 알아야 할 것이다. 이러한 고의반칙의 경우는 경기 상황에서 심판의 경기규칙 적용에 따라 적절한 대응이 가능하다.

그러나 상대방에게 상해를 입힐 목적으로 행하는 과격한 폭력행위는 상대방의 공격성을 더욱 자극할 뿐만 아니라 경기장의 규범과 질서를 파괴하는 행위로 반드시 근절되어야 할 것이다.

상대방에게 의도적으로 상해를 가하는 것은 상대 선수가 선수 생명의 위기를 초래하는 경우도 발생하게 되지만 언젠가는 본인도 피해자가 될 수 있기 때문에 스스로 파멸을 초래한다는 사실을 알아야 한다. 상대는 '적'이 아니라 나와 함께 경기를 즐기는 '동반자'이기에 대항(against)의 상황이 아니라 더불어(with) 함께 스포츠를 행하는 상대임을 명심해야 한다. 선수 대 선수로서 각자가 상대를 존중할 줄 아는 자세가 필요한 것이다.[10]

한편, 경기장이나 합숙소에서 학생 운동선수들에게 흔히 발생하는 선후배들 간의 폭력 문제는 상명하복의 위계질서를 강조하는 운동선수들끼리 팀의 단합 및 좋은 성적을 위한 명분으로 자행되어 왔다. 이러한 관계는 선후배 간의 전통이라는 명분으로 자리 잡아왔으며, 수동적인 상하지배의 권력 구조에 놓여 있다. 이러한 선후배의 위계질서는 스포츠 세계에서 펠로십(fellowship)과 리더십(leadership)의 사회학적 가치가 되기도 하지만 규율과 지시위반, 소외로부터 오는 스트레스 풀기 등의 괴롭힘이 왕따, 인격 모독 등의 심각한 상황으로 이어지기도 한다.

특히 청소년기의 선수에게 있어서는 신체적 학대가 증가할수록 공격성은 더욱 증가하게 된다. 따라서 폭력을 경험한 학생일수록 후배를 때려본 경험이 많다는 통계 수치는 당연한 결과일지도 모른다. 이러한 폭력의 실태는 선후배 간의 신뢰가 붕괴되고, 부정적 교우관계 및 자아상실감으로 이어져 팀의 소속감 해체라는 결과를 초래할 수 있다.

나. 선수 또는 지도자가 심판에게 가하는 폭력

선수 또는 지도자가 심판에게 가하는 폭력은 대부분 심판판정에 대한 불만으로 인해 발생한다. 이러한 경우 지도자 혹은 선수는 경기장 질서문란 행위로 무거운 징계 및 처벌을 받게 되고, 본인의 위상에도 영구제명 같은 치명적인 오점을 남기게 된다. 그럼에도 불구하고 이러한 행태가 반복되어 벌어지는 것은 본인 스스로 노여움, 분노, 화를 조절하거나 절제하는 능력이 부족하기 때문이다.

지난 베이징올림픽 태권도경기에서 발생한 심판폭행 사건이 그 예가 될 수 있다. 이 사건은 베이징올림픽 남자 80kg 이상급 동메달결정전에서 쿠바 선수가 경기 도중 부상으로 1분의 치료시간을 요청했고, 1분의 시간이 지난 후 다시 1분을 요청할 수 있었지만 시간을 더 요구하지 않은 채 경기를 지연시켰다. 이어서 심판은 경기진행이 어려운 것으로 판단하고 기권패를 선언했다. 부상선수와 감독은 격렬히 항의하다가 결과가 바뀌지 않자 쿠바 선수가 주심의 얼굴을 발로 가격한 사건이 있었다. 또 다른 사건은 2014 아시아 대학농구대회 결승에서 발생한 사례이다. Y대 감독은 경기판정에 불만을 품고 심판에게 격렬히 항의하다가 욕설과 함께 심판의 얼굴을 머리로 들이받아 퇴장을 당했다. 이어서 연장전까지 가는 접전에서 경기에 패했고, 감독은 상벌위원회에 회부되어 징계가 결정되었으며, 결국 감독직을 사퇴하게 되었다.

본문에서 아리스토텔레스가 주장하는 대로 선수 또는 지도자는 심판을 향한 절대적 권위에 대한 존경심과 함께 적절한 항의 수준에서 머물 수 있는 절제된 분노가 필요하다는 것을 배웠다. 따라서 스포츠 현장에서 선수나 지도자는 이러한 분노를 잘 조절하고 스스로를 다스릴 줄 알아야 할 것이다.

다. 지도자가 선수에게 가하는 폭력

오늘날 대부분의 지도자들은 팀의 성적에 따라 진퇴가 결정되는 경우가 많으므로 승리지상주의에 따른 과열경쟁으로 인해 선수들에게 폭언과 폭력을 행사하게 되고, 이러한 행동은 스포츠사회에서 커다란 문제로 지적되고 있다.

지도자가 선수들에게 가하는 체벌이 꼭 필요한가에 대한 문제는 사람의 감정개입 여부에 따라 상당한 차이를 나타낸다. 즉, 체벌과 폭행은 행하는 사람의 감정개입의 문제에서 차이가 있다. 만약 감정이 개입된다면 그것은 체벌의 수준이 아니라 폭행이 되기 때문이다. 최근 가정과 학교에서 논쟁거리가 되고 있는 체벌의 원인이 무엇인가를 찾는 것은 체벌 방지 및 폭력 근절을 위한 가장 중요하고 시급한 문제이다.

학자들의 논의에 의하면, 패배를 인정하지 않는 승리지상주의, 지도자의 질 낮은 대우문제, 즉 어려운 현실에 놓인 계약직의 지도자들은 팀의 성적 향상을 제일의 목적으로 하며, 성적 향상이 다음 기회에 재계약할 수 있는 절대적 동력이 되기 때문에 경기 성적 및 경기 결과에 급급하지 않을 수 없게 된다. 또한 집중력 저하에서 나타나는 경기력과의 관계뿐만 아니라 아이들에게는 훈육상 매에 관대하고 필요하다는 문화적 특성 등이 체벌을 넘어선 폭력 및 폭언의 원인으로 지목되고 있다.[11]

그럼에도 불구하고 이러한 체벌의 묵인은 또 다른 폭력을 부추기는 원인이 될 수 있다는 것을 명심해야 한다. 지도자의 구타 및 폭력에 대한 문제는 지도자의 도덕적 자율에 의한 강한 의지와 제도적 장치인 강제력이 폭력예방에 도움이 될 수 있을 것이다. 그러나 지도자들의 도덕성은 그냥 생기거나 만들어지는 것은 아니다. 우리는 폭력예방을 위해 개인의 스포츠윤리의식을 환기시키고, 경기결과 제일주의 같은 사회적 환경으로부터 비롯되는 가시적 현상들을 제거해나가고자 하는 의식의 변화가 필요하다.

과거 지도자들은 체벌의 필요성을 강조했으며 체벌이 지도자들 사이에서는 필요악으로 존재해왔다. 특히 생리적 극한을 극복하기 위하여, 팀워크를 다지기 위하여, 기준 이상의 경기기술 습득을 위하여, 학생선수들에게 즉각적인 반응을 얻기 위하여 체벌이 행해져왔다. 그러나 이러한 결과들은 강제에 의해 일시적으로 나타나는 현상이다. 따라서 스포츠교육 현장은 인간을 교육하는 장이라는 사실은 잊어서는 안 될 것이며, 스포츠는 즐거운 놀이의 한 현상에서 시작된 것이므로 스포츠 현장에서의 체벌은 절대적으로 있어서는 안 될 것이다. 그러므로 경기 성적과 체벌의 상관관계를 면밀히 살펴보고 이에 대한 대처방안을 수립해야 할 것이다.

1) 선수폭력 예방 및 대처

스포츠에서 폭력행위가 발생하는 가장 큰 이유는 승리지상주의에 기인한다. 스포츠경기 현장에서 발생하는 대부분의 폭력행위는 오직 승리만이 목표가 되고 있기 때문에 폭력행위의 발생에 대해 둔감한 경향이 있다. 오히려 스포츠 현장에서는 폭력행위가 묵인되거나 조장되기도 한다. 예를 들면 고등학교 3학년 운동선수 학부형들은 자신의 아이가 체벌을 당하더라도 좋은 대학에 진학하거나 프로팀에 갈 수 있다는 막연한 기대감을 버릴 수 없어서 체벌을 묵인하거나 지도자의 체벌을 우호적으로 받아들인다는 것이다. 반면 대부분의 학생 운동선수들은 훈련이 자율적이지 못하고 스스로 행하는 능동적인 면이 부족하며, 집단적인 성향을 가지고 있는 상하권력 구조상에 놓여 있기 때문에 폭력에 쉽게 노출되는 경향이 있다.

이와 같은 상황에 대비하기 위하여 대한체육회는 선수폭력 예방을 위한 규칙을 마련하고 폭력의 대처를 위해 상황별로 매뉴얼화하였다.

표 5-2. 상황별 선수폭력 예방법 및 대처법

	상황별 선수폭력 예방법
경기장 및 훈련장	· 어떠한 경우에도 동료 선수에 대해 폭력을 행사해서는 안 된다. · 분노를 참지 못하고 심한 욕설이나 폭행을 할 것 같으면 아예 잠시 그 자리를 떠나 화난 감정을 조절할 수 있는 시간을 갖는 것도 한 방법이다. · 운동부의 기강을 잡기 위해 다른 선수에게 기합이나 가혹행위를 해서는 안 된다. · 동료 선수에게 협박, 위협 또는 공포를 줄 수 있는 표정, 언어, 몸짓을 해서는 안 된다. · 동료 선수에게 자신의 가방 또는 운동도구를 들게 하거나 훈련과 관련된 정당한 이유 없이 사적인 심부름을 시켜서는 안 된다. · 동료 선수의 수업복귀시간, 자유시간, 귀가시간을 강제로 조정해서는 안 된다. · 연습경기의 시작 전 준비와 끝난 후 정리는 선배 선수와 후배 선수가 3~4명씩 그룹을 만들어 하도록 한다. · 동료, 선후배, 지도자에게 잘못한 일이 있으면 신속히 사과하고 자신의 말과 행동에 대해 오해받고 있으면 충분히 설명하여 오해를 풀도록 한다. · 선수폭력의 발생을 미리 알게 되었을 때 어떤 경우라도 모른 척하거나 지나쳐서는 안 된다.
합숙 등 일상생활	· 선수는 지도자와 협의하여 만든 생활규칙을 지켜야 한다. · 선배 선수는 기합, 얼차려 등을 목적으로 선수들을 집합시켜서는 안 된다. · 다른 선수를 표정, 몸짓, 언어로 협박하거나 모욕을 주어서는 안 된다. · 분노를 참지 못하고 심한 욕설이나 폭행을 할 것 같으면 아예 잠시 그 자리를 떠나 화난 감정을 조절할 수 있는 시간을 갖는 것도 한 방법이다. · 선배 선수는 공휴일에 정당한 이유 없이 후배 선수를 등교하게 해서는 안 된다. · 동료 선수의 돈을 빌린 후 갚지 않거나 운동용품, 옷, 휴대폰 및 교통카드 등의 개인물품을 뺏는 행위를 해서는 안 된다. · 다른 선수를 지속적이고 반복적으로 괴롭혀서는 안 된다. · 다른 선수들에게 정당한 이유 없이 또는 고통이나 놀려주려고 청소, 세탁, 설거지, 과제, 심부름 등을 시켜서는 안 된다. · 돈을 주지 않거나 제값을 주지 않고 동료나 후배들에게 물건을 구입해오라고 해서는 안 된다. · 감기약 등의 약물을 복용할 경우 반드시 지도자에게 알려야 한다. · 음주나 흡연을 하지 말아야 하며, 동료나 후배들에게 강요해서도 안 된다. · 합숙소 등 공동시설에서 소란을 피우는 등 다른 선수들의 생활에 불편을 주어서는 안 된다. · 합숙소 출입 시 반드시 감독자에게 신고한다. · 동료, 선후배, 지도자에게 잘못한 일이 있으면 신속히 사과하고 자신의 말과 행동에 대해 오해받고 있으면 충분히 설명하여 오해를 풀도록 한다. · 폭력 발생 시 신고할 수 있는 연락처 등을 평소 알아두어야 한다. · 선수폭력의 발생을 미리 알게 되었을 때 어떤 경우라도 모른 척하거나 지나쳐서는 안 된다.
	상황별 선수폭력 대처법
경기장 및 일상생활	· 폭행당할 가능성이 있거나 폭행당했을 경우 즉시 지도자, 담임교사, 학교장에게 알리도록 한다. · 폭행당한 사실을 학교 내에 설치되어 있는 신고함에 신고하거나 이메일, 홈페이지, 전화 등의 방법을 사용하여 대한체육회 스포츠인권익센터 등 관련기관에 반드시 신고하여야 한다. · 폭행당할 때의 상황을 기억해두어야 한다. · 폭행당한 후 신체적으로 조금이라도 이상을 느낄 경우 반드시 병원 진료를 받아야 한다. · 다른 선수를 폭행했을 경우 즉시 지도자에게 스스로 신고해야 한다. · 다른 선수를 폭행했을 경우 피해 선수에게 즉시 사과하고 재발행동을 하지 말아야 한다.

- 폭행 장면을 목격하거나 폭력이 발생할 것임을 알았을 때에도 즉시 지도자, 담임교사, 학교장 등에게 알리도록 한다.
- 폭행이 있을 경우 주변의 선배나 동료는 즉시 폭행이 중지되도록 노력하여야 한다.
- 맞은 선수가 쓰러져 움직이지 못하거나 뼈가 부러졌거나 출혈이 심할 경우 섣불리 일으켜 세우거나 자세를 바꾸게 하지 말고 119나 근처의 전문병원에 연락해야 한다.

4. 선수 성폭력

선수 성폭력이란 강제로 성적 행위를 하거나, 성적 행위를 하도록 강제로 요구하거나, 협박하거나, 꼬드기는 행위 등을 말한다. 선수 성폭력은 강간, 성추행, 성희롱을 포함하며 몸의 자율성과 권리의 침해를 뜻한다. 스포츠계의 성폭력은 매우 은밀하게 발생하는 경우가 많으며, 특히 사제지간이나 선후배 간 등의 위계를 명분으로 불평등한 권력을 이용하는 경우가 문제로 지적되고 있다. 선수들의 성폭력 원인으로 가장 큰 비판이 제기되고 있는 것은 지도자와 선수관계의 관련성이다. 지도자는 선수들의 잠재적 능력을 가장 극대화시키는 데 공헌하지만, 권위적인 위치에 있는 이성의 지도자로부터 성폭력이 발생할 가능성이 있다는 것이다.

이러한 사실에 따라 IOC 집행위원회는 IOC 의무분과위원회를 개최하여 2006년 10월 스위스 로잔에서 "체육계 성폭력 문제를 해결하기 위한 합의서(Consensus Statement Sexual Harassment & Abuse in Sport)"를 발의하여 2007년 2월 8일 IOC 집행위원회에서 공식적으로 채택하였다. 이러한 국제적 합의에 따라 우리나라 대한체육회 스포츠인권익센터에서는 선수들의 성폭력에 대한 교육과 예방 및 대처방법을 가이드라인으로 제공하고 있다.

모든 범죄가 예방이 중요하듯이 스포츠계의 성폭력도 철저한 예방에서부터 시작되어야 한다. 오늘날 남녀가 특정 종목을 구분하지 않고 훈련하면서 신체접촉이 많고 합숙훈련과 전지훈련 등으로 지도자와 선수가 함께하는 시간이 많은 학생 운동선수들의 특수상황을 고려하면, 성폭력에 대한 지도자와 선수의 세심한 배려가 필요하다. 선수의 폭력사건이 발생하면 먼저 소속기관 및 수사기관에 알리고 의료기관을 방문하여 치료하고 증거물 확보와 상황기록을 면밀히 체크해야 한다. 구타인 경우 상기와 같이 신속히 사건을 조사하고 처리할 수 있도록 해야 하며, 성폭력의 치유와 회복을 위해 의료기관 및 상담기관에서 치료받아야 한다.

표 5-3. 상황별 선수 성폭력 예방법 및 대처법

경기장 및 훈련장 – 선수 성폭력 예방법

- 선수는 경기장 및 훈련장에서 다른 선수에게 성적 굴욕감을 주는 행위를 해서는 안 된다.
- 선수는 훈련 중 선수 간의 마사지 등 신체접촉을 해야 할 경우 반드시 상대방에게 허락을 받는다.
- 선수는 훈련 시 장난삼아 다른 선수의 신체 특정부위 등을 접촉해서는 안 된다.
- 선수는 경기장 및 훈련장에서 다른 선수에게 성적인 농담이나 이야기를 해서는 안 된다.
- 선수는 훈련 중에 다른 선수의 특정부위를 계속 바라보거나 반복적으로 쳐다보는 행위를 해서는 안 된다.
- 선수는 평상시 다른 선수와 친하게 지내고 싶다는 것을 나타내거나 습관적으로 동료에게 불필요한 신체접촉을 하면 안 된다.
- 선수는 다른 선수에게 외모에 대한 성적 비유나 모욕적인 말을 해서는 안 된다.
- 선수는 다른 사람 앞에서 의도적으로 바지를 내리거나 옷을 벗는 행위를 해서는 안 된다.
- 선수는 동료의 인격을 아끼는 마음과 태도를 가져야 한다.
- 선수는 운동 시간 외에 가능한 한 지도자와 불필요한 일대일 사적인 만남을 갖지 않는다.
- 선수는 평상시 자신의 좋고 나쁨의 감정 및 생각을 분명히 표현한다.
- 선수는 운동부 내에 성폭력 피해 선수들이 있는지 관심 있게 살펴보고 의심이 가거나 피해가 있는 선수를 발견하면 학교장, 지도자, 부모 혹은 상담교사 등 믿을 수 있는 사람에게 반드시 알린다.
- 선수는 성폭력 예방교육에 적극 참여한다.

경기장 및 훈련장 – 선수 성폭력 대처법

- 선수는 지도자로 인해 성적 굴욕감을 느꼈을 때 즉시 그 행위를 중단하도록 요구한다.
- 선수는 가능한 한 피해상황에서 즉시 벗어나도록 한다.
- 선수는 피해 사실을 숨김없이 학교장, 지도자, 부모 혹은 상담교사, 수사기관, 스포츠인권익센터 등의 믿을 수 있는 사람에게 반드시 알린다.
- 다른 선수의 성폭력 피해를 목격한 경우에도 학교장, 지도자, 부모 혹은 상담교사, 수사기관, 스포츠인권익센터 등의 믿을 수 있는 사람에게 반드시 알린다.
- 피해 선수는 피해사실을 기록한다.
- 다른 선수에게 성폭력 행위를 한 선수는 피해 선수에게 즉시 사과하고 재발 행동을 하지 말아야 한다.

스포츠계의 폭력예방을 위한 해외 선진국의 사례를 살펴보면, 미국은 폭력 발생 가능성이 있는 환경 자체가 조성되지 못하도록 구체적으로 피해야 할 상황을 명시하고 있다.

미국의 고등학교 체육연맹(NFSH)에서는 다음과 같이 학교운동부 성폭력 예방의 10계명을 제시하고 있다.

첫째, 성적 농담을 금지한다. 교사와 코치들은 학생선수 앞에서 성적인 의미를 내포한 언어 혹은 노골적으로 성적인 농담을 절대 해서는 안 된다.

둘째, 성적인 영상물 제공을 금지한다. 학교를 포함해 어떤 환경에서라도 결코 학생선수 앞에서 성적 음란 사진이나 자료를 보여주어서는 안 된다.

셋째, 과도한 사적 대화를 금지한다.

넷째, 과도한 사적 편지 혹은 선물 등을 금지한다.

다섯째, 신체나 외모에 대한 언급을 금지한다. 교사나 코치는 학생선수들에게 복장이나 구체적인 신체적 특성 같은 외모의 언급을 피해야 한다.

여섯째, 가능한 범위에서 학생선수들과 신체접촉을 최소화해야 한다.

일곱째, 단둘이 차량 동승을 금지한다. 단체일지라도 차를 태워 집에 데려다주는 행동은 피해야 한다.

여덟째, 학교 밖에서 일대일 만남을 금지한다.

아홉째, 단체 여행 시 보호자의 사전 동의와 성인 보호자가 동행해야 한다.

열째, 어떤 환경에서든 결코 학생선수와 데이트해서는 안 된다.

이상과 같이 미국 고등학교 체육연맹은 학교운동부 성폭력 예방의 십계명을 만들어놓고 지도자와 학생 간의 서약서를 만드는 등 스포츠 현장에서 코칭교육의 중요성을 강조하고 있다.

우리는 스포츠폭력을 근절시키기 위해 적극적으로 노력해야 한다. 즉, 성폭력 예방의 교육 및 역할에 대한 기준에 이어서 구체적인 정책과 시행을 위해 관리 감독을 해야 한다. 이와 같은 성폭력 예방조치를 통해 더욱 안전하고 건전한 환경에서 스포츠가 활성화되어야 할 것이다.

푸코는 폭력을 조장하는 관계가 권력에 의해 생산되고, 권력은 사회적 관계망 속에서 기능하는 것으로 힘의 관계에서 형성된다고 하였으며, 신체적인 폭력이 권력과 규율의 관계에서 나타나는 것으로 보았다. 우리는 과거 스포츠계의 성폭력이 음지의 사각지대에서 비밀리에 유야무야로 처리되는 경우가 많았으나, 최근 미디어 등을 통해 지도자와 선수들 간의 성폭력 사건들이 심심치 않게 드러나고 사회적 물의를 빚기도 하였다. 우리는 이제 이것을 침묵으로 일관할 수 없는 시대에 살고 있다. 이제는 스포츠계의 성폭력이 경쟁 상대나 동료들 모두에게 공론화를 통해 무마할 수 있는 시대가 아니라는 사실이다.

권력에 의해 만들어지고 권력에 구속된 존재가 아닌 권력의 주체로서 경쟁의 바른 개념 이해와 경쟁에 대처하는 자세, 그리고 자율적인 상호관계를 유지할 수 있는 운동선수사회를 만들어야 할 것이다.

3장 관중폭력

 학습목표

- 경기현장에서 경기 중 발생하는 관중폭력에 대해 알아본다.
- 경기 후 관중의 폭력적 행동에 대해 알아본다.
- 훌리거니즘과 관중의 문화의식에 대해 탐색한다.

1. 경기 중 관중의 폭력

최근 활성화된 프로경기 혹은 관중이 많이 찾는 국제적인 경기에서 경기의 내외적인 요소로 인해 관중은 돌발적이고 무규범적인 상태가 되어 경기장 내의 관중난동이나 관중폭력이 발생하는 경향이 잦아지고 있다. 이러한 관중의 무리 지은 폭력행동은 운동경기가 치열하고 팀에 대한 애정과 몰입수준이 높을수록 여러 가지 구조적 요인들로 인해 폭력성을 자극한다고 한다. 다시 말해 관중의 폭력적인 단체행동을 일으키는 유발요인은 심판들의 편파적이고 무능력한 판정, 긴장을 촉발시킬 수 있는 비중 있는 경기, 과격한 선수 행동, 사회적 통제 및 안전장치의 미흡 등 변화하는 경기 흐름의 다양한 상황에서 관중의 돌발적이고 폭력적인 행동이 발생하는 것으로 밝히고 있다.[1] 스포츠경기에서 자주 볼 수 있는 선수나 심판에 대한 고함과 욕설, 돌이나 빈병 투척, 시설물 파괴, 경기장 난입 등이 해당된다. 이러한 관중의 폭력적 행동은 2000년대에 들어서면서 프로경기가 정착된 이후 특히 구기 종목에서 가파르게 증가하고 있으며, 갈수록 경기현장의 상황은 더욱 난폭해지고 있는 추세이다.

관중폭력에 대한 실상을 사회학적 접근에 의한 폭력적 집합행동을 연구한 김동규·김영갑(2003)에 의하면, 관중은 개인이 아닌 군중의 일원이 되었을 때, 사람들은 흔히 비합리적이고 감정적인 행동을 일삼기 쉬우며 군중의 지배적인 분위기에 휩싸여 공격적이고 파괴적인 행동을 하기 쉽다는 것이다.[2]

반면에 스포츠 행위의 근원에 대한 비교행동학적 관점에서 본 스포츠에 대한 관중폭력은 인간의 집단행동 성향인 '패거리 짓기'라는 것으로 규정한다. 패거리 짓기의 특성은 인간이 정착생활을 시작하면서 종 간의 치열한 경쟁을 바탕으로 하는 공격성에서 시작되었다는 것이다. 오늘날 많은 인기를 누리고 있는 프로스포츠가 연고제 위주를 지향하는 것도 동물과 인간이 가지고 있는 집단의식에 그 바탕을 두고 있다.[3] 이 집단의식은 상대가 되는 집단을 친구나 적으로 간주하는 경향으로 발전해왔으며, 오늘날 스포츠경기에서 생기는 갈등적 장면에서 무리 지어 폭력을 행사하는 원인으로 설명될 수 있을 것이다.

그러므로 모든 스포츠는 내재적으로 경쟁적이기 때문에 공격성과 폭력을 조장하게 된다. 즉, 현대 스포츠경기에서 생성된 사회적 구조가 도구적인 폭력의 범위를 증가시켰으며, 합리적인 폭력의 은밀한 사용을 유도하는 경쟁적 압박으로 폭력을 더욱 은밀하게 만든다는 것이다. 따라서 스포츠는 모의적인 폭력이 사회적으로 인정받고 관습으로 표현되는 한 영역이기도 하다. 자기통제를 훈련하는 것에 사회적 압력이 부재하다는 것과 결합하면서 공격성에 대한 규범은 상호간의 갈등을 쉽게 싸움으로 변화시킨다.

가. 관중의 언어폭력

스포츠경기 현장에서 선수와 지도자, 관중은 각자의 위치에서 각자의 목적을 갖고 있다. 관중은 자신이 응원하는 특정 팀 혹은 선수에게 호의를 가지고 있으며, 응원의 기운이 그들에게 전달되는 기분을 즐기면서 긴장감과 흥분을 동시에 만끽하며 카타르시스를 발산한다. 그런데 스포츠경기 현장에서 하나의 목적으로 가장 우선되는 것이 있다면 그것은 페어플레이이고, 이러한 규제적 규칙은 선수나 지도자에게뿐만 아니라 관중에게도 적용된다. 예를 들면 경기의 흐름과 상관없는 고성방가 및 소란을 피우는 행위, 응원에 빗대어 상대팀 혹은 선수를 비방하는 행위, 경기장 안으로 물건을 집어던지는 행위, 경기장으로 뛰어 들어가는 행위 등을 해서는 안 된다. 특히 특정 관중이 응원하는 상대팀 혹은 선수가 불의에 부상을 당하거나 어려움이 생겼을 때 상대를 우롱하거나 조롱하는 행위는 절대 삼가야 할 행위 중의 하나이다.

지난 2007년 축구경기에서 A선수는 전반전부터 계속해서 들려오던 야유가 후반전에는 A선수 가족 이름까지 들먹이며 지속되자 참지 못하고 관중 속으로 뛰어들었다. 관중과 물리적 충돌은 없었지만 A선수에게 무거운 벌금 징계가 내려진 사건이었다. 최근에는 2015년 1월 남자프로농구 경기에서 장신센터 H는 상대 선수에게 팔꿈치로 코를 얻어맞고, 코뼈가 부러져 피가 쏟아졌다. 응급치료를 받고 라커로 들어가는 H선수에게 한 여성 관중이 큰소리로 "엄살 피우지 말라."는 야유를 보냈다. 울컥한 H선수는 관중석으로 돌진하려는 모습을 보였지만 이내 라커로 돌아가 울분을 토하였다고 한다.[4] 그에게는 코가 부러졌다는 신체적 아픔보다 다음 경기에 출전할 수 없는 상황, 고통스런 치료와 재활과정, 특히 상대팀이든 아니든 응원하는 팬의 독설적인 야유가 그를 더 큰 분노 섞인 고통으로 몰아갔을 것이다. 물론 팬서비스가 우선되어야 하는 프로경기에서 관객의 야유를 참지 못하고 관중에게 격하게 반응하는 것은 옳지 않다. 그러나 선수와 관중 사이에서 사건의 빌미를 먼저 제공하고서도 처벌받지 않는 관중과는 달리, 대부분의 선수들은 징계로 이어지는 사례가 많았다.

위와 같은 사례를 볼 때, 선수의 심리적 고통을 야기할 수 있는 언어폭력은 좌절, 분노, 원망, 적대감 등의 부정적 감정들을 유발한다. 관중이 응원하는 한 팀 혹은 한 선수와 대항하는 상대 선수에게 인신공격과도 같은 야유를 서슴지 않는 행위는 관중이 지켜야 할 스포츠맨십에 어긋나는 행위로서 반드시 근절되어야 한다.

나. 관중의 사이버폭력

21세기 인터넷이 보편화·대중화되고 있는 가운데, 많은 사람들이 자유롭게 자신의 의사를 소통할 수 있는 곳이 사이버 공간이다. 관중은 그 당시 화제가 되었던 스포츠경기를 주제로 또는 어느 한 선수를 화제 삼아 인터넷 게시판, 댓글, 대화방 등에서 자유롭게 자신의 의견을 표현하고 있다. 이러한 채팅 중에 오가는 상스러운 욕설이나 비방, 명예훼손 등의 사이버 언어폭력이 이제는 사회문제가 되고 있으며 가장 심각한 폐해 중의 하나로 지적되고 있다.

사이버 공간에서는 관중 속에 묻힌 자신의 존재가 알려지지 않는다는 익명성과 신체적인 접촉이 없는 비대면성이 보장되는 관계로 욕설과 비방의 무질서가 난무하고, 자신의 인격이 드러나지 않기 때문에 상황과 목적에 따라 바뀌는 다중적인 인격이 되기도 한다. 그래서 현실에서는 적절히 조절되던 자아가 가상공간에서는 자기과시, 일상에서 억제되었던 감정의 표출, 자기 통제력의 느슨함으로 이어지기 때문에 현실세계보다 더 언어폭력을 통한 사이버 범죄에 빠지기 쉽다는 것이다.[5]

이러한 사이버 언어폭력의 유해성은 현실폭력에서 발생하는 해악보다 더 해로운 결과를 초래할 수 있다. 지난 2014년 2월 한국축구대표팀은 미국에서 치른 두 번의 평가전에서 완패한 뒤 악성 댓글로 큰 곤욕을 겪었다. 온라인에는 도를 넘는 수많은 악플들이 축구팬들의 공분을 샀다.[6] 감독부터 선수 개개인에게까지 '무차별 융단폭격'이라고 표현한 신문기사에서도 알 수 있듯이, 익명성을 이용한 악의적인 인신공격성 댓글은 피해자에게 치명적인 고통이 될 수 있다는 것을 명심해야 한다.

따라서 사이버 언어폭력의 문제를 해결하기 위해서는 실명제 도입, 중간관리자의 책임 법제화, 정보통신망법을 강화하여 법적 규제를 통한 엄격한 단속도 중요하지만, 무엇보다 사회문화적 차원의 노력과 자기 통제력을 증진시키고자 하는 윤리교육의 필요성이 절실히 요구된다.[7] 스포츠계의 사이버 폭력성을 심각하게 인식하고 건전한 스포츠문화를 만들어가야 한다.

이제 스포츠경기는 관중과 선수가 함께 지켜야 할 품격과 기본적인 도덕적 질서를 요구하는 즐겁고 편안한 여가를 위한 문화공동체의 장이 되어야 할 것이다.

2. 경기 후 관중의 폭력행동

우리는 경기 후 뒤풀이에서 발생하는 관중의 폭력행동이 우발적이라기보다 습관적으로 전개되고 있음을 목격한다. 관중폭력의 대표적인 예는 영국 축구팬의 훌리거니즘(hooliganism)을 들 수 있는데, 이것은 공격적인 폭도로 변할 수 있는 경계의 대상이 되는 군중을 주목한다.

가. 훌리거니즘(hooliganism)

관중폭력의 대명사로 불리는 훌리거니즘은 '군중'과 '팬의 무질서'를 합친 뜻이다. '경기장의 불량아'라고 불리는 훌리건들은 그들이 응원하는 팀을 빌미로 광적인 행동으로 폭력을 조장한다. 훌리건의 행동들은 경기 전후, 직후, 경기 도중, 장소를 불문하고 어디서든지 간에 우연히 상대방 팀을 응원하는 사람을 만나면 싸움이 벌어진다. 심지어 경기일이 아닌 날에도 폭동이 발생하고 있는 것이 현실이다. 훌리건들에게 축구라는 응원문화가 자리 잡으면서 그들은 최고 관중으로 군림하였고, 무리 지어 다니면서 폭동을 일으켰으며, 이러한 행동은 사회문제로 확대되기에 이르렀다.

훌리건은 자기 팀에 대한 몰입수준이 충성심으로 연결되어 경기내용과 관계없이 오로지 자기 팀의 승리를 최고선으로 생각한다. 훌리건들의 난동으로 인한 대표적인 피해 사례는 1964년 페루·아르헨티나의 리마 경기 때 300여 명 사망, 1969년 온두라스와 엘살바도르의 축구전쟁, 1985년 벨기에 브뤼셀 헤이젤경기장에서 열린 영국의 리버풀과 이탈리아 유벤투스의 경기에서 양측 응원단이 충돌하여 39명이 사망한 사건을 들 수 있다.[8] 훌리건들에게 싸움의 의미는 즐거운 감정의 자극이며, 아드레날린의 분출로 인한 긴장감과 흥분상태를 의미한다. 훌리건들의 과격하고 투쟁적인 행동들은 폭행치사 및 사망에 이르는 등 사건이 끊이지 않는다는 것이다.

훌리건은 누구이며 왜 그렇게 행동하는가에 대한 질문에 더닝(E. Dunning)[※]은 다음과 같이 언급하고 있다.[9] 훌리건들이 강조하는 폭력은 국가가 개입하지 않는 사회적으로 구성된 폭력이다. 그들의 공격적 행동은 완성이 아니라 매우 상징적이고 환유적이라는 것이다. 즉, 물리적 폭력을 취하면서도 언어폭력이나 상징적 폭력 등으로 범위가 다양하다. 이 행위에는 경멸적이거나 적대적인 노래와 구호들이 연계되었으며, 육체적인 폭력은 없지만 과격한 행동을 취하고 있다. 훌리건들은 남자다움, 경계, 영역, 흥미 등 폭넓은 의미의 싸움으로 축구를 선택하는 경향이 있다. 훌리건의 대상은 대다수의 노동자계급이지만, 소수의 훌리건들은 자신들의 남성성을 확장시키고 자유방임과 피상적으로 그럴듯하게 보이려는 일시적인 부유함을 즐긴다. 훌리건들이 폭동을 일으키는 원인으로는

> [※] 현재 레스터대학 사회학과 명예교수이자 체스터센터(Chester Center Research into Sport and Society, CCRSS) 객원교수로 엘리아스가 레스터대학에 재직할 당시 석사과정에 있으면서 그와 공동연구를 진행하였다. 폭력의 문명화, 축구 훌리거니즘을 비롯하여 스포츠를 연계한 이론분야에서 많은 연구 결과가 있다.

외형적으로 경기장에서 축구선수의 폭력적 사고들과 편파적이거나 무능력한 판정이 빌미가 된다. 하지만 과도한 음주가 폭동의 발생빈도를 높이고, 실업으로 인한 상대적 박탈감이 남성성에서 뿜어내는 공격성을 자극시킨다는 것이다. 그러나 이러한 원인들이 사회적 합의를 제시하지는 못했으며, 훌리건을 이해한다는 의미를 부여하는 데 그쳤다.[10]

이와 같이 인간이 지닌 폭력적 성향을 스포츠 관람을 통해 해소한다는 관점에서 보면, 인간의 본능에서 나타나는 잠재된 폭력성은 더 자극적이고 강한 것을 추구하려는 성향이 강하다.

아리스토텔레스는 "무릇 인간 행위의 궁극적 목적은 '좋음'이라고 생각되는 바를 실현하는 데 있기 때문에 모든 공동체는 어떤 좋음을 실현하기 위해 구성된다."(1259b: 18)[11]고 하였듯이 인간은 절제, 용기, 정의 같은 미덕을 갖출 수 있는가에 대한 문제를 오랜 시간 동안 지속적으로 다루어왔다. 인간의 미덕에는 이성적인 부분과 비이성적인 부분이 있지만, 도덕적 미덕의 경우 각자 제 기능을 수행하는 데 필요한 만큼 지닌다는 것이다. 그러므로 모든 인간은 자신의 임무에 필요한 만큼 도덕적 미덕을 지닌다. 공동체의 모든 자연적 구성원에게는 고유한 미덕이 부여된다는 것이다.

그러므로 선수는 선수의 미덕이 있어야 하고, 관객은 관객으로서의 미덕을 갖추어야 한다. 기술적으로 훌륭한 선수의 미덕과 도덕적으로 훌륭한 선수의 미덕이 같지 않고, 승부에 몰입되어 적극적으로 한 선수 혹은 한 팀을 응원하는 것과 경기현장의 분위기를 즐기고 경기 자체에 매료되는 것은 같지 않지만, 선수와 관객은 이 두 가지 덕을 갖추어야 할 필요가 있다. 그래서 스포츠에서 기술적으로만 훌륭한 선수가 되어서도 안 되고, 승부에 집착하는 관객이 전부가 되어서도 안 된다. 그러므로 모든 선수와 관객은 도덕적으로 훌륭한 미덕을 지닌 선수 또는 관객이 될 수 있다. 미덕은 '영혼의 좋은 상태'를 말하는 것이기에 가능한 것이다.

나. 관중문화의식

지난 2002년 서울의 시청광장에서 행해졌던 월드컵 응원문화는 지금까지도 우리의 마음에 기억되는 자랑스러운 응원문화의 상징이었다.

그러나 최근 프로스포츠 관중의 응원문화를 살펴보면 비상식적이며 비도덕적인 행태들이 돌출적으로 나타나고 있다. 지난 2012년 6월 프로경기에서 시즌경기로서는 사상 최초로 관중이 없는 경기를 치러야 했다. 이유는 양 팀이 전(前) 경기에서 서포터즈 간의 패싸움, 즉 관중난동이 원인이었다. 또한 2011년 프로야구시즌 중에는 성난 관중이 그라운드로 내려와 마운드에서 유니폼을 불태우는가 하면 관중이 감독의 경질에 항의하여 집단시위를 서슴지 않았으며, 오물이 날아들고 욕설이 난무하는 등 경기장이 아수라장이 된 사건도 있었다.[12] 이처럼 자신의 흥분을 절제하지 못하고 시합 중에 혹은 시합결과에 집단적으로 돌출 반응하는 관중의 모습에서 스포츠맨십의 부재에 대해 다시 한 번 생각하게 된다.

본문에서도 논의했듯이 아렌트는 사유를 "모든 사람의 기본적인 능력"이라고 했는데, 사유하지 않는 삶은 특정한 상황에서 악행을 범할 수 있는 위험에 노출된다는 것이다.[13] 오늘날 군중에 휩쓸려 집단시위의 행태로 질서를 파괴하는 무리에서 사유의 부재가 만연하고 있다. 일상적일 때는 너무 평범하고 적극적이고 모범적인 스포츠팬들이었지만, 본인이 의도하지 않은 결과와 마주할 때 극단적으로 돌변해버리는 집단시위는 사유하지 않는 삶의 전형이며, 특별할 정도의 천박성을 드러내는 행위라고 할 수 있을 것이다. 아렌트가 타인 또는 타자의 관점에서 사유할 능력이 없기 때문에 행위 할 능력도, 도덕행위를 수행할 능력마저 없다고 지적한 것처럼 응원문화의 기본적 질서마저 생각할 수 없는 광적인 팬들에게서 스포츠맨십은 어디에서도 찾아볼 수 없다는 것이다.

아렌트는 사람들이 많이 모이면 모일수록 더욱 비슷해지게 되고, 더욱더 다른 사람들의 다른 행동과 생각을 관용하지 못한다고 하였다. 따라서 다른 사람들의 행동과 생각을 이해와 소통으로 극복할 수 있는 능력을 갖추는 노력이 필요하다.

이제 스포츠는 문화의 일부가 되었고, 인류 공통의 관심사로 발전하였으며, 관중은 스포츠인이라는 이름으로 하나의 공동체를 이루는 조직으로 발전했다. 오늘날 건전한 스포츠문화를 만드는 데 필요한 것은 국민 각자의 시민의식이다. 시민은 의결권과 재판권에 참여할 권리가 있고 이러한 사람에게 시민의식이 요구되듯이, 스포츠에 열광하는 집단으로 구성된 관중의 공동체의식을 난동이나 폭력 없는 스포츠문화로 발전시켜나가기 위해서는 공동체를 지향하는 시민의식이 자리 잡아야 할 것이다.

아리스토텔레스는 『니코마코스윤리학』에서 "법을 어기는 사람은 부정의한 사람이고 법을 지키는 사람은 정의로운 사람이므로 법을 따르는 것은 분명히 어떤 의미에서 정의로운 것"이라고 했다. 그러므로 우리는 화합을 위한 방식으로 우리의 스포츠 공동체를 위해 행복과 행복의 부분을 만들어내고 그것들을 보존하는 것이 정의로운 것이라는 사실을 잊지 말아야 할 것이다.

VI부
경기력 향상과 공정성

도핑은 경기력 향상에 결정적인 역할을 하는 보조 수단이지만, 스포츠의 본질이라 할 수 있는 공정성에 위배되기에 사용을 금지하고 있다. 이러한 도핑은 공정성 이외에도 역할모형, 강요, 부작용 등의 요인에 의해 금지되고 있다. 하지만 승리지상주의의 만연으로 인해 도핑이 더욱 확산되고 있기에 도핑을 근절하기 위한 다양한 방안들을 모색해볼 필요가 있다.

유전학과 유전공학 발전의 결과물인 유전자 치료는 인류의 생명연장 선상에서 희귀병을 치료하고 예방하려는 목적으로 고안되었다. 그러나 이러한 기술은 유전자 도핑이라는 새로운 영역의 도핑을 가능하게 만들었고, 스포츠계에서는 유전자 도핑의 사용 여부에 주목하고 있다. 2장에서는 스포츠 현장에서 일어날 수 있는 유전자 도핑의 현황을 살펴보고, 이를 방지하기 위한 대책을 모색하고자 한다.

오늘날 스포츠는 최첨단 과학기술 경쟁의 장이라고 해도 과언이 아닐 만큼 스포츠에서 과학기술의 원조는 스포츠가 지닌 긍정적 측면을 부각시키는 데 적극적인 기여를 해왔다. 그러나 경기력 향상이라는 맹목적인 목적으로 인한 무분별한 과학기술 수용은 스포츠의 본질을 위협하는 문제점들을 대두시키고 있으며, 이는 공정성의 관점에서 접근이 필요하다. 3장에서는 스포츠 현장에서 일어나는 사례들을 중심으로 스포츠와 공학기술의 결합으로 파생되는 윤리적 문제에 관해 분석하고자 한다.

1장 도핑

 학습목표

- 도핑의 의미에 대해 알아본다.
- 도핑이 금지되어야 하는 이유에 대해 이해한다.
- 효과적인 도핑 금지 방안에 대해 알아본다.

1. 도핑의 의미

도핑(doping)이란 선수 또는 동물에게 수행능력의 향상을 목적으로 약물을 사용하거나 특수한 이학적 처치를 하는 것, 그리고 사용행위를 은폐하는 것까지 포함한 총체적인 행위를 의미한다.[1] 도핑의 원어라 할 수 있는 도프(dope)는 남아프리카공화국에 거주하는 카피르(Kaffir) 부족이 전투나 수렵 등과 같은 전통의식을 행할 경우 사기를 고양시키기 위한 목적으로 마시는 술이나 음료를 의미하는 데서 유래하였다. 이후 보어(Boer)족을 통해 유럽으로 전파되었으며, 1889년 영어사전에 등재되었다.[2] 이처럼 경기력을 향상시킬 목적으로 활용되는 도핑은 승리지상주의로 인한 각종 일탈행위들이 만연하고 있는 현대에 이르러 나타났다고 생각할 수 있지만, 기실 그 역사는 스포츠의 역사만큼이나 오래되었다고 할 수 있다. 이러한 주장을 뒷받침하는 근거는 고대 그리스나 로마의 경기에서도 상대와의 경쟁에서 승리하기 위해 여러 약물을 복용하였다는 기록을 찾아볼 수 있기 때문이다.[3]

본격적으로 스포츠에서 도핑 문제가 부각되기 시작한 것은 1·2차 세계대전 이후라 할 수 있다. 세계대전을 거치면서 의료학자들에 의해 새롭고 간편한 약물연구가 활발히 이루어졌는데, 영양실조에 걸린 사람들에게 남성호르몬의 일종인 테스토스테론(testosterone)을 투여하게 되면 체중의 증가와 체력의 향상에 도움이 된다는 사실 등이 이 시기에 증명되었다.[4] 의료계에서 일어난 약물연구는 스포츠선수들에게 영향을 미치게 되는데, 그로 인해 도핑문제가 부각되기 시작하였다. 이러한 도핑문제를 해결하기 위해 최초로 국제올림픽위원회(International Olympic Committee: IOC)에서 반도핑(anti-doping) 활동을 전개하게 된다. 1968년부터 시작된 IOC의 반도핑 활동은 갈수록 강화되었으며, 이를 보다 체계화하고 효과적으로 관리하기 위해 1999년에 이르러 도핑 전담기구라 할 수 있는 세계반도핑기구(World Anti-Doping Agency: WADA)를 창설하기에 이른다.

한국에서도 2006년에 한국도핑방지위원회(Korea Anti-Doping Agency: KADA)를 설립하여 반도핑 활동에 적극적으로 동참하고 있다.

WADA에서는 선수의 건강에 위협이 될 수 있는 약물 중 경기력 향상에 도움을 줄 수 있는 약물이나 방법 등을 선정하여 매년 9월에 발표하고 있다. 이렇게 발표된 것을 '금지목록 국제표준'이라 하며, 이듬해 1월 1일부터 적용되어 효력이 발생하게 된다. 금지목록 국제표준에 금지한 약물의 복용이나 흡입, 주사, 피부 접착, 혈액제제, 수혈, 인위적 산소섭취 등의 방법을 사용하거나 그것의 사용을 은폐하려는 행위 또는 부정거래를 하는 모든 행위를 비롯하여 그러한 행위를 시도하는 것까지 포함하여 도핑방지규정 위반으로 정의하고 있다.[5] 현재는 그러한 금지약물 및 금지방법 등이 250여 종에 이르고 있다(표 6-1, 6-2 참조).

표 6-1. 금지약물(한국도핑방지위원회, 2013)

구분	금지약물
상시 금지약물	S0. 비승인약물
	S1. 동화작용제
	S2. 펩티드호르몬, 성장인자 및 관련약물
	S3. 베타-2작용제
	S4. 호르몬 및 대사 변조제
	S5. 이뇨제 및 기타 은폐제
경기기간 중 금지약물	S0. 비승인약물
	S1. 동화작용제
	S2. 펩티드호르몬, 성장인자 및 관련약물
	S3. 베타-2작용제
	S4. 호르몬 및 대사 변조제
	S5. 이뇨제 및 기타 은폐제
	S6. 흥분제
	S7. 마약류
	S8. 카나비노이드
	S9. 부신피질호르몬
특정스포츠 금지약물	P1. 알코올 (항공스포츠, 공수도, 양궁, 모터사이클, 자동차경주, 모터보트)
	P2. 베타차단제 (골프, 자동차경주, 당구, 스키/스노보드, 다트, 양궁, 사격)

약의 원래 목적은 치료에 있다고 할 수 있다. 따라서 금지약물로 지정되어 있는 약물들 또한 원래의 존재목적 자체가 치료에 있다는 것을 알 수 있다. 선수들이 부상이나 질병에 걸렸을 때 치료를 목적으로 금지약물을 복용하여 도핑으로 적발될 수도 있는데, 이러한 문제를 해결하기 위해 '치료목적 사용면책'이라는 제도를 도입하고 있다. 이는 선수들이 부득이하게 치료를 목적으로 금지약물로 지정된 약물을 복용할 수밖에 없는 상황에서 복용 전에 미리 신고를 하여 불이익이 발생하지 않도록 만들어진 제도이다. 하지만 아무리 치료를 목적으로 사용하였더라도 사전에 신고하지 않고 적발되었을 경우에는 처벌을 피할 수 없도록 규정되어 있다. 금지약물의 종류는 WADA 또는 KADA 홈페이지를 통해 검색할 수 있기에 실수를 최소화할 수 있다.

표 6-2. 금지방법(한국도핑방지위원회, 2013)

구분	금지방법
산소운반능력 향상	자가혈액, 동종 또는 이종혈액 및 적혈구 제제를 사용하는 경우를 포함한 혈액도핑
	불소치환화합물 및 변형 헤모글로빈 제품류를 포함한 인위적인 산소 섭취 및 운반능력 향상 제품의 사용(산소보충은 제외)
화학적·물리적 조작	도핑검사 과정에서 채취한 시료의 성분과 유효성을 변조하거나 변조를 시도하는 행위
	의료기관의 허가에 따른 합법적인 정맥투여 혹은 투여된 양이 50㎖ 이상이며, 간격이 6시간 이내인 정맥주사(임상주사를 제외한 정맥주사)
	소량이더라도 전혈을 순차적으로 채취, 조작 후 순환계로 재주입하는 행위
유전자 도핑	핵산 또는 핵산 순서의 이동
	정상적인 세포 또는 유전적 변형이 있는 세포 사용

2. 도핑을 금지해야 하는 이유

도핑은 여러 가지 요인에 의해 일탈행위로 간주되며 금지되고 있는데, 그러한 기준은 조금씩 차이를 보이고 있다. 박성주[6]는 공정성이라는 스포츠의 가장 본질적인 문제로 인해 도핑이 금지되어야 한다고 주장하였으며, 송형석[7]은 기회균등, 공정성, 건강상의 문제, 강요, 타자 피해, 역할모형, 자연성이라는 6가지 문제를 기준으로 도핑을 반대하고 있다. 또한 임석원과 손환[8]은 공정성, 건강상의 문제, 강요라는 3가지 핵심적인 요인을 제기하면서 도핑이 금지되어야 한다고 주장하였다. 이외에도 여러 학자들은 다양한 요인들을 근거로 도핑이 금지되어야 한다고 주장하고 있는데, 그것을 종합해보면 크게 4가지로 구분하여 설명할 수 있다.

가. 공정성

공정성이라는 요인은 반도핑의 근거로 가장 많이 제기되는 문제이며, 스포츠의 본질과도 연관된 핵심적인 요인이라 할 수 있다. 모든 스포츠는 공정성을 기반으로 구성되어 있으며, 공정성을 추구하면서 진행되어야 마땅하다.

공정성 요인의 핵심은 경기에서의 이점 문제라 할 수 있다. 경기에서의 이점 문제는 도핑을 했을 경우 경쟁의 본질을 직접적으로 훼손할 수 있기에 공정한 경기를 위해서라면 반드시 금지되어야 한다는 입장이다. 도핑을 하지 않은 선수가 일정 이상의 경기력에 도달하기 위하여 쏟은 노력과 도핑을 한 선수의 태도와는 공정성에 문제가 있다. 이는 도핑선수는 그렇지 않은 선수에 비해 이점을 가지고 시작하는 행위로서, 동일한 출발선 상에서 출발하지 않는 것과 마찬가지로 공정성의 문제에 저촉되는 것이라 할 수 있다.

나. 역할모형

사회학습이론에 의하면 청소년의 일탈행위는 주로 관찰이나 모방을 통해 이루어지는 것이며, 관찰과 모방은 타인에 대한 학습에서 나타나는 결과라고 할 수 있다. 청소년들이 타인의 일탈을 접했을 경우, 그것을 관찰하고 모방하기에 이를 수 있다는 것이다.

일반적으로 어린 선수들은 우수 선수들을 우상시하면서 목표와 희망을 가지는 경우가 많다.[9] 그들에게 우수 선수들은 영웅이라 할 수 있으며, 자신의 역할모형으로 삼는 경우가 허다하다. 따라서 이 시기의 선수들은 우수 선수를 통해 동기의식을 가지며, 그들에게 집착하기까지 한다. 그리하여 만약 자신의 역할모형인 선수가 약물을 복용하였다는 사실을 알게 되면, 이를 그대로 모방하게 될 가능성이 있다. 그리고 역할모형에 대한 실망감이나 회의감 등의 상대적 박탈감이 동반될 수 있으며, 이는 목표상실로 이어지는 추가적인 부작용으로 나타날 수 있다.

다. 강요

도핑은 주로 개인의 합리적인 선택에 의해 이루어지는 것인데, 강요라는 요인도 어떤 의미에서는 합리적인 선택에 포함될 수 있다. 만약 A라는 선수가 도핑을 해서 경기력이 향상되었다면, B라는 선수 또한 간접적으로 도핑을 강요받는 입장에 놓일 수 있다. A선수와 같은 경기력을 위해 도핑에 손을 댈 수 있다.

또한 감독이나 코치 등의 지도자에 의해 강제로 도핑을 하게 되거나 선수 자신도 모르게 도핑을 하게 될 수도 있다. 이는 상급자에 의한 강제적 요인이다. 강요에 의한 대표적인 사례는 과거 동독 선수들[10]이 선수 본인도 모르게 지속적으로 약물을 복용하여 우수한 경기력을 발휘하였으나 이후 심각한 부작용의 피해를 입은 경우를 들 수 있다.

라. 건강상의 부작용

250여 종의 금지약물 및 금지방법으로 지정된 것들은 모두 건강상의 부작용을 초래할 수 있다. 만약 부작용이 없다면 도핑을 전면 허용해도 문제될 것이 없을 것이다. 도핑을 전면 허용하게 되면, 공정성이나 역할모형 등 다른 요소들 또한 문제가 없게 된다. 여하튼 도핑이 금지되어야 하는 가장 핵심적인 요인은 결국 건강상의 부작용을 초래할 수 있기 때문이다.

도핑으로 규정된 것들은 과다복용 시 인체에 유해한 요인들로서 가벼운 두통에서부터 남성의 여성화, 여성의 남성화, 심근경색, 협심증, 환각 등의 증상이 있으며 심하게는 사망에 이르기도 한다. 선수들은 갈수록 도핑에 의존하게 되는 경향이 커지고 있는데, 이는 정신건강에도 심각한 부작용이 초래될 수 있음을 의미하는 것이다.

3. 효과적인 도핑 금지 방안

스포츠에서 도핑은 공정성, 역할모형, 강요, 건강 등의 다양한 요인으로 인해 금지되고 있다. 그러나 많은 선수들이 지속적으로 적발되고 있음에도 불구하고 적발을 피하기 위해 다양한 방안들을 강구하고 있다. 현재의 도핑 검사기술은 도핑기술을 따라가지 못하는 부분이 있다. 도핑을 근절하기 위해서는 다양한 방법들이 요구되지만, 크게 3가지로 구분하여 설명할 수 있다.

가. 윤리교육

도핑문제뿐만 아니라 스포츠에서 발생하는 모든 일탈행위의 근본적인 해결책은 선수의 윤리성 함양을 바탕으로 한 근절이다.[11] 선수생활을 시작하는 어린 시절부터 체계적이고 지속적인 교육이 이루어진다면, 선수의 윤리성 함양에 큰 효과가 있을 것이다. 윤리적 태도와 가치관 등의 기준이 되는 것은 개인의 의지와 노력이므로 스스로 반성하고 고쳐나가는 것이 중요하다.[12]

윤리교육과 병행하여 이루어져야 하는 것이 도핑 관련 교육 및 홍보이다. 선수들은 무지하거나 정보의 부족으로 도핑에 손을 대는 경우가 있을 수 있기에 이러한 문제를 예방하기 위한 교육과 홍보가 지속적으로 이루어져야 할 것이다. 교육과 홍보를 통해 도핑을 하지 않는 문화를 조성하는 것이 바람직한 것이다.

나. 도핑검사의 강화

선수들은 윤리의식을 바탕으로 도핑을 하지 않는 경우도 있지만, 도핑검사에 적발되는 것을 우려하여 도핑을 하지 않는 경우도 있다. 이는 CCTV와 비슷한 효과라고 할 수 있는데, 일반적으로 사람들은 CCTV 앞에서는 일탈행위를 자제하는 경향이 있으며, 운전 중 과속카메라 앞에서 속도를 줄이는 경우도 마찬가지라고 할 수 있다. 이처럼 윤리적이지 않은 사람이더라도 도핑검사라는 제도로 인해 도핑을 하지 않을 수 있는 것이다.

　이러한 과제를 해결하기 위해서는 현행의 도핑검사를 더욱 강화시킬 필요가 있다. 도핑검사는 주로 성적이 좋은 일부 선수들을 대상으로 이루어지는 경우가 많기 때문에 성적이 떨어지는 선수들은 도핑검사를 받는 기회가 상대적으로 적을 수밖에 없다. 원칙적으로는 순위지정, 무작위검사, 표적검사라는 3가지 방법 중 한 가지 이상의 방법으로 대상자를 선정하도록 되어 있지만, 도핑검사라는 것이 인력이나 예산, 시간 등의 문제로 인해 활발히 이루어지기 힘들기 때문에 대상 선정에 제한이 있다. 따라서 보다 구체적인 기준을 선정하여 도핑검사를 확대한다면 선수들의 도핑 의지는 감소할 것이다.

다. 적발 시 강경한 처벌

　윤리교육, 도핑검사의 강화와 더불어 이루어져야 할 요소는 바로 도핑 적발에 대한 강경한 처벌과 그 처벌을 보다 명시화하는 것이다. 앞서 제시한 도핑검사의 강화라는 수단을 더욱 공고히 할 수 있는 방안이 바로 강경한 처벌이다. 만약 적발 시 처벌이 없거나 미미하다면, 도핑검사를 강화하더라도 큰 효과를 기대하기 힘들 것이다.

　하지만 적발 후의 처벌이 강력하거나 처벌에 대한 내용이 구체적인 조항을 인지하고 있다면, 도핑검사에 적발되지 않기 위해 도핑 의지를 감소시키는 요인이 될 수 있다. 이는 도핑문제뿐 아니라 일반적인 일탈행위를 방지하거나 감소시키는 데도 효과적인 방안이다.[13] 도핑 적발에 대한 처벌은 다른 일탈행위들보다 강경하며 비교적 구체적으로 명시되어 있기는 하지만 더욱 확대할 필요가 있다.

　이처럼 스포츠에서 효과적으로 도핑을 금지하기 위한 방안은 3가지로 정리할 수 있다. 먼저 강경한 처벌에 대한 제정 및 시행이다. 이후 그러한 처벌을 바탕으로 더욱 확대된 도핑검사가 이루어져야 할 것이다. 마지막으로 이러한 도핑에 대한 교육 및 홍보가 이루어져야 되며, 가장 중요한 것은 선수들의 윤리의식 강화를 통한 도핑의 근절이 필요하다. 3가지 방안이 상호보완하면서 작용된다면, 스포츠에서 도핑의 근절 또한 불가능한 일은 아닐 것이다.

2장 유전자 조작

 학습목표

- 스포츠에서 유전자 도핑의 실제를 파악한다.
- 유전자 도핑을 반대해야 하는 이유에 관해 알아본다.
- 스포츠에서 유전자 조작 방지대책을 논의해본다.

1. 스포츠에서 유전자 조작의 현황

출발을 알리는 총소리와 더불어 폭발적인 탄성으로 스타팅 블록을 무섭게 박차고 나가는 스프린터들 속에는 1984년 LA올림픽 우승자이자 1988년 서울올림픽 남자 100M 육상경기의 유력한 우승후보자로 거명되었던 미국의 칼 루이스(Carl Lewis) 선수와 또 다른 한 선수, 9초 83의 세계기록을 보유한 캐나다의 벤 존슨(Ben Johnson) 선수가 있었다. 우열을 가리기 힘든 박빙의 경쟁에서 벤 존슨 선수가 9초 79라는 세계신기록을 세우면서 우승을 차지하였다. 그러나 그 영광은 오래 지속되지 못했다. 소변검사 결과를 통해 그가 기록단축을 위해 아나볼릭 스테로이드(anabolic steroids)의 일종인 스태노조롤(stanozolol)을 복용한 것이 밝혀지면서 순식간에 모든 것이 사라져버렸다.[1]

선수들은 경기력을 향상시키기 위해 운동장비, 식이요법, 훈련방법에 이르기까지 자신이 지닌 능력을 최대한 발현하고자 노력하는 것은 장려되어야 함에 틀림없다. 그럼에도 불구하고 문제가 되는 것은 이 같은 과정 중에 발생되는 비윤리적 행위에 있다. 스포츠 수행증가물(Sport Performance Enhancing Substance)과 관련하여 금지된 약물의 복용 같은 도핑행위는 오늘날 스포츠 현장에서 발생하고 있는 심각한 문제이다.

역사적으로 볼 때, 경기력 향상을 위한 선수들의 노력은 비단 오늘날만의 관심은 아니었다. 고대 그리스시대에는 경기력 향상을 위해 빵을 아편에 찍어 먹거나(Catlin, Green & Hatton, 2008), 황소의 뿔이나 분비물 같은 동물 신체부위의 섭취가 황소처럼 강한 체력을 지니는 데 도움이 된다고 믿었으며(Cashmore, 2005), 로마시대 검투사들은 누적된 피로를 회복시키기 위해 코코아를 섭취(McCloskey & Bailes, 2005)[2]하는 등 영양보조물(nutritional supplements)의 섭취를 통해 자신의 기량을 향상시키고자 노력했다.

19세기에 들어와서는 본격적으로 스포츠 수행을 증가시키기 위한 약물섭취가 나타나게 되는데,

1860~70년대에 수영, 사이클, 복싱, 육상 및 여타 종목 선수들은 일종의 신경흥분제인 스트리크닌(strychnine), 니트로글리세린(nitroglycerine), 헤로인(heroin)이나 코카인(cocaine) 같은 자극제들(stimulants)을 섭취하여 자신의 기량을 향상시키고자 하였다. 한편, 1880년대에 들어와서는 암페타민(amphetamine)이 개발되면서 마라톤이나 사이클 선수들이 집중력 증가와 근피로 감소의 목적으로 사용하기도 하였으며, 1930~40년대에 이르러서는 남성의 성호르몬인 테스토스테론(testosterone) 발견을 통해 새로운 도핑기술과 수행증가 약물이 개발되었고, 그중 1950년대 강대국들을 중심으로 사용이 확산되었던 아나볼릭 스테로이드나 안드로제닉 스테로이드제가 대표적 약물이다.[3]

그러나 문제는 여기서 끝나지 않는다. 21세기에 접어들면서 소위 뉴테크놀로지(new technology)로 구분되는 유전자 기술, 나노 기술, 로봇 기술 같은 과학기술들이 등장하게 되는데, 특히 유전자 기술은 '유전자 도핑(Gene Doping)'이라는 새로운 영역의 도핑을 가능하게 만들었다. Rosen(2008)[4]에 따르면, 유전자 치료는 유전자 결함이 있는 DNA 세포에 정상적인 DNA를 주입하는 것으로 병의 원인이 되는 비정상 세포 유전자의 DNA를 수정하거나 새로운 유전자를 추가하는 방법이다. 인간에게 실시된 최초의 유전자 치료는 1990년에 아데노신 데아미나아제 결손증(adenosine deaminase deficiency) 환자의 면역 결핍 치료를 위하여 실시되었고, 이는 성공을 거두었다. 이처럼 유전자 치료는 인간의 질병을 치료할 목적으로 고안되었다.

가. 유전자 도핑의 정의

유전자 치료는 유전학과 유전공학 발전의 결과물이다. 대부분의 유전적 치료는 세포 내에 DNA를 주입하기 위해 바이러스를 변형시키는데, 이러한 과정에서 위험한 DNA는 제거하고 유전적 결함을 바로잡을 수 있도록 고안된 DNA로 변형시킨다. 바이러스가 DNA를 운반하는 역할을 하기 때문에 새로운 DNA는 새로운 세포를 생성한다.

1990년대에 근육강화를 위한 새로운 연구가 관심을 끌기 시작하였다. 만약 유전인자가 근육 성장을 촉진할 수 있게 변형될 수 있다면, 근 소모성 질환(muscle-wasting diseases) 치료가 가능해지게 된다. 펜실베이니아 의과대학 생리학 교수인 리 스위니(H. Lee Sweeney) 박사는 쥐를 대상으로 실험을 하였는데, 변형된 유전자를 쥐의 근육조직에 삽입하여 소위 '슈워제네거 쥐(Schwarzenegger mice)'를 탄생시켰다. 이처럼 유전자 치료는 우리 몸 안에 있는 세포를 대상

> Azzazy 외 2인의 연구(2009)는 쥐를 대상으로 성장호르몬 같은 인슐린(IGF-1) 세포를 성장시키는 원인이 되는 물질로서 근육성장, 개선, 강화에 중요한 역할을 하는 PEPCK(phosphoenolphruvate carboxykinase)를 투여하고 운동을 시켰는데, 이를 사용한 쥐는 통제집단의 쥐의 운동수행력(0.2km)보다 25배에 가까운 거리를 운동하여(4.9km) '슈퍼쥐(super mouse)'를 탄생시켰다.

으로, 그리고 손상된 유전자를 회복 및 치료하는 데 있다.

그러나 유전자 치료가 본래의 순수한 목적에서 벗어나 운동선수들에게 자신의 능력을 증가시키기 위한 방법으로 사용되고 있는데, 이를 '유전자 도핑'이라고 한다. 유전자 도핑이란 약물섭취 및 투여 같은 기존의 도핑방법과는 달리 인간이 지닌 유전자 자체의 변형을 통해 스포츠 수행향상을 기대하는 방법으로, 세계반도핑기구(the World Anti-Doping Agency: WADA)는 치료 목적이 아닌 세포나 유전인자의 사용 혹은 유전자 조작을 통해 운동수행능력을 향상시키려는 것을 유전자 도핑으로 정의했다.

스포츠에 있어서 유전자 도핑은 약물복용 혹은 다른 형태의 도핑방법과는 개념적으로 다르다. 비록 스포츠에서 유전자 조작의 사례가 아직 명확하게 드러나고 있지는 않지만, 이는 이미 하나의 도핑 형태로 간주되고 있다. 유전공학에 기초를 둔 유전자 도핑은 세계반도핑기구와 국제올림픽위원회(the International Olympic Committee: IOC) 같은 국제스포츠조직을 통해 엄격하게 금지되고 있다. 한 예로 IOC는 2001년 6월 유전자 도핑에 관해 다음과 같은 입장을 표명했다.

> "유전자 치료(gene therapy)는 올림픽경기에서 운동선수들의 경쟁을 포함해서 모든 사람들을 위해 중요한 일이다. 우리는 인간의 질병을 예방하고 치료하는 차원에서 유전자 치료의 발전과 지원을 승인한다. 그러나 스포츠에서 선수들의 유전자 치료의 남용 가능성을 자각하고 이러한 기술을 오용하는 선수들을 적발하기 위한 검사를 실시한다. (중략) 우리는 윤리적으로 수용 가능한 방법을 통해 유전자 치료의 남용을 적발할 것이다."

이처럼 스포츠에서 유전자 도핑은 이미 금지행위로 규정되고 있다. 스포츠에서 유전자 처치는 치료의 목적이 아니라 다소 특별한 목적이 된다. 즉, 운동선수들이 자신들이 지닌 능력보다 더 강한 체력, 더 빠른 스피드, 더 오랜 지구력을 위해 사용되고 있다. 앞서 언급한 슈워제네거 쥐를 만드는 데 성공한 스위니 박사는 연구의 본래 목적이 뒤센 근육 이형증(Duchenne muscular dystrophy)과 적은 근육으로 촉진된 노화 치료를 위해 실시되었으나 실험성공 사례가 대중매체를 통해 보도되면서 운동선수, 코치들이 다른 목적으로 접근해왔다고 밝혔다. 좀 더 구체적으로 말해, 스위니 박사가 만들어낸 유전자는 손상된 근육을 회복시키고, 건강한 근육은 더욱 강화시키는 데 활용될 수 있었다. 이러한 유전기술은 야구의 타자, 미식축구의 수비수, 단거리 육상선수들에게 적극 이용될 가능성이 있다. 그뿐만 아니라 도핑검사가 엄격하게 이루어지고 있는 제도 아래에서 이와 같은 유전학적 강화가 소변이나 혈액으로 검출이 불가능하다는 점은 선수들을 유혹하기에 충분한 매력이 있다.[5]

나. 유전자 도핑의 사용 가능성

유전자 도핑과 관련해서 아직까지 명확하게 밝혀지지 않는 의문점이 있다. 그 첫 번째는 "유전자 도핑을 적발해내기 위한 신뢰성 있는 테스트 도구가 개발되었는가?" 하는 것이고, 두 번째는 "스포츠경기에서 유전자 도핑을 성공적으로 사용한 선수가 있는가?" 하는 것이다. Munthe(2007)[6]는 스포츠에서 사용 가능한 유전기술 형태를 분석하였는데, 이는 다음과 같다.

1) 게놈(genomics)

효과적인 약물섭취와 트레이닝 기술의 개발을 통해 선수들의 수행력을 향상시키기 위해 스포츠에 사용되는 유전자 도핑의 우선적 조건으로, 선수 개개인이 지닌 유전자에 대한 정보가 필요하다. 유전자 지도 파악을 통해 유전자 제거, 변형, 조작이 가능해진다.

2) 체세포 변형(somatic cell modification)

특별한 근섬유 같은 신체의 비유전적 세포를 제거하는 것으로, 변형된 적혈구 세포를 통해 EPO(erythropoientin)와 다양한 호르몬의 체내 생산을 증가시킬 수 있을 뿐만 아니라 적혈구 세포의 유전적 변형을 통해 혈액도핑(blood doping) 효과를 기대할 수 있다. 이 같은 방법들은 마라톤 선수나 사이클 선수처럼 장거리 종목 선수들의 운동 수행능력 향상을 촉진시킬 수 있다.

3) 생식세포 계열 변형(germ-line modification)

신체능력의 한계를 결정짓는 인간 몸의 가장 기본적 구조는 생애 초기에 발견된다. 특히 이는 세포의 대사능력과 기본적 화학구조와 관련되는데, 이러한 이유 때문에 세포가 다양한 목적을 위해 분열되기 전에 세포 변형이 이루어져야 한다. 간단히 말해, 세포의 개입은 정자, 무수정란 또는 최근에는 수정란을 생산하는 데 관여한다. 세포 변형은 실제적으로 개개의 존재에 영향을 미치기 전에 작용하고, 다음 세대로 유전된다. 생식세포는 매우 빨리 변형되기 시작하는데, 성공적인 체세포 복제로 탄생한 복제양 돌리(Dolly)의 경우처럼 세포핵을 무수정란에 주입하여 생식세포 계열을 재구성할 수 있다.

전문가들은 이러한 방법이 인간에게도 적용될 가능성이 있음을 경고한다. 만약 이러한 세포 변형이 이루어진다면, 인간의 유전적 세포를 일찍 수정·보완하는 것이 가능해지며, 다음 세대에 영향을 주는 유전자 구성을 재설계할 수 있다는 것이다. 달리 말해, 운동선수에게 악영향을 미치는 유전자 세포를 제거하여 운동수행 향상을 촉진할 수 있음을 의미한다.

4) 유전 배아 선택(genetic pre-selection)

배아단계에서 스포츠에 알맞은 인간의 유전정보를 얻는 것으로, 장래가 촉망되는 운동선수들은 운동능력을 위해 그들의 유전자 정보를 바탕으로 선택될 가능성이 있다. 이를 통해 감독이나 코치들은 발전 가능성이 큰 젊은 선수들을 선택할 가능성이 높다.

사람의 근육은 지근섬유와 속근섬유로 구성되어 있고, 이들은 서로 상이한 역할을 한다. 역도선수나 육상경기의 단거리 선수들과 같이 폭발적인 힘을 필요로 하는 선수들에게는 속근섬유의 역할이 중요하고, 투르 드 프랑스(Tour de France) 사이클 경기나 마라톤과 같이 근지구력이 중요한 관건이 되는 종목의 선수들에게 지근섬유가 영향을 미친다. 이는 곧 유전자 수정·변형을 통해 지근섬유와 속근섬유가 자의적으로 선택될 수 있는 가능성을 시사한다.

실제로 지난 2004년 로널드 에반스(Ronald Evans)를 중심으로 한 연구진들에 의해 '마라톤 쥐(marathon mouse)'가 탄생하였다. 이 연구에서 쥐들에게 지근섬유에서 속근섬유의 생산을 감소시킬 수 있는 PPARdelta 유전자로 불리는 마스터조절장치(master regulator)의 활동을 증대시킨 결과 실험집단의 쥐들이 일반 쥐들보다 두 배나 더 오래 달릴 수 있다는 연구 결과를 도출했다.[7] 이러한 연구 결과는 장거리 달리기 선수나 수영 선수들의 수행능력을 향상시키는 데 직접적으로 사용될 수 있는 가능성을 제시한다.

한편, 유전자 치료는 선수들의 근육뿐만 아니라 신체 조직이나 심지어 골격까지 발달시킬 수 있으며, 체내 단백질 생산을 가능하게 한다. 근육의 힘과 사이즈, 파워 능력을 향상시키는 에르고제닉산(ergogenic aids)의 활동을 촉진시키는 호르몬과 대사조절 효소를 포함하여 운동선수 자신의 세포들은 재조합 단백질을 생성하는 데 사용될 수 있다. 이러한 단백질은 운동선수의 세포에 의해 정상적으로 생성된 내인성 단백질과 매우 유사하다.[8]

그렇다면 스포츠에서 유전자 도핑은 시작되었을까? 사실 유전자 도핑의 실시 여부에 관해서는 명확하게 알려진 바가 없다. 그럴 만도 할 것이 역사적으로 볼 때, 도핑물질이 개발되고 나서 한참 후에야 이를 적발할 수 있는 검사도구가 만들어졌으니 이러한 전례에 비추어본다면, 유전자 도핑이 시도되고 나서 이를 적발할 수 있는 제대로 된 검사도구가 만들어질 가능성이 크다. 그러나 다음의 사례는 스포츠에서 유전자 도핑의 사용이 이미 이루어지고 있다는 가능성을 짐작하게 한다.

지난 2006년 2월 독일의 한 법정에서는 스포츠에서 유전자 도핑의 시대가 도래했음을 예측하게 하는 일이 벌어졌다. 독일의 토마스 스프링슈타인(Thomas Springstein)이라는 육상코치는 전문적 지식도 없이 몇몇 선수들에게 스테로이드제를 투여하였는데, 그중에는 독일에서 가장 뛰어난 허들선수인 16세의 안네 카트린 엘베(Anne-Kathrin Elbe)도 포함되었다. 그는 선수들에게 스테로이드제라는 사실을 숨기고 대신 비타민이라고 속여 선수들에게 투여한 것이다. 이러한 행위로 경찰의 조사를 받던 와중에 경찰이 그의 집을 압수수색 하였는데, 그가 네덜란드 스피드 스케이팅 코치에게 보낸 "새로운 유전자 치료제인 레폭시젠®(Repoxygen)을 구하기 어

> 유전자 도핑의 초기 형태로서 영국의 Oxford BioMedica라는 제약회사에 의해 만들어진 유전자 치료 약물이다. 원래 빈혈치료와 암의 화학요법과 관련된 약물이다.

렵다."는 내용이 적힌 이메일을 증거로 확보하였다.[9]

적혈구를 증가시키는 호르몬인 EPO(erythropoietin)는 VEGF(vascular endothelial growth factor), 엔도르핀(endorphins)과 더불어 유전자 도핑에서 주목 받는 호르몬이다. 적혈구를 생산하는 세포분화를 촉진시켜 산소운반 능력을 증대시키는 데 필요한 글리코프로테인 호르몬 (glycoprotein hormons)으로서, 이러한 세포에 레폭시젠을 주입하여 빈혈을 치료하기 위한 목적으로 연구되어왔다.[10] 그런데 이러한 메커니즘에 관여하는 유전자는 근육세포에 존재하고, 그 세포는 EPO를 생산한다. 그래서 마라톤, 사이클, 크로스컨트리 등과 같이 지구력을 요하는 운동경기에서 적혈구가 많으면 근육에 전달하는 산소운반 능력의 향상을 가져다주고 이를 통해 경기력 향상을 기대할 수 있다.

그러나 문제는 레폭시젠이 쥐를 대상으로 한 실험을 통해 효과적인 결과를 도출했지만 인간을 대상으로 사용된 적은 없다는 것이다. 따라서 그것의 안전성이나 효율성에 관해 알려진 바가 없다. 특히 레폭시젠은 일반적인 빈혈치료 방법과는 다르게 혈관에서 저산소 상태일 때 부가적 EPO를 만들어내는 메커니즘을 지니고 있다가 산소 수준이 정상으로 돌아오면 그 유전자는 다시 필요할 때까지 휴면한다. 이는 곧 호르몬이 중지될 때 도핑 테스트를 피할 수 있으며, 이러한 이유 때문에 선수들 사이에서 인기 있는 도핑 방법으로 잘 알려져 있다.[11]

의사들이나 연구자들은 다가올 미래에는 유전자 도핑이 운동선수들의 기록향상에 부적절한 도움을 줄 것으로 본다. 여기서 말하는 '부적절한 도움'에 주목해본다면, 도움은 되지만 이것이 부적절하다는 것을 어떻게 받아들여야 할 것인가? 또한 만약 이런 일이 스포츠에서 발생한다면, 우리는 어떻게 유전자 조작을 한 선수와 그렇지 않은 선수를 구분할 수 있을까? 몇몇 연구에서는 유전자 도핑을 적발해내는 일이 실제적으로 가능하다고 본다. 2004년 프랑스의 한 연구소(France's Laboratoire National de Depistage du Dopage)에서는 EPO와 관련된 유전자를 원숭이 근육에 투여하였는데, 이렇게 만들어진 EPO는 원숭이의 일반적 EPO보다 구조적으로 차이가 있음을 발견했다. 이는 곧 유전자 도핑을 적발할 수 있는 테스트 개발의 가능성을 함축한다. 그러나 그 누구도 이러한 도핑검사방법을 확신하지 못한다는 데 그 심각성이 있다.

2. 유전자 조작을 반대해야 하는 이유

유전공학의 발달을 통해 유전자 치료는 인류의 생명연장 선상에서 희귀병을 치료하고 예방하는 데 사용되는 반면, 인간복제의 위험성도 지니고 있다. 이처럼 유전공학은 선악의 양면성을 지니고 있다. 지난 1997년 영국의 과학 잡지 「네이처(Nature)」에 복제양 돌리에 관한 연구가 보도되었는

데, 당시 미국의 클린턴 대통령은 대통령 직속기구인 생명윤리위원회를 조직하고, 인간복제에 관한 연구비 지원을 중단하였다. 전 세계적으로 인간복제가 미칠 부작용에 관해 우려의 목소리가 높아졌기 때문이다. 이는 스포츠에서도 마찬가지이다. 스포츠에서 유전자 도핑은 신중하게 접근해야 할 문제이다. 현재 스포츠사회에서는 유전자 조작을 엄격하게 금지하고 있다. 그 이유는 무엇인가? 이는 다음과 같이 설명된다.

가. 인간존엄성 침해

유네스코는 1998년 인간 게놈과 인권보호에 관한 국제선언을 공포하였는데, 그 내용은 다음과 같다.

첫째, 인간의 유전자는 인류의 유산이다.
둘째, 유전적 특성을 이유로 그 누구도 인권, 기본적 자유, 인간의 존엄성을 차별 받지 않는다.
셋째, 연구목적으로 이용되는 개인의 유전정보에 대한 비밀은 철저하게 지켜져야 한다.
넷째, 인간의 존엄성을 파괴하는 인간복제는 허용될 수 없으며, 어떤 연구나 응용도 인간의 존엄성에 우선할 수 없다.
다섯째, 인간 유전자 연구는 개인이나 인류의 건강증진과 유익한 목적에 이용되어야 한다.

유전자 도핑의 대상은 인간의 몸이다. 여기에는 인위적인 몸의 수정·변형이 함축되어 있다. 인간 게놈 프로젝트가 성공했을 때, 가장 각광을 받은 이유 중 하나는 개인 유전자 정보에 대한 분석을 통해 질병을 치료 및 예방할 수 있다는 이유에서이다. 생명 연장에 관한 인간의 끝없는 욕구가 치료 약물 개발을 촉진시키고 불가능한 것을 가능하게 만들었다. 그러나 이러한 유전자 치료가 인류에게 긍정적인 영향만 미친 것은 아니다. 한 예로, 치료의 목적으로 연구된 유전자 치료는 우생학적 목적에 이용될 가능성이 있다. 성장호르몬의 결핍으로 발달이 멈춘 아이에게 유전자 치료를 실시할 경우 성장을 촉진시켜 아이의 키를 평균 이상으로 자라게 할 수 있다. 즉, 주문생산 아이(designer babies)를 만들어낼 수 있다.[12]

다음은 마이클 샌델(Michael J. Sandel, 2007)[13]의 『완벽해지려는 인간에 대한 반론(The Case against Perfection)』의 일부분이다.

"자연이나 신, 행운의 창조물로서 우리 스스로를 보는 축복은 나의 존재에 대해 전적으로 책임을 지지 않아도 된다는 것이다. 우리가 유전적 유산의 전문가가 될수록 우리가 지니고 있는 재능에 대해 부담은 커질 것이다. 현재는 농구선수가 리바운드를 놓쳤을 때, 그 선수가 제 위치

를 벗어났기 때문에 코치가 야단치지만, 미래에는 아마도 선수의 키가 작다는 것에 대해 야단을
질 것이다."(본문, p.87)

이러한 관점에서 본다면, 키가 작은 농구선수는 있을 수 없다. 그 누구도 작은 키를 원하지 않을 것이며, 설령 부모로부터 작은 키를 물려받았다고 하더라도 이는 얼마든지 극복 가능한 선택적 상황이 된다. 특히 스포츠와 같이 신체적 조건이 경기기량에 큰 영향을 미치는 인간의 신체활동에서 상대보다 훌륭한 신체조건은 더 나은 경기 결과의 가능성에 긍정적 기여를 한다. 그래서 우생학적 양상은 스포츠 현장에서 각광 받는 것이다.

오늘날 무엇이든지 만들 수 있고 불가능은 없다는 데 대한 자만심은 무엇이든 만들어낼 수 있는 사회풍토를 만들었다. 이는 만드는 데만 주력하고, 인간 존재의 본질을 망각하는 무책임한 기술만능주의 사회의 심각한 문제점이다. 이는 스포츠에서도 마찬가지이다. 지금까지 스포츠는 '인간 한계의 도전', '끊임없는 노력', '불굴의 의지'와 같이 인간이 지닌 탁월성에 깊은 존경심을 나타내기에 충분한 인간 활동이라 해도 과언이 아닐 만큼 우리는 스포츠를 통해 인간에 대한 존엄성을 직·간접적으로 경험해왔다. 그러나 유전자 도핑은 소위 '노력 없는 탁월함(excellence without effort)'이 함축하듯이 노력이나 땀이 동반된 인간행위의 숭고한 과정보다는 인간행위의 결과만 강조한 승리를 추구한 나머지 인간이 중심이 되는 스포츠 주체에 대한 숙고 없이 자신의 목적을 달성하는 데 치중하게 만든다.

나. 종의 정체성 혼란

유전자 도핑은 종의 정체성에 관련된다. 이는 자연적인 종의 경계를 무너뜨리는 것으로서 생태적·진화적 위험의 문제를 제기한다. 그러므로 유전자 조작은 자연의 신성함에 반하는 신성모독이다.[14] 인간의 헛된 욕심 때문에 이제는 힘 있는 존재, 신과 같은 절대적 존재, 초월적 존재로서 인간이 아니라 마치 '신과 같은 인간'의 탄생을 기대할지도 모른다. 그렇다면 유전자 도핑으로 기인한 신성화 인간이 함축하는 윤리적 문제는 무엇인가?

결론부터 말하자면, 유전자 조작으로 만들어진 선수는 종의 정체성에 혼란을 준다. 유전자 도핑의 초기 단계에서는 단순히 세포의 수정·변형이 이루어지겠지만 이를 통해 골격근, 신경계, 신장에 이르기까지 인간 존재에 대한 전체적 변형이 이루어진다면, 우리는 이를 어떻게 수용해야 하는가? 이렇게 변형된 선수들은 인간이라기보다는 일종의 사이보그와 같이 '디자인된 존재(designed being)'이다. 이러한 존재에게는 실수가 허용되지 않고, 오로지 완벽함만을 추구한다. 그러므로 '인간 한계의 도전'은 더 이상 무의미한 것이 되고 만다.

스포츠와 공학기술의 결합으로 파생되는 윤리적 문제 중에서 가장 중심에 두어야 하는 것은 인간

본성과 관련된다. 과학기술이 인간이 지닌 능력에 과도한 관여를 한다고 판단될 때 이는 다른 문제점들을 파생시킨다. 이는 자연적 재능과 과학기술의 간섭이라는 차원에서 접근이 가능하다. 유전자 도핑이 진행될수록 보다 더 빠르게 달릴 선수를 만드는 데 주력하게 될 것이고, 유전자 변형을 통해 가장 빠른 인간을 만들기 위한 조작이 이루어질 것이다. 만약 그렇게 된다면, 100M 육상경기의 기록 결과가 1초 혹은 0.1초가 되지 못한다는 확신은 어떻게 할 수 있겠는가? 또한 이러한 기록 수립은 몇몇 선수들에게 유일한 것이 아니라 특별한 유전형질을 결합한 선수들이라면 누구나 수립 가능한 기록일 것이다. 따라서 유전자 치료의 대상이 되었던 '슈퍼쥐'의 탄생처럼 '슈퍼맨'의 탄생 가능성은 인간 존재에 대한 혼란을 초래할 것이다.

다. 스포츠사회의 무질서 초래

우리가 흔히 보아온 운동선수의 훈련과정에는 '피나는 노력'이 동반된다. 물론 여기에는 선수의 노력뿐만 아니라 코치, 감독, 가족, 트레이너와 같이 선수와 관계된 주변인들의 희생도 필요하다. 그러나 무엇보다 경기에 출전한 선수가 만족한 경기결과를 위해 노력하는 과정에서 최선을 다하는 선수의 모습은 존경의 대상이 되고, 우리는 그 선수가 이룬 값진 성취 결과에 뜨거운 박수갈채를 보낸다. 왜냐하면 우리는 선수가 몸소 보여준 노력의 가치에 큰 의미를 부여하기 때문이다.

스포츠에서 노력이라는 것은 단지 가치지향적인 관점에서만 해석되는 것은 아니다. 승리를 위한 노력은 스포츠사회를 유지·존속시키는 데 영향을 미친다. 스포츠에는 스포츠맨십, 페어플레이 정신 같은 스포츠가 지향해야 할 이상이 있고, 이것은 스포츠가 나아가야 할 방향성을 제시해준다. 선수들은 공정성에 준해 정정당당하게 경기에 임하고, 경기가 종료되고 나면 승패에 상관없이 손을 뻗어 서로를 격려한다. 여기에는 지난 시간 인고의 노력과정에 대한 공유감 형성뿐만 아니라 그동안의 수고에 대한 칭찬과 격려의 마음이 내포되어 있다. 그런데 만약 훈련과 노력의 결과로 이루어낸 성취와 유전학적으로 강화된 근육의 힘으로 이루어낸 결과물이 있다고 한다면 어느 쪽에 더 높은 가치를 둘 수 있을까? 그리고 그 이유는 무엇인가?

Sandel(2007)[15]에 따르면 사람들이 유전적 자기 개량(genetic self-improvement)에 익숙해짐에 따라 겸손의 사회적 기초는 약해질 것이고, 우리의 재능과 능력이 전적으로 노력의 결과가 아니라는 인식은 오만불손으로 향할 것이라고 보았다. 이는 스포츠에서도 마찬가지이다. 선수들이 유전적으로 수정·개량이 가능하게 된다면 스포츠사회의 질서는 더욱 혼란스러워질 것이다. 스포츠의 가치가 결여될 것이고, 노력의 과정보다는 도핑 같은 과학기술의 능력에 의존할 것이다. 선수들은 실수를 최소화시키기 위해 땀 흘리며 노력하고, 이러한 과정에서 겸손과 자신감을 습득하며, 경기에 나가서는 상대를 존중하며 경기에 임한다.

스포츠에서 공학기술이 문제가 되는 것은 선수들의 탁월성 발휘를 목적으로 노력의 가치를 왜곡

할 우려가 있다. 선수가 땀 흘리며 노력하는 과정보다 과학기술에 대한 의존이 크다면, 그것은 전통적인 스포츠의 가치를 퇴색하게 만든다. 또한 경기결과를 수용함에 있어서 (상대 혹은 자신의) 탁월성을 인정하지 않게 된다. 승패의 결과가 유전자 조작을 완벽하게 한 기술의 탁월성에 귀인하게 된다면 스포츠사회가 지향했던 가치는 상실되고 만다. 따라서 유전자 도핑은 스포츠의 가치와 상충된다. 그러므로 자신의 목표를 달성하기 위해서는 끊임없는 노력과 목표에 대한 집념과 열정밖에 없다는 결론에 이르게 된다. 이것이야말로 스포츠를 만드는 중핵이고, 스포츠사회의 질서를 유지할 수 있는 가치 있는 행위이다.

라. 위험성

유전자 처치가 어떤 질병을 치료하는 데 사용되어오고 있지만, 이러한 사용은 또 다른 질병을 만들어낼 뿐만 아니라 실제로 유전자 치료에 의해 사망사고가 발생했다. 유전자 치료로 인한 사망사고의 대표적인 것은 제시 겔싱거(Jesse Gelsinger)의 사례가 있다. 1999년 당시 18세였던 제시는 오르니틴 트랜스카르바밀라아제 결핍[OTC: ornithine transcarbamylase, 질소(nitrogen)와 암모니아(ammonia) 제거로부터 신체 방어]으로 치료를 받은 지 나흘 후에 사망에 이르렀다. 이 같은 치료는 펜실베이니아 대학에서 진행되었는데, 젊고 건강했던 그의 죽음 이후에 주치의였던 제임스 윌슨(James Wilson)은 이 연구를 중단하였다.[16]

한편, 적혈구 세포를 생산하는 데 핵심적 역할을 하는 호르몬 EPO는 신장 기능 부족이나 화학치료의 결과로 인해 빈혈로 고통 받는 환자들을 위해 사용된다. 과학자들은 자체 단백질 대신에 EPO를 운반할 수 있는 유전자 치료방법의 발달이 가능할 것으로 본다. 또한 EPO는 근육세포에 산소공급을 원활하게 함으로써 운동선수들의 수행 증가물질로서 사용된다. 그러나 과학자들은 유전자 치료는 매우 탁월한 이론이지만 위험하다고 주장한다. 현재, 유전자 치료는 실험단계에 불과하고, 희귀병 치료에 허용되고 있음에도 불구하고 사망 환자들이 발생하는 등 그것이 지닌 심각한 부작용이 제시되고 있는 것이 사실이다.

다음은 유전자 치료에 있어서 선구자 역할을 하는 스위니(Sweeney) 교수가 유전자 조작을 통해 '슈워제네거 쥐'를 만드는 데 성공한 후 언론과 했던 인터뷰 내용 중 일부분이다.[17]

> "우리는 수많은 운동선수뿐만 아니라 심지어 코치들에게서도 연락을 받았습니다. 그들은 유전자 처치가 인간에게 사용하기에 아직 초기 단계라는 것을 이해하지 못했습니다."
> — BBC News Magazine, 2014년 1월 12일자

DNA에 관해 연구하는 과학자들은 유전자 도핑이 현재 실험단계에 있으며, 특히 실험대상이 되는 쥐는 크기로 볼 때 인간보다 확연히 작기 때문에 연구 결과를 인간에게 적용하기에는 다소 무리

가 뒤따른다는 것을 염두에 두었다.[18] 그럼에도 불구하고 스위니 교수의 성공적인 연구 결과에 관심을 가진 선수나 지도자들은 그것이 지닌 위험성보다는 사용 여부에 더 큰 관심을 기울였으며, 이러한 사실은 승리에 혈안이 되어 있는 오늘날 스포츠사회의 병폐적인 일면으로서 그 심각성을 나타낸다.

물론 과학의 도움으로 인간의 능력이 확장된 것은 사실이다. 그러나 과거로부터 축적되어온 과학기술은 미래에까지 영향을 미칠 것이고, 눈앞에 펼쳐진 단기적 이익과 욕망의 충족을 위해 우리는 생명을 저당 잡히고 있다.[19] 보다 높게, 보다 멀리, 보다 빠르게 달려 인간의 한계에 도전하고, 그러한 도전과정에 있어서 과학 기술력이 뒷받침된다면 인간은 스포츠경기에서 마음껏 자신의 기량을 발휘할 수 있을 것이다. 그러나 여기에는 중요한 전제조건이 필요하다. 스포츠 주체자인 인간에게 해가 되지 않는 범위에서 기술력이 뒷받침되어야 한다는 것이다. 만약 아무리 선한 목적을 지녔을지라도 선수에게 심각한 해가 된다면 그것은 반드시 금지되어야 할 당위성을 지닌다.

3. 스포츠에서 유전자 조작 방지 대책

스포츠를 통해 신체가 지닌 탁월한 기능을 선보일 수 있고, 이와 더불어 인간이 지닌 성숙한 도덕성까지 겸비할 수 있다면, 이는 분명히 가치 있는 행위임에 틀림없다. 그럼에도 불구하고 현대스포츠에서 발생하는 비윤리적인 문제점들은 스포츠가 지닌 가치를 저해하고 있는 것이 사실이다. 그렇다면 유전자 조작을 방지할 수 있는 방법에는 어떤 것들이 있을까? 이에 대해 살펴보자.

가. 지속적 연구의 필요성

운동선수뿐만 아니라 스포츠 참가자들 대부분은 스포츠경기에서 절대적으로 승리를 선호한다. 그 누구도 경기에서 패하고 싶은 사람은 없을 것이다. 그러나 문제가 되는 것은 승리를 추구하는 과정에서 비윤리적인 방법이 대두된다는 데 있다. 스포츠맨십이나 페어플레이 정신 같은 정직한 가치가 인정받는 스포츠사회가 살아남기 위해서는 이런 딜레마를 해결하기 위한 지속적인 연구가 필요하다. 한 예로 유전자 도핑을 적발하기 위해서는 흑인, 백인 또는 황인종과 같이 각 인종마다 유전자의 다양성이 존재한다는 것을 알아야 한다. 그러므로 이와 같은 다양성이나 세포분화에서 발생하는 돌연변이에 따른 차별적인 검사도구의 선택이 요구된다. 이렇듯 유전자 도핑을 근절하기 위해서는 지속적이고 체계적인 연구가 필요하다.

한편, 금지된 약물복용을 비롯하여 유전자 도핑과 관련된 연구는 주로 자연과학의 측면에서 이루어졌다. 인간에 대한 생리학적 지식 못지않게 인류학적 지식 또한 중요하다. 그래서 스포츠철학을 비롯한 인문학적 견지에서 유전자 도핑에 관한 접근이 시도되어야 한다. 스포츠를 통해 우리가 추구해야 할 목적과 신체활동이 우리에게 제시하는 가치에 관한 깊이 있는 분석이 이루어질 때, 비로소 유전자 도핑을 금지해야 하는 이유에 관한 규범적 접근이 가능해진다.

나. 신뢰성 있는 도핑테스트 개발

WADA에서는 유전자 도핑을 적발해내는 데 다음과 같은 강한 자신감을 보이고 있다.

> "지난 10년간 우리는 유전자 기술에 관해 연구를 해왔고 유전자 도핑을 적발해내는 도구를 확보했습니다. 우리는 이에 대한 입증이 필요합니다. 왜냐하면 당신도 알다시피 우리의 기술력은 법원에서 확증될 테니까요."[20]

유전자 도핑은 다양한 방법으로 사용될 가능성이 크다. 그래서 이를 적발해내는 것은 운동선수의 몸에 더 많은 EPO를 생산해내기 위한 유전자 도핑을 실시하는 것보다 더 어려울지도 모른다. 도핑 검사물질 개발은 유전자 도핑을 근절하기 위한 가장 실제적이고, 가장 영향력 있는 대안이다. 물론, 지금까지 유전자 도핑 사례가 적발된 경우는 없지만, 역사적으로 볼 때 도핑검사에서 적발되지 않는 '디자이너 약물'이 사용된 경우가 있었다. 바로 테트라하이드로제스트리논(tetrahydrogestrinone: THG)이라는 약물로, 당시의 도핑검사방법으로는 추적이 불가능했다.[21]

또한 혈액 도핑의 경우에는 1968년 빈혈환자 치료를 위해 EPO가 개발되어 육상선수, 크로스컨트리 선수, 사이클 선수들 사이에서 사용되다가 1990년에 이르러서야 스포츠에서 EPO의 합성이 금지되었는데, 당시의 약물검사방법으로는 혈액 도핑의 실시 여부를 밝혀내지 못했다. 심지어 2000년대에 이르러서도 이를 적발해낼 수 있는 정확한 적발방법이 없었다.[35] 따라서 신뢰성 있는 적발도구의 개발은 유전자 도핑의 위험으로부터 선수를 보호할 수 있는 실제적 방법이자 가장 시급한 방법이라 할 수 있다.

다. 선수들의 도핑검사 의무화

유전자 도핑을 실시한 선수와 그렇지 않은 선수를 판단해내는 것은 적극적인 방법이지만, 한편으로는 이차적인 대안이다. 무엇보다 이러한 상황을 예방하는 차원에서 직접적인 활동이 이루어져야 할 것이다. 그중 하나가 선수들에게 유전자 도핑검사를 의무적으로 실시하는 것이다.

2008년 베이징올림픽을 앞두고 세계육상연맹은 사전예고 없이 러시아 선수들을 대상으로 도핑검사를 실시했다. 평시 검사에서 채취한 육상선수들의 소변 샘플을 여러 대회에서 채취한 소변 샘플과 비교했는데, 두 샘플의 DNA가 다르다는 사실이 드러났다. 이는 선수들이 다른 사람의 소변을 자신의 소변으로 바꿔치기한 것이다. 그 결과 러시아 여자 육상선수 7명이 샘플 조작 혐의로 선수 자격이 박탈되었고, 결국 베이징올림픽에 출전할 수 없었다.[22]

물론 유전자 도핑검사를 실행하는 데는 막대한 예산이 필요하고 절차상의 수고가 필요하다. 또한 유전자 도핑검사는 금지된 약물과는 다른 검사과정과 절차가 요구된다. 한 예로, 유전자 도핑에서는 근육 생체검사가 요구되는데, 이를 둘러싸고 반대 의견에 부딪히는 한계가 있다. 그뿐만 아니라 선수들이 도핑검사에 적극적으로 협조하지 않는 경우도 있다. 제 아무리 탁월한 검사도구를 개발했다고 할지라도 선수들이 이에 응해주지 않으면 아무 소용이 없다. 따라서 도핑검사는 선수들에게 보다 강한 구속력을 지니고 있어야 한다.

라. 선수 및 지도자의 윤리교육 실시

일반적으로 스포츠에서 도핑은 비윤리적이고 불법적 행위이므로 금지되어야 하는 행위로 간주된다. 그리고 여기에 부가적으로, 도핑이 위험한 행위라는 사실은 도핑을 금지해야 하는 이유에 결정적인 단서를 제공한다.

스포츠의학 전문가이자 세계육상연맹 의무위원회 의장이었던 아르네 융크비스트(2012)[23]는 도핑 문제로 얼룩진 스포츠계의 현실에 대해 강한 책임감을 느껴야 한다고 말했다. 그에 따르면, 어린이들이 스포츠를 좋아하지만 마지막까지 운동을 계속해서 엘리트 스포츠 선수가 되는 경우는 소수에 불과하고, 그래서 전 세계 스포츠에서 어린 선수의 발굴에 더 무거운 책임감을 느껴야 할 것을 강조한다. 실제로 IOC 의무분과위원회에서는 엘리트 선수의 부상과 질병을 줄이는 것에 대한 책임을 느끼고 정보자료와 추천사항, 정책문서 등을 만들고 있다. 왜냐하면 '선수의 건강보호'에 대해 책임을 느끼기 때문이다.

선수선발, 육성에 큰 영향을 미치고 선수와 가장 가까이에서 생활하는 코치와 감독들은 이러한 책임의식을 느끼고 선수를 지도해야 한다. 선수들이 단지 자신들의 부와 명성을 결정짓는 수단적 대상이 아니라 하나의 인간 존재임을 인식할 때, 보다 강한 책임감을 지니고 선수를 지도할 수 있을 것이다. 한편, 선수들은 사회적 역할모델로서 귀감이 되어야 한다. 실제 미국에서는 야구선수 배리 본즈의 도핑 사실이 밝혀지면서 제2의 배리 본즈를 꿈꾸던 청소년 야구선수가 자살소동을 벌이기도 했다. 이처럼 선수는 자신의 행위에 강한 책임감을 느끼고 신중하게 행동해야 할 의무가 있다는 것을 숙지해야 할 것이다.

유전자 도핑으로부터 보호받기 위해 선수나 지도자는 책무를 지녀야 한다. 스포츠 제도의 규칙이 명시하고 있는바 자신의 본분을 제대로 행할 수 있는 책무를 지닐 때 인간 존재로서 보장받을 수 있다. 그리고 그 책무는 옳은 행위와 그렇지 않은 행위를 구별하는 데서 발생한다. 올바르게 행동하는 것은 지도자와 선수의 기본적 소양이 되는 덕목으로서, 이는 교육을 통해 이루어진다. 결국, 윤리교육을 통해 옳고 그름의 올바른 판단이 성립될 때, 스포츠에서 유전자 도핑은 사라질 것이다. 따라서 유전자 도핑의 예방과 근절을 위해 체계적이고 지속적인 윤리교육이 이루어져야 할 것이다.

3장 스포츠에서 생체공학 기술활용

 학습목표

- 스포츠에서 공학기술의 3가지 역할에 관해 살펴본다.
- 공정성의 관점에서 전신수영복 착용금지를 분석해본다.
- 의족장애선수의 일반경기 참가 여부에 관해 생각해본다.

1. 스포츠에서 공학기술의 역할[1]

종전의 스포츠가 인간이 지닌 능력을 선보이는 경쟁의 장이었다고 한다면, 오늘날 스포츠는 최첨단 과학기술 경쟁의 장이라고 해도 과언이 아닐 만큼 스포츠에서 과학기술의 원조는 스포츠를 더욱더 멋지고 매력적인 것으로 선보이게 하는 중요한 요소가 된다. 사실 지금까지 스포츠에서의 과학 발전은 스포츠를 보다 더 재미있고 흥미진진한 것으로 만들어주는 데 적극적으로 기여했다. 이는 단지 선수들의 경기력 향상에만 중점을 둔 것이 아니라 정확한 판정을 통해 신뢰할 수 있는 경기를 진행할 수 있는 환경을 마련해주고, 선수들이 안전하게 경기에 임할 수 있는 역할을 담당하기도 하였다.

Maschke(2009)는 스포츠에서 과학기술을 다음과 같은 3가지 범주로 구분하였다.[2]

가. 안전을 위한 기술

상대와의 경쟁은 물론이거니와 자기 자신과의 경쟁은 승리를 향한 기초가 되고, 0.001초를 단축하기 위해, 혹은 더 나은 기술을 선보이기 위해 선수들에게 요구되는 끊임없는 노력과 자신과의 싸움이라는 도전정신은 그야말로 스포츠가 인간의 한계를 뛰어넘는 위대한 행위로 간주되는 데 손색이 없다. 그러나 사실, 이러한 도전에는 적지 않은 위험이 뒤따르기도 한다. 경기 중 때때로 선수들은 본인의 의지와 관계 없이 실수를 하기도 하고, 그 누구도 예측하지 못하는 상황이 벌어지기도 한다. 체조선수가 평균대에서 떨어질 수도 있고, 육상선수가 달리다가 넘어질 수도 있다. 그렇다면 선수가 평균대에서 떨어질 경우를 대비해 우리가 할 수 있는 일은 무엇일까?

과학기술은 이러한 위험에 대비해 충격 흡수가 잘되는 매트를 만들었고, 이는 선수들에게 보다 안전하게 경기에 임할 수 있는 기회를 제공하였다. 한 예로, 1969년 아디다스는 '슈퍼스타(super star)'라는 가죽으로 만든 농구화를 선보였는데, 신발 밑창을 생선뼈 모양의 무늬가 있는 디자인으로 고안하여 선수들이 달리다가 멈출 때 용이할 수 있도록 만들었다.[3] 이 농구화는 종전의 천으로 만든 운동화보다 2배 이상 비싼 값이었음에도 불구하고 선수들에게 인기가 있었는데, 무엇보다 달리다가 멈추는 동작이 반복되는 농구경기의 특성상 농구화 밑창의 특수 재질이 선수들의 부상을 예방하는 효율성과 관련이 있다. 이처럼 스포츠에 제공된 과학기술은 시간과 장소를 초월하여 부상에 노출되어 있는 선수들의 안전을 보호하기 위해 고안되었다.

스포츠에서 선수들의 안전을 위한 과학기술의 도움은 여기에서 그치지 않는다. 만약 마라톤 선수가 맨발로 42.195km를 달린다고 가정해보자. 그의 발목과 무릎은 얼마나 큰 통증에 시달려야 하겠는가? 또한 유도선수들이 매트가 없는 맨땅에서 경기를 한다고 했을 때, 과연 얼마나 많은 선수들이 유도경기에 참가하고자 하겠는가? 이처럼 스포츠 현장 곳곳에는 선수들의 안전을 위해 많은 장비들이 제공되고 있고, 스포츠과학은 운동 시 부상 원인을 예방하고 부상을 처치하는 등 선수들의 안전과 관련된 일련의 일들을 수행한다.[4] 그리고 여기에는 과학기술의 조력이 전제된다. 이처럼 과학기술은 선수들의 안전을 위해 공헌해왔다. 덕분에 우리는 과거보다 더 안전하게 경기를 관람하고 즐길 수 있게 되었고, 선수들은 마음껏 자신의 기량을 선보일 수 있게 되었다. 따라서 스포츠에서 과학기술은 선수 보호 차원에서 반드시 필요한 요소일 뿐만 아니라 결국 스포츠 참가로 이끌 수 있는 중요한 동인이 된다.

나. 감시를 위한 기술

스포츠경기는 명백한 규칙에 의해 이루어지는 신체활동이다. 각 종목마다 차별화된 경기 규칙이 존재하고, 선수들은 규칙이 허용하는 범위 내에서 운동수행의 자율성을 보장 받는다. 만약 이를 위반할 경우에는 페널티를 받게 되고, 경기 내내 활동의 제약을 받게 된다. 그러나 때때로 선수들은 고의적인 반칙을 행하기도 하고, 심판을 매수하기도 하며, 상대를 속임으로써 승리하고자 한다. 그래서 스포츠에 동원된 과학기술은 이들을 감시하고, 적발하는 데 도움이 된다. 특히 약물복용과 관련된 감시기술은 과학의 도움 없이는 불가능한 것으로 간주된다.

스포츠에서 도핑(doping)이라는 용어가 사용된 지는 겨우 100여 년밖에 되지 않았지만, 역사적으로 볼 때, 운동수행 증가를 위한 인위적 물질(artificial aids)의 사용은 2,000년이 넘는다. 1968년을 기점으로 반도핑사회가 대두되면서 도핑 테스트를 실시하기 시작하였고, 특히 몬트리올 올림픽에서는 7,000여 명의 선수들을 대상으로 총 2,080회의 도핑 테스트를 실시하기도 하였다. 또한 최근에 실시된 2012년 런던올림픽에서는 5,000여 회의 도핑 테스트가 실시되었다.[5] 이처럼 도핑 테스트는 과학기술의 도움 없이는 불가능하고, 감시를 위한 과학기술의 대표적인 경우라고 할 수 있다.

스포츠경기에는 반칙 여부를 판단하는 심판이 존재하고, 공식화된 경기규칙은 그들의 판단에 명백한 근거를 제공한다. 그래서 선수는 심판의 판단에 복종하고, 심판은 공정하게 경기를 진행할 수 있는 것이다. 그러나 때때로 오심을 경험하기도 한다. 따라서 스포츠에 있어서 과학기술은 오심이나 편파 판정을 최소화하여 경기가 지닌 공정성을 향상시키는 역할을 한다. 한 예로 라켓 종목의 경우 선수들의 라켓이나 네트, 코트의 아웃라인 등에 전기 센서를 부착하여 판단이 애매한 상황에서 심판의 정확한 판단을 이끄는 데 긍정적 역할을 한다.[6] 육상경기에서 쉽게 볼 수 있는 전자 계측장비나 사진판독 기술, 수영경기의 터치 패드, 태권도의 전자호구 등과 같이 고도의 과학기술은 판정 시비를 최소화시키고, 경기결과를 신뢰할 수 있게 하는 등 스포츠 발전에 긍정적인 영향을 미친다. 이처럼 스포츠에서 감시를 위한 과학기술은 위법을 적발하기 위해 필요할 뿐만 아니라 경기규칙을 보호하고, 공정한 경기진행을 위해 필요하다.

다. 수행 증가를 위한 기술

운동수행 증가 기술(performance-enhancing technology)은 약물복용을 비롯하여 운동장비, 의복, 산소부하(oxygenation enhancement) 같은 운동수행 증가물에서 유전적 기술(genetic technology)에 이르기까지 선수들의 경기력 향상을 위해 도입된 과학기술을 의미한다.[7] 이 기술은 경기에 참가하는 선수들의 목적 달성에 직접적인 관계가 있으며, 과학기술의 여부가 경기결과에 영향을 미친다는 사실을 확연히 보여주는 기술영역이다.

스포츠에서 수행 증가를 위한 과학기술의 예는 여기에서 끝나지 않는다. 평소 시력이 나빴던 골프 황제 타이거 우즈(Tiger Woods)는 시력교정수술을 받았다.[8] 좋지 못한 시력이 경기에 지장을 준다고 생각하여 결정한 선택으로, 이 역시 운동수행 증가를 목적으로 한 과학기술의 도움이다. 그뿐만 아니라 육상선수들은 흙 땅이 아닌 타이탄 트랙에서 더 빨리 달릴 수 있고, 맨발보다는 스파이크를 착용하는 것이 경기 기록을 단축시킬 수 있으며, 면 소재의 유니폼보다는 고탄력 소재로 만들어진 유니폼이 바람의 저항을 최소화할 수 있다.

따라서 운동수행 증가를 목적으로 동원되는 과학기술에는 과학적 훈련방법, 운동장비의 개발, 식이요법에 이르기까지 광범위하게 적용되는 기술로서 선수들이 지니고 있는 기량을 최대화시킬 뿐만 아니라 인간의 도전정신을 고무시키는 데 긍정적인 영향을 미친다.

2. 전신수영복 착용을 금지하는 이유

1972년 뮌헨올림픽에서 미국의 장대높이뛰기 선수인 밥 시그렌(Bob Seagren)은 새로운 재질의 장대를 사용하려고 했으나 제지당했다. 왜냐하면 섬유유리(fiber glass)로 만든 장대의 사용이 다른 선수들과의 형평성에서 문제가 된다는 것이다. 오늘날 선수들에게 있어서 과학기술의 발전은 선수 자신이 지닌 최대의 기량을 발휘하기 위한 보조적 역할을 한다는 것은 부인할 수 없는 사실이다. 0.01초의 촌각을 다투는 기록경기 선수들의 입장에서 본다면, 고도화된 과학기술은 자신의 기량을 발휘할 수 있는 가능성을 제공한다. 수영에서도 예외가 아니다. 수영은 물에 대한 저항을 줄이는 것이 곧 기록 단축의 관건이 된다. 특히 선수들이 착용하는 수영복은 최첨단 과학기술의 결정체라고 할 수 있다.

2008년 베이징올림픽 수영경기에서 미국의 펠프스(Michael Fred Phelps) 선수는 무려 금메달 8개라는 대기록을 수립하면서 올림픽 영웅이 탄생하였다. 그뿐만 아니라 당시 수영경기에서는 세계 신기록이 25개나 쏟아져 나왔는데, 주목할만한 것은 23개의 세계신기록이 소위 최첨단 수영복이라 불리는 LZR Racer를 착용한 선수들에 의해 수립되었다는 사실이다. LZR Racer 수영복은 스피도가 공간저항 테스트 부분에서 최고 권위를 자랑하는 미 항공우주국(NASA)과 공동 개발한 것이다. 발수 기능이 뛰어나고 기존 수영복보다 마찰력을 24%나 줄인 폴리우레탄 패널로 된 초경량 소재를 사용한 것으로, 무봉제 기술을 이용하여 부력 향상을 도모하여 기록 단축에 도움이 된다고 알려져 있다. 이후 첨단 수영복의 업적은 2009년 이탈리아 로마에서 열린 세계수영선수권대회까지도 영향을 미쳤는데, 당시 경기에서는 1976년 몬트리올올림픽 이후 국제대회 역사상 가장 많은 43개의 세계신기록이 쏟아져 나왔다. 물론 이러한 기록들은 LZR 이외에도 아레나에서 개발한 'X-글라이드' 같은 특수소재의 수영복 개발로 인해 가능했다.[9]

한때 펠프스 선수를 비롯한 수영선수들이 입어 화제가 되었던 '패스트 스킨'이라는 수영복은 상어의 피부에서 아이디어를 얻어 만들어졌는데, 수영복 표면을 V자 모형의 세밀한 돌기로 제작하여 기존의 수영복 소재보다 물의 저항을 줄여 기록 단축에 성공적인 효과를 거두었다. 최첨단 수영복을 입은 선수는 수영복이 몸에 밀착하면서 몸의 표면을 유선형으로 만들어주는 유체역학 기술을 적용하였는데, 이를 통해 물의 마찰을 줄이는 데 뛰어난 역할을 한다. 또한 다리 부위에는 공기 방울이 빠르게 몸 뒤쪽으로 빠져나가기 때문에 끌림 현상을 감소시키는 기능을 한다.[10] 그래서 최첨단 소재의 수영복을 입은 선수들이 새로운 기록들을 세울 수 있었다. 특히 경기기록에 직접적으로 영향을 미치는 변인이라 할 수 있는 물의 저항을 줄이기 위해 몸에 밀착된 수영복을 입은 선수들은 이러한 수영복을 통해 당분해 시스템(glycolysis system)이 활성화되고, 신체가 지닌 순간적 힘을 촉진시키는 결과를 낳았다.[11]

2008년 베이징올림픽 때 펠프스 선수로 인해 LZR Racer 수영복이 대중의 관심을 이끄는 데 성공했다고 한다면, X-글라이드는 2009년 세계수영선수권대회에서 독일 선수 파울 비더만이 펠프스를 누르고 세계신기록으로 우승하면서 주목받게 된 100% 폴리우레탄 소재의 수영복이다. 그러나 이와 같은 수영복을 하나의 기술도핑으로 간주한 국제수영연맹(FINA)은 2009년 4월 프랑스수영선수권대회 100M 자유형 준결승에서 종전의 세계기록(47초 05)을 뛰어넘은 베르나르 선수의 기록(46초 94)을 세계기록으로 승인하지 않았다. 이유는 승인 받지 않은 최첨단 소재의 수영복에 있었다.[12] 이렇듯 2010년부터 국제수영연맹은 스피도의 'LZR', 아레나의 'X-글라이드', 제이키드의 '제이키드 01' 같은 최첨단 수영복의 착용을 금지해왔다.

왜 최첨단 수영복을 금지해야 하는가? 여기에서 간과할 수 없는 이유 중 하나는 페어플레이와 관련된다. 도핑 반대론자들은 도핑이 상대와의 경쟁에서 불이익(disadvantage)을 창출하는 비윤리적 행위임을 주장한다. 이는 바로 상대와의 형평성의 문제를 염두에 두었기 때문이다. 최첨단 수영복 착용 여부에 있어서 무엇보다 개개인의 자율적인 선택이 요구된다. 최첨단 수영복을 입고 안 입고의 문제는 선수 개개인의 취향이고 선택이라는 의미이다. 그러나 최첨단 수영복이 기록 단축에 영향을 미친다면 그것의 착용에는 선택의 문제를 벗어나 당위성이 부여된다. 문제는 경제적으로 이를 구입할 능력이 되지 않는 선수의 입장에서 본다면, 최첨단 수영복이 기록갱신에 효과적이라고 할지라도 착용할 수 없다. 이렇듯 최첨단 수영복을 착용한 선수와 그렇지 못한 선수 사이에서 대두되는 형평성의 문제는 곧 불공정한 경기의 원인이 된다.

최첨단 수영복은 무엇보다 고가로, 2~3회만 착용하면 수영복의 효율성이 떨어지기 때문에 선수들은 매 경기마다 새로운 수영복을 착용해야 한다. 그래서 경제적으로 어려운 선수에게는 이러한 최첨단 수영복 착용은 경제적 부담으로 이어지게 된다. 이처럼 최첨단 수영복의 사례에서 보여주듯이 스포츠에서 과학기술은 무조건적인 환대만 받는 것이 아니라 제한적으로 냉대 받는 경우가 있다는 것을 알 수 있다. FINA가 첨단 수영복 착용을 금지한 것은 무엇보다 상대 선수와의 형평성의 가치에 무게를 둔 결정이다. 그리고 이러한 형평성은 공평성을 전제로 성립되는 페어플레이의 구성요소라고 할 수 있다.

3. 의족장애선수의 일반경기 참가

선수들이 사용하는 경기장비와 관련해서도 공정성의 문제가 제기된다. 한 예로, 출발선에 선 육상경기 선수들의 기록 향상에 영향을 미치는 주요 장비 중 하나는 스파이크이다. 스파이크는 0.1초라도 빨리 달리고자 하는 선수들에게 그 효율성을 의심할 여지가 없는 필수적 장비이고, 스파이크를 신지 않은 선수를 찾아보기 힘들 만큼 거의 모든 선수들이 필수적으로 착용한다. 고대 그리스올림픽 제전으로 거슬러 올라가보자. 당시 모든 선수들은 맨발로 경기에 임했다. 그런데 만약 한 선수가 스파이크를 착용했다고 한다면 다른 경쟁자들은 어떤 반응을 보일까? 아마도 다수의 경쟁자들은 스파이크를 착용한 그와의 경기가 불공정하다고 강한 불만을 제기할지도 모른다. 여기에서 공정성의 문제가 제기된다. 과연 이 경기는 공정한 경기라고 할 수 있는가? 스포츠경기에서 의족장애선수가 일반경기에 참가하는 일이 발생했다. 공정성의 관점에서 논란의 여지가 되고 있는데, 이는 다음과 같이 설명된다.

사례 1

지난 2011년 대구에서 개최된 세계육상선수권대회 남자 400M 경기에 의족을 신은 선수가 등장했다. 남아프리카공화국의 오스카 피스토리우스(Oscar Pistorius)라는 선수이다. 양다리의 종아리뼈가 없는 기형으로 태어난 그는 다리 절단수술을 받은 뒤 의족을 신고 육상경기에 임하고자 했으나 국제육상경기연맹(IAAF)은 의족의 탄성이 피스토리우스에게 불공정한 이익을 줄 수 있다는 이유로 출전을 허용하지 않았다. IAAF는 탄소 섬유 재질인 피스토리우스의 의족이 가벼우면서도 탄성이 뛰어나기 때문에 지면을 박찰 때 환원되는 에너지가 비장애인선수의 1.5배 가까이 된다고 주장하면서 그의 의족을 '치타의 발'에 비유했다. 그만큼 성능이 탁월하다고 본 것이다. 그러나 그는 2008년 IAAF의 이 같은 조치가 부당하다며 스포츠중재재판소(CAS)에 제소했고, CAS는 의족이 기록 향상에 월등한 이점이 있다는 명백한 증거가 없다고 보고 그의 경기출전을 허용하였다.[13]

사례 2

최근 또다시 의족선수의 경기 출전과 관련하여 논란이 제기되고 있다. 논란의 주인공은 독일의 마르쿠스 렘(Markus Rehm) 선수로 14세 때 보트 사고로 오른쪽 다리를 잃은 그는 의족을 하고 2014년 7월에 열린 독일선수권대회 멀리뛰기에서 우승을 차지했다. 그러나 독일육상경기연맹은 그의 기록을 인정하지 않았다. 결국 그는 유럽선수권 대표팀에 선발되지 못했다. 현재 렘이 사용하고 있는 의족은 앞서 언급한 피스토리우스와 똑같은 브랜드의 제품이다. 그러나 단거리의 피스토리우스와 달리, 멀리뛰기를 하는 렘의 경우는 의족이 스프링 같은 탄성작용을 하기 때문에 기록 향상에 영향을 미친다는 주장이 제기되었다. 전문가들은 IAAF가 선수들의 출전을 위한 명확한 기준을 제시해야 한다고 지적했다.[14]

이 두 사례를 통해 우리가 생각해보아야 할 핵심적 요지는 무엇인가?

물론 두 선수의 경기 출전은 장애를 지닌 선수가 일반인 경기에 참가하고자 하는 도전정신에 가치를 부여하기에 충분하다. 그러나 두 장애선수의 일반경기 출전이 파장을 불러일으키는 것은 바로 경쟁에서의 공정성에 있다. 의족을 착용하지 않은 선수들과의 경쟁에서 불공정한 이점을 제공한다는 것이다. 물론, 경기에 출전한 모든 선수들에게 한 치의 오차도 없는 동일한 조건을 요구한다는

3장 스포츠에서 생체공학 기술활용

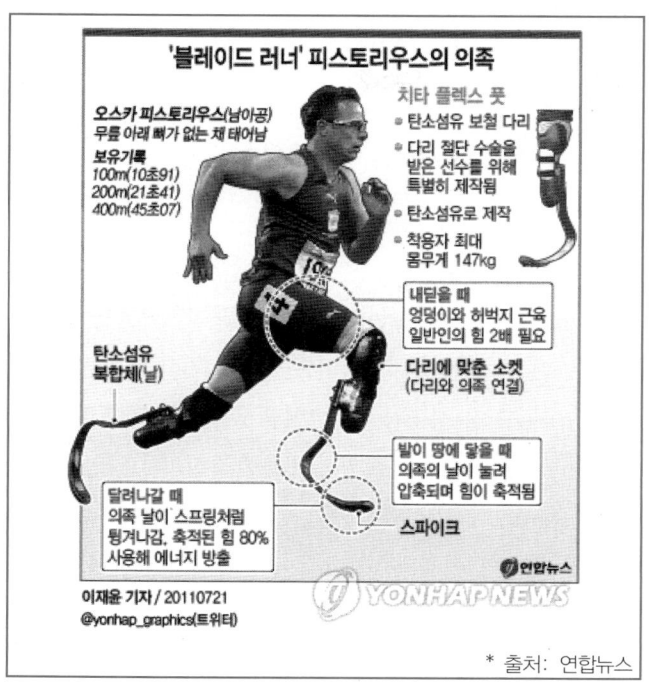

그림 6-1. 의족의 역할과 경기수행

것은 현실적으로 불가능한 일이다. 왜냐하면 유전적으로 또는 환경적으로 자신의 선택과 무관한 영역들이 존재하기 때문이다.

　다른 경쟁자들에 비해 뛰어난 신체조건과 훈련환경은 운동선수의 기량을 발휘하는 데 긍정적 영향을 미친다. 그러나 이러한 조건들은 개인의 통제 영역 이외의 요소들로 선수의 자발적인 선택에 의해 결정되는 것이 아니라 우연적으로 주어지는 요소이다. 어떻게 우리가 국적을 선택하여 태어날 수 있고, 어떻게 키를 선택할 수 있겠는가? 이들은 생득적인 요소로서 우리의 선택과는 별개의 문제이다. 이러한 특수 경우를 제외하고, 스포츠에서의 경쟁은 공정성을 전제로 이루어진다는 것이다. 공정성은 경기목적과 밀접한 관련을 지니기 때문이다.

　육상경기 스프린터들의 목적은 보다 빨리 달리는 것이고, 멀리뛰기 선수들의 목적은 보다 멀리 뛰는 것이다. 그런데 만약 의족 착용이 이러한 목적을 달성하는 데 영향을 미친다면 이를 착용한 선수와 착용하지 않은 선수 간에 제기되는 형평성 문제는 어떻게 해결하겠는가? 물론 이러한 문제를 해결하기 위해 경기에 참가한 모든 선수가 의족을 착용하면 형평성의 문제는 더 이상 논할 이유가 없고, 이는 공정한 경기가 된다. 이처럼 각각의 종목에 따른 목적은 스포츠장비의 수용 여부를 결정짓는 중요한 요소가 된다. 다음의 사례는 스포츠경기 목적과 스포츠장비 사용의 직접적 관련성을 나타낸다.

> **사례 3**
>
> 선천적으로 오른쪽 다리에 장애를 갖고 있는 프로골퍼 케이시 마틴(Casey Martin)은 프로투어에서 골프카트를 사용하게 해달라고 미국프로골프협회(PGA)에 요청했다. PGA가 이 요청을 거절하자 그는 협회를 고소했고, 대법원은 원고 측의 주장을 받아들였다. 미국장애인차별금지법(The Americans With Disabilities Act)에 의해 장애인 프로 골프선수들은 카트를 사용할 권리가 있다는 것이 원고 측 주장이었다.[15]

이 사례에서도 마찬가지로 형평성의 문제가 제기된다. 카트를 사용하는 선수와 사용하지 않는 선수 간의 형평성 문제에서 법원은 마틴 선수의 예외를 인정할 것을 요구했는데, 그 이유는 카트 사용이 불공정한 경쟁을 야기한다는 점을 증명할 수 없다는 것이었다. 앞서 제시된 〈사례 1, 2〉의 경우는 선수가 착용한 의족의 탄성이 멀리뛰기 경기의 목적에 직접적인 영향을 미치므로 다른 선수와의 경쟁에서 불공정한 이점을 제공한다고 보았던 반면, 〈사례 3〉의 경우는 골프코스를 걸어가는 것이 골프경기의 본질적 요소가 아니며, 경기 중 카트의 사용이 골프경기에 미치는 영향이 미미하다고 판단하여 내려진 결정이다.

스포츠와 공학기술의 접목은 스포츠를 더욱 발전시키는 계기가 되었다는 것은 자명한 사실이다. 그럼에도 불구하고 우리가 생각해보아야 할 것은 공정성에 관한 문제이다. 상대와의 공정한 경기를 위해서는 책무를 지녀야 할 것이고, 합당한 기대를 위한 정의로운 조건을 설정해야 한다.[16] 의족장애선수의 일반경기 참가 여부를 두고 참여기회의 불평등이라는 견지에서 비판의 주장이 제기될 수도 있다. 그러나 이는 오히려 비장애선수들에게 역차별적인 요소를 제공하는 요인이 된다. 멀리뛰기 경기에서 의족이 필요하지 않은 비장애선수가 탄성이 뛰어난 의족을 착용한 선수와 경쟁을 한다면 이를 공정하다고 할 수 있는가? 장애선수의 일반경기 참가는 장애선수의 입장에서는 기회 평등이 보장된 경기이지만, 비장애선수의 입장에서는 불공정한 경기가 될 것이다.

피스토리우스 선수의 경기 참가 이후에 야기될 파장에 관해 심각한 우려를 나타내야 한다. 전문가들의 견해에 따르면, 의족 제조사들이 마음만 먹으면 현재보다 무게를 줄이고 더 높은 탄성의 성능을 지닌 의족을 만들 수 있다고 본다. 예를 들어 유럽우주기구(ESA)가 우주 탐사 프로젝트를 추진하는 과정에서 일명 '하이테크 우주 의족'을 개발했는데, 실제로 2008년 베이징장애인올림픽에서 독일 선수가 이 우주 의족을 착용하고 멀리뛰기에 출전하여 세계기록을 세우며 금메달을 획득했다.[17] 이러한 사례는 기록향상을 목적으로 과학기술을 관대하게 수용했던 스포츠계에 명확하고 설득력 있는 과학기술의 수용이 필요하다는 것을 시사하는 중요한 계기가 될 것으로 보인다.

Ⅶ부
스포츠와 인권

스포츠인권이란 스포츠에서 가져야 할 인간의 보편적 존엄성과 자유에 대한 권리를 말한다. 학생선수의 인권에 대하여 알아보기 위해 인권 사각지대인 학교운동부, 학생선수의 생활권과 학습권과 관련하여 최저학력제를 살펴보았다. 그리고 '공부하는 학생선수' 만들기 프로젝트와 체육특기자의 진학과 입시제도의 문제를 살펴보았다. 지도자의 폭력 문제를 해결하기 위하여 지도자에 의한 폭력이 가능한 이유, 선수 체벌 문제, 성폭력 그리고 교육자로서의 책임과 권한에 대하여 알아보았다.

학교체육에서 창의 인성교육에 대한 관심과 역할 기대가 증가하여 실제로 스포츠교육에서 행해지고 있다. 스포츠교육을 통하여 학생들의 인성을 함양하도록 한다는 점에서 긍정적으로 평가되고 있다. 페어플레이 정신, 협동심, 우정, 상호 존중, 팀 정신 등과 같은 긍정적 가치가 스포츠교육을 통해 함양될 수 있다는 것이 많은 연구에서 밝혀지고 있다. 스포츠와 인성교육의 관계를 규명하기 위하여 어린이 운동선수를 보호하기 위한 방안과 학교체육의 인성교육적 가치를 알아보았고, 새로운 학교문화를 위한 스포츠의 역할에 대하여 찾아보았다.

1장 학생선수와 인권

 학습목표

- 학교운동부에 대하여 알아본다.
- 학생선수의 생활권과 학습권을 이해한다.
- '공부하는 학생선수' 만들기 프로젝트에 대하여 알아본다.
- 체육특기자의 진학과 입시제도 문제에 대하여 살펴본다.

1. 인권 사각지대인 학교운동부

가. 학교운동부

우리나라는 제3공화국부터 국가 주도에 의해 국위선양과 국력과시를 위하여 엘리트 스포츠정책을 추진하였다. 그 당시 대한민국을 세계에 알릴 수 있는 유일한 방법 중의 하나가 올림픽이나 세계선수권대회에 출전하여 메달을 따는 것이었다. 이러한 방법은 경제적으로 낙후된 국가들이 할 수 있는 최선의 방법이었다. 학교운동부는 엘리트스포츠정책에 의해 학교에서 우수선수를 선발하고 육성한다는 취지에서 마련되었다. 초등학교에서 중·고등학교, 그리고 대학교에 이르기까지 전문선수를 육성하고 집중적인 훈련을 하기 위한 목적으로 학교운동부가 탄생하였다. 그 결과 엘리트스포츠는 학교운동부를 근간으로 하여 한국이 1988년 서울올림픽 4위, 2002년 한일월드컵대회 개최 및 4강, 2004년 아테네올림픽 9위, 2008년 베이징올림픽 7위, 2012년 런던올림픽 5위 등 스포츠강국이 되는 데 큰 힘이 되었다.

나. 학교운동부의 인권문제

1) 학교운동부의 인권문제

학교운동부의 인권문제는 승리지상주의, 결과주의를 지향하는 과정에서 학생선수에 대한 비인간적인 대우로 인하여 나타나는 폭력, 성폭력, 선수 도구화 등 학생선수가 인간으로 가져야 할 권리가 보장되지 않는 데서 발생하는 문제다. 인권은 인간으로서 당연하게 누려야 하는 자유와 인간 존엄성의 보장이다. 이러한 인권이 지켜지지 않는 곳이 인권의 사각지대라고 할 수 있는 학교운동부이다. 학교운동부는 우승이라는 공동목표를 위해 학생선수들이 함께 생활하고 운동하는 단체라는 특징이 있다. 지도자의 지도에 의해 생활, 학습, 운동 등 전반적인 것에 영향을 받는다. 지도자의 코칭철학에 의해 좌우되는 특성이 있다. 그 결과 파행적인 학교운동부를 운영하여 선수들이 인권의 사각지대에 놓이게 되었다. 학생선수들은 학교운동부의 잘못된 것에 대하여 누구보다 잘 알고 있지만 지도자의 권력에 가려서 목소리를 내지 못하게 되었다.

2) 체육특기생의 문제

현재 우리나라의 엘리트체육은 세계적으로 확고한 자리매김을 하고 있다. 세계적 이목을 받는 가운데 국내의 실정은 그리 밝지 못하다. 교육과정이 개정됨에 따라 체육수업 시수는 줄어들고 있다. 이로 인해 학생들의 신체는 겉으로는 비대해지는 반면 체력적인 면은 저하되고 있다. 엘리트체육의 기반인 학생선수들의 실정은 더욱 심각한 실정이다. 어린 나이에 상급학교 진학을 위한 경기실적을 달성하기 위하여 그 나이에 감당하기 힘든 훈련을 하고 있으며, 훈련과 각종 시합출전으로 인한 수업결손과 그에 따른 학력저하 현상이 나타나게 되었다.[1]

우리나라의 체육특기생들은 경기인으로서 만족스러운 삶을 누리고 있다기보다는 억눌린 생활, 과도한 체벌과 폭력, 인간소외, 상품화 과정 등 비인간적인 전통에 시달리고 있다.[2] 합숙소생활은 지도자의 권력에 의해 자율적인 생활을 보장받지 못하고, 승리와 진학을 위한다는 명목으로 자행되는 폭력은 여전히 사라지지 않고 있다. 스포츠가 즐거운 활동이 되어야 함에도 불구하고 학생선수들은 스포츠로부터 소외를 경험하게 되었고, 그 과정에서 학생선수들은 운동만 하는 기계가 되어가고 있다. 인권의 사각지대에서 벌어지는 비인간적인 대우는 그동안의 연구들과 미디어에 의해 확인할 수 있다. 체벌을 빙자한 폭력은 학생선수의 일상의 하나로 받아들이고 있을 정도이다. 학생선수의 상품화 과정에서 비인간적인 관행이 전통이라는 이유로 지속되고 있다. 특히 학생선수는 인간적인 소외를 경험하기도 한다.

3) 학생선수의 소외

학생선수가 경험할 수 있는 소외는 다음과 같다.[3]

첫째, 신체로부터의 소외이다. 학생선수는 때때로 부상에도 고통을 무릅쓰고 운동을 지속한다. 이 경우 외화(外化)된 학생선수의 신체는 독립된 힘으로서 자신에게 적대적으로 대립하여 신체로부터의 소외가 발생할 수 있다.

둘째, 스포츠 활동으로부터의 소외이다. 학생선수가 운동과정에서 주체성을 상실하고 자율성을 억압당하는 경우 스포츠 활동으로부터의 소외가 발생한다.

셋째, 유적본질의 소외이다. 스포츠 참여의 의미가 진학 같은 특수목적으로 축소되어 스포츠를 통해 경험할 수 있는 다양한 가능성으로부터 배제되면 학생선수의 유적본질은 스포츠로부터 소외를 경험한다.

넷째, 인간의 인간으로부터의 소외이다. 지도자, 선후배 등 학생선수가 대면하는 누군가가 그들의 자유를 억압하고 팀 승리를 위한 기계의 부품처럼 착취적으로 활용할 경우 학생선수는 '인간의 인간으로부터의 소외'를 경험할 수 있다.

다섯째, 자기로부터의 소외이다. 학생선수가 운동에만 집중할 경우 교실 속 학생이라는 자신의 모습에서 정체성분열을 경험하는데, 이 경우 학생으로서의 자신의 모습이 낯설게 대립한다는 점에서 '자기로부터의 소외'가 발생할 수 있다.

다. 학교운동부의 인권보장

체육특기생의 인간적인 삶을 보장하는 현실적인 대책으로 특기생 선발제도의 개혁, 특기생의 학업보장, 경기인의 취업보장 등이 필요하다.[4] 이러한 정책적 제언이 수용되어 현실에서 체육특기생 동일계 지원제도, 최저학력제, 주말리그제 등의 제도가 만들어졌다. 급격한 제도의 시행은 생각만큼 성과를 내지 못하였다. 초등학교부터 점차적으로 공부와 운동을 병행하도록 제도적으로 시행해야 함에도 모든 학생선수들을 대상으로 공부와 운동을 병행하도록 한 결과 부정적 결과를 가져오는 경우가 발생했다. 주말리그제는 주말에 휴식을 취해야 하는데도 주말에도 경기를 하기 때문에 쉬지 못하는 결과를 가져왔다. 그럼에도 불구하고 학생선수의 인권을 보장한다는 차원에서 행해지고 있는 최저학력제와 주말리그제는 그 자체로 한계를 가지고 있지만, 공부하는 학생선수를 양성한다는 차원에서는 긍정적 시도라고 할 수 있다.

2. 학생선수의 생활권과 학습권: 최저학력제

가. 학생선수의 학습권 보장과 최저학력제

학생선수들이 학교생활에서 자유로운 활동을 보장받을 수 있는 권리와 학생으로서 받아야 하는 학습에 대한 권리가 승리를 위한다는 명목으로 박탈당하고 있는 것이 한국적 현실이다. 이를 해결하기 위하여 시행되고 있는 것이 최저학력제이다. 그동안 수업을 전혀 받지 않은 학생들에게 수업을 받을 수 있는 계기를 만들어준 것이 최저학력제도이다.

최저학력제는 학생선수의 학습권 및 인권보호를 위한 수단적 조처로서 학생선수의 석차백분율에 의거, 최저성적기준을 명시하여 이에 미달하는 학생선수에 대해 선수로서의 활동에 대해 일정 부분의 불이익을 감수하도록 하며, 그 성적기준은 기준 학년을 대상으로 단계적으로 상향조정되어 적용하는 행정적 조치이다.[5] 공부하는 운동선수를 만들기 위한 프로젝트의 하나로서 시행되고 있다. 하지만 현장에서 지도자와 학생 그리고 학부모의 의견에 인식의 차이가 발생하고 있다.

첫째, 학생선수들은 최저학력제에 대해 공부의 필요성 인정과 기대감 표출, 공부에 대한 막연한 두려움, 성적부진과 진학 걱정으로 인식하고 있었다. 지도자들은 두 가지 역할에 따라 인식이 다르게 분석되었는데, 지도자 입장에서는 훈련부족으로 인한 성적부진과 대학진학 어려움에 우려를 표출했고, 운동선배 입장에서는 제도의 필요성에 동조하는 양극화 현상이 발견되었다. 마지막으로 학부모들은 학업병행을 운동선수로서의 성공을 방해하는 부정적 제도로 인식하고 있었다. 둘째, 학교현장에서 최저학력제와 관련된 요구사항으로는 수준별 학습의 시행, 다양한 프로그램의 제공, 체육특기자제도의 개정 등이다.[6]

나. 학생선수의 학습권 보장 근거

학생선수의 학습권 보장 차원에서 추진되는 최저학력제(2006년 중1부터 단계적으로 적용하여 2011년 고3까지 적용)의 특징은 다음과 같다.

첫째, 최저학력제는 해당 학년의 1, 2학기 기말고사의 전교생 평균성적을 기준으로 하여 학생선수의 학력이 초등학교의 경우 하위 50%, 중학교는 하위 40%, 고등학교는 하위 30% 수준에 도달하면 최저학력을 넘은 것으로 판단한다. 만약, 이 기준에 도달하지 못하면 경기에 출전하지 못할 수도 있다는 조건을 달아 학생선수의 학습권을 보장하려고 하고 있다.

둘째, 초등학교와 중학교는 국어, 영어, 수학, 과학, 사회교과의 기말고사 성적으로, 그리고 고등학교는 국어, 영어, 수학교과의 기말고사 성적으로 전교생의 평균점수를 구하고 이 점수를 기준으로 하위 50%(초), 40%(중), 30%(고)의 기준을 넘어서도록 설정하고 있다.[7]

학생선수의 학습권 보장을 위한 법령 사항을 살펴본 결과 교육기본법의 학습권 사항을 제외하고는 다른 법령들에서 학생의 역할보다 운동선수로서의 지원이 더 확고하게 나타나 있었다. 그리고 제도적 부분을 살펴보면 학생선수들을 체육특기자로 규정하는 기준에 있어서 모든 조항이 경기실적으로만 이루어져 있어서 학생선수들에게 운동만이 오로지 자신의 길이라는 인식을 갖게 만들기에 충분했다. 다음으로 2011년부터 단계적으로 도입되는 학습권보장제의 경우 학생선수의 학습권 보장을 위한 긍정적 역할을 기대해볼 수 있을 것이다. 하지만 일부 운영계획은 재검토되어야 할 것이다. 먼저, 적용대상에서 국가대표선발선수 미적용의 사항은 재검토되어야 할 것이다. 그리고 적용기준에 있어서 국가수준의 진단평가 등을 사용함이 타당할 것이다. 제재방안 및 구제방안에서는 행정적 조처를 더욱 강화하는 것이 선행되어야 할 것이다. 이러한 학습권보장제의 도입과 함께 법제적 도입, 지도자 처우개선, 운동시간의 제한 규정 등이 추가적으로 시행되어야 할 것이다.[8]

이외에도 학생선수의 학습권이 보장되어야 하는 이유는 다음과 같다.

첫째, 다양한 직업선택을 위해 필요하다. 운동만 하게 되면 향후 직업을 선택하는 데 제한적일 수밖에 없다. 둘째, 좋은 삶이다. 공부와 운동을 병행하는 것이 좋은 삶을 살아가는 데 필요하기 때문에 학생선수의 학습권이 보장되어야 한다. 셋째, 운동선수 이후의 삶의 준비를 위해 필요하다. 은

퇴 후의 삶을 준비하지 못하면 삶이 힘들어진다. 운동선수 이후의 삶을 준비하는 차원에서 학습을 받을 수 있어야 한다. 넷째, 더불어 공존함이다. 다섯째, 생각의 힘이다. 여섯째, 교육목적이다. 일곱째, 당연함의 문제이다. 여덟째, 학생선수의 역할 등이다.

학생선수의 학습권 보장을 위한 대안은 다음과 같다. 방과 후 운동, 정규수업 이수, 미래를 위한 준비, 하루 2시간 운동, 전국대회 1년에 3회로 출전 제한, 철저한 학사관리, 최저학력제 도입, 체육특기자 동일계 진학제도 개선, 합숙소를 기숙사로 전환, 지도자의 변화 등이다. 모든 학생이 운동과 공부를 병행할 수 있는 기회를 늘리는 것이 교육 차원에서나 경기력 향상에서나 모두 필요하다. 학교에서 공부와 운동의 병행은 당연하게 인식되고 실천할 수 있어야 한다. 그래야 학교체육이 정상화된다.[9]

> **참고자료_** '축구 주말리그제 개선 방안'[10]
> ① 축구 주말리그제도의 조직구성으로 첫째, 지방의 경우 같은 도나 시의 한계를 두지 않고 거리와 지역을 우선 고려한 리그 구성으로 이동거리에 따른 부담을 줄일 필요가 있다. 둘째, 경기력 향상을 위하여 저학년을 위한 별도의 리그제도를 마련하여 주전으로 참여하지 못하는 저학년 학생들의 경기 참여 기회를 확대해야 한다.
> ② 축구 주말리그제도의 행정지원으로 첫째, 잔디구장 확보, 인조 잔디 보수 지원 등 우수한 경기시설을 확충 지원하여 선수들의 경기력 강화 및 부상 예방에 힘써야 한다. 둘째, 경기의 원활한 진행을 위해 자질이 우수한 심판을 양성하고, 경기 숫자에 따른 충분한 심판을 지원해야 한다. 셋째, 리그제도 활성화를 위한 예산을 확보하여 현실적으로 팀에 도움이 되도록 지원해야 한다.
> ③ 축구 주말리그제도의 관련규정으로 첫째, 선수들의 페어플레이 정신과 원활한 경기진행을 위해 상벌규정을 명확히 하고 이를 엄격히 적용할 필요가 있다. 둘째, 개인 성적에 따른 시상을 보다 세분화하여 여러 선수에게 혜택이 주어지도록 개선해야 한다. 셋째, 팀의 동기부여 측면에서 전반기·후반기 성적을 합산하는 것보다는 분리하여 경기결과를 산출하는 방식을 도입해야 한다.
> ④ 축구 주말리그제도의 팀 운영으로 첫째, 경기장을 다수 확보하여 토요일만, 혹은 격주로 시합하도록 경기일정을 조정하여 선수와 지도자의 휴식시간을 보장해주어야 한다. 둘째, 규정대로 정규수업을 시키지 않는 학교에 대한 관리감독을 철저히 해야 한다.
> ⑤ 축구 주말리그제도의 진로 및 진학 지도로 첫째, 공부와 축구가 조화를 이룰 수 있는 실질적인 대책 마련으로 선수들의 진학 및 진로의 폭을 넓혀야 한다. 둘째, 선수들에게 축구와 관련된 직업을 안내할 수 있는 특화된 진로교육 프로그램이 개발되어야 한다.
> ⑥ 축구 주말리그제도의 학력 제고 첫째, 공부에 대한 동기부여를 위해 성적이 우수한 학생에 대한 장학금 지원 등의 지원책이 필요하다. 둘째, 공부하는 운동선수 육성을 위한 정책을 만들고 이에 대한 홍보가 필요하다. 셋째, 정규수업을 따라가기 힘든 선수들을 위한 방과 후 학교, 공부방 등 보충수업 과정이 필요하다.

3. '공부하는 학생선수' 만들기 프로젝트

가. 공부하는 학생선수

공부하는 학생선수를 만들기 위하여 국가 차원에서 공부와 운동을 병행하도록 제도적으로 보장하는 방법으로 최저학력제와 주말리그제를 도입하였다. 그동안 학생선수의 학습권이 지켜지지 않고 대외성적을 위한다는 명목으로 무시되어왔다. 학생선수의 학습권을 보장하기 위한 방안으로 공부하는 학생선수 상을 수립하기 위하여 프로젝트를 수행하고 있다. 공부와 운동을 병행하는 학생선수를 양성하기 위하여 운동만 하는 선수에서 공부도 함께하는 학생선수를 만들기 위한 방안이라고 할 수 있다. 공부와 운동을 병행하게 함으로써 직업선택의 기회와 진로 결정에서 다양하게 선택할 수 있도록 기회를 주기 위하여 만들어졌다.

나. 공부하는 학생선수 만들기

공부하는 학생선수 만들기는 공부도 잘하고 운동도 잘하는 것을 목표로 하거나 기대하는 것은 아니다. 이들이 중도탈락이나 은퇴 후 사회생활에 적응하는 데 있어서 꼭 필요한 사회적 기초에 해당하는 일정한 수준의 교양, 논리 수준, 상대와의 대화 능력 등을 갖추게 하자는 것이다. 즉, 최저학력제 이상의 수준을 의미한다. 서구의 경우를 보더라도 공부하는 학생선수 만들기는 분명히 가능하다. 한 가지 명확한 것은 서구의 경우도 처음부터 이러한 시스템이 완벽하게 갖추어졌던 것은 아니다. 이제 시작에 불과하다. 정부, 체육계, 학교, 지도자, 선수 그리고 학부모 모두가 학생선수의 인권과 학습권의 의미를 올바르게 이해하고, 공부하는 학생선수 만들기를 위해 함께 노력해야 할 것이다.[11]

다. 공부하는 학생선수 만들기 실천과정

학교에서 공부하는 학생선수를 만들기 위한 실천과정을 알아보기 위하여 사격부와 농구부를 대상으로 한 사례를 통해 구체적으로 알아보았다.

1) 사격부 사례

첫째, 사격부 학생선수들은 모든 정규수업에 참여, 정기고사 기간에 학업 집중, 훈련시간의 축소, 학습도우미제의 운영 등을 통해 단순한 수업참여를 넘어서 실질적인 학업성적의 향상으로 이어졌다. 둘째, 사격부 학생선수들이 정규수업에 참여하여 실질적인 공부를 함으로써 학급 내의 또래친구들, 담임교사, 교과목 지도교사들과의 좋은 인간관계 형성으로 연결되었다. 셋째, 공부와 운동을 병행하는 과정을 경험한 사격부 학생선수들은 자신의 진로를 스스로 고민해서 찾아가는 적극적인 태도를 갖게 되었고, 공부와 운동을 병행하는 과정을 경험한 사격부 학생선수들은 학업성적의 향상과 사격대회 실적 향상이 동시에 이루어졌다. 넷째, 체육교사 운동부 감독이 공부하는 학생선수를 만드는 과정에서 가장 핵심적인 역할을 담당하고 있다는 것을 확인할 수 있었다. 즉, 체육교사 운동부 감독의 변화 없이는 학교운동부의 변화도 기대할 수 없다.[12]

2) 농구부 사례

'대학스포츠 정상화 프로젝트'라는 이름 아래 학업과 운동을 병행하는 Y대학교 농구부 사례를 통해 학업 병행으로 인해 변화된 학생선수 문화와 함의를 살펴볼 수 있다. 첫째, 학업 병행으로 인해 변화된 학생선수 문화는 크게 사회구조적 변화와 사회문화적 변화로 나눌 수 있다. 사회구조적 변화는 훈련시스템의 변화, 학업도우미제도, 맞춤형 체육특기자 교내 회칙 등으로 이해된다. 사회문화적 변화는 훈련 분위기의 변화, 쌍방향적 이해관계, 이분법적 시·공간의 탈피, 또래친구 재발견 등으로 이해된다. 둘째, 공부하는 학생선수의 함의로 학생선수 학습권 회복, 대학교육 정상화, 학원엘리트스포츠 내실화, 일반화된 타자상의 변화 등이다.[13]

4. 체육특기자의 진학과 입시제도의 문제

가. 체육특기자제도

체육특기자제도는 1972년 10월 5일 체육진흥계획의 일환으로 '학교체육강화방안'이 공포되고, 이어 동년 11월 9일에 제정된 교육법 시행령(대통령령 제6377호)에 따라 시행되었다. 이 제도의 목적은 학업성적과 관계없이 일정한 경기실적을 보유하면 상급학교 진학 허용과 등록금·수업료 감면 등의 유인가를 제공함으로써 학생선수들이 운동에 매진할 수 있도록 유도하기 위함이었다. 또한 이듬해 '병역특례제도'가 도입됨으로써 초·중·고·대학 재학시절뿐만 아니라 군대에서도 운동기량을 지속적으로 유지할 수 있는 토대를 만들었다.[14]

2000년부터 체육특기자는 모두 동일계 진학을 하도록 법으로 규정하였다. 이후 체육계열 학과가 없는 대학들은 운동부를 운영하기 위하여 체육계열 학과를 만들게 되었다. 이전에 체육특기자는 자유로운 선택에 의하여 자신이 원하는 학과에 진학할 수 있었다. 하지만 체육특기자 동일계 진학제도가 만들어지고 나서 체육특기자는 선택의 자유와 배울 권리를 상실하게 되었다. 이러한 제도의 폐쇄성으로 인하여 체육특기자들이 은퇴 이후에 다양한 직업선택의 기회를 잃어버리게 하는 문제를 낳았다. 다른 사람들과 함께 살아가는 데 필요한 교양지식과 상식 그리고 폭넓은 친구관계를 유지하는 어려움을 만나게 되었다. 또한 체육특기자가 동일계 학과로 진학하게 되어 체육학과에 일반학생이 진학할 수 있는 자리가 줄어들게 되었다.

나. 체육특기자의 진학과 입시제도의 문제

현행 체육특기자 입시부정의 근본적인 원인은 학생선수가 대학에서 정하는 입학전형을 통하여 정식으로 입학하기 전에 미리 합격자를 내정하는 사전스카우트제도에 있다. 이는 현행법상 명백한 불법이며, 이에 대학입학을 담당하고 있는 교육과학기술부는 이에 대해 다양한 방식으로 제재하고 있으나 현재 대다수의 대학이 관행적으로 행하고 있다. 체육특기자 입시제도의 문제점은 다음과 같다. 첫째, 입시비리의 관행화 및 법적 처벌의 한계이다. 둘째, 스카우트의 불법성에 대한 현장의 인식부족 및 대안부재이다. 셋째, 학교 중심적 선발구조의 문제점이다. 넷째, 관리감독기구의 부실에서 찾을 수 있고 다섯째, 고등학교운동부의 파행적 운영을 들 수 있다.[15]

학교운동부에 속한 학생선수들이 선수이기 이전에 학생으로서 사회에서 요구하는 필요한 인재로 성장해가기 위해 학습권보장제와 연계된 중·고등학교 체육특기자 입학전형제도를 개선하여 학생선수의 학습역량을 증진시킬 필요가 있다. 이를 위하여 다음과 같은 내용을 반영하여 제도 개선이 마련되어야 한다. 첫째, 학습권보장제의 올바른 정착을 위해서라도 중·고등학교 체육특기자제도의 개선이 필요하다. 둘째, 체육특기자 지원 자격에 있어서 경기실적 반영 비율을 줄이고 학업능력이 반영될 수 있도록 제도의 개선이 필요하다. 셋째, 체육특기자 선발범위에서의 객관성을 높일 수 있도록 제도의 개선이 필요하다. 넷째, 체육특기자 선발전형에 있어서 정규수업이수율을 반영하고 객관적 기준안이 마련될 수 있도록 제도의 개선이 필요하다.[16]

다. 체육특기자의 진학과 입시제도 문제의 해결방안

체육특기자 입시제도의 개선점은 다음과 같다. 첫째, 스카우트 관행 금지를 위한 제도적 기반을 확보하는 것이다. 둘째, 체육특기자 입학체계 개선이다. 셋째, 입시비리 적발 및 처벌 구조 확립이다. 넷째, 주변여건 개선이다. 체육특기자의 입시제도 개선을 위하여 인기종목의 고등학교운동부의 전임코치 배정 확대, 고등학교와 대학 간 학습권 보호연계 체계 확보, 기존 제도와 연계를 지닌 세부 개선계획 도출 등 주변여건의 개선이 요구된다. 또한 미국의 NCAA처럼 체육특기자의 대학입학과 관련한 사항을 관리, 운영할 수 있는 기구 운영을 위한 한국대학스포츠총장협회의 위상 및 권한 강화방안이나 학교체육진흥법에 의해 구성되는 학교체육진흥위원회에 체육특기자 입학과 관련된 심의기구를 설치하여 관리, 감독할 수 있도록 하는 방안이 필요하다. 현재 법에서는 체육특기자제도를 폐지한 상태이며, 대학자율에 따라 특기자제도를 운영 중에 있는데, 이에 대하여 대학 자체에서 특기자 입시에 관한 높은 윤리의식과 스포츠맨십의 확립이 필요할 것이다. 현재 대학에서는 이러한 요구를 반영하여 무시험전형으로 입학하는 특기자제도를 폐지하고 있는 추세이다.[17]

2장 스포츠지도자의 윤리

 학습목표

- 지도자에 의한 폭력이 가능한 이유에 대하여 알아본다.
- 선수체벌 문제에 대하여 이해한다.
- 성폭력에 대하여 알아본다.
- 교육자로서의 책임과 권한에 대하여 알아본다.

1. 지도자에 의한 폭력이 가능한 이유

스포츠지도자가 폭력이 가능한 이유는 무엇보다 무소불위의 권력을 가지고 있기 때문이다. 스포츠지도자와 대등한 견제력과 대항력을 갖춘 사람이나 단체가 있다면 지도자의 폭력을 사전에 예방할 수 있다. 하지만 현실은 스포츠지도자가 하나의 스포츠 팀에 대한 모든 것을 결정할 수 있는 막강한 권력을 가지고 있기에 폭력을 예방하는 것이 생각보다 어렵다. 스포츠지도자는 선수의 진로, 경기 참가, 학습, 생활 등 전반적인 범위에서 권력을 행사하는 위치에 있어 폭력이 가능하게 되었다. 문제는 스포츠지도자가 모든 권력을 독점하지 못하게 하는 것이 우선적으로 필요하다. 권력을 분산시키고 견제하고 대항할 수 있도록 하는 것이 지도자의 폭력을 사전에 예방하고 해결할 수 있는 중요한 열쇠가 된다. 그 구체적인 이유는 다음과 같다.

첫째, 지도자는 전체적인 결정을 할 수 있는 결정권자다.
둘째, 지도자는 팀의 전략과 전술을 지휘하는 최고의 위치에 있다.
셋째, 지도자는 선수들의 진로와 연봉을 결정하는 데 영향력을 미칠 수 있다.
넷째, 지도자는 감시와 통제를 받지 않는 자리이다.
다섯째, 지도자는 경기출전권을 가지고 있다.

스포츠지도자는 권력을 가지고 승리를 위하여 선수들을 감시, 관리, 억압, 통제하는 것이 아니라 전문적 지식을 선수들에게 제시하고 선수들 개개인의 개성과 창의성을 실현할 수 있도록 돕는 역할을 한다. 뿐만 아니라 스포츠 현장에서 선수들이 현명하게 자율적인 선택을 할 수 있도록 돕는 역할을 한다. 지도자는 선수와의 관계에서 스스로 진정한 권위의 근본적 의미를 생각하고 자신의 이익보다는 선수의 이익을 우선적으로 생각하여야 한다. 지도자는 자기의 권위에 의한 권력행사를 제한해야 한다는 사고방식을 가질 필요가 있다. 이와 같이 지도자의 권위에서 권력 행사를 제한하는 것은 지도자의 전문적 견해의 타당성을 인식하는 기회를 만드는 것이고, 또한 선수들에게 자율적인 선택을 할 수 있는 기회를 갖도록 한다.

2. 선수체벌 문제

가. 선수체벌

선수체벌 문제는 스포츠 4대 악을 척결하기 위한 과제 중의 하나이다. 체벌을 빙자한 폭력은 운동선수들의 일상에서 관행이라는 이유로 지속적으로 행해지고 있다. 하지만 폭력의 심각성은 도를 넘어서고 있다. 분명히 현장에서 선수체벌을 정당화하는 근거에 대한 비판이 있어야 한다. 선수체벌은 필요악이라고 주장하는 근거들은 과연 정당화될 수 있는가에 대한 규명이 필요하다.

체벌은 교육적 목적을 상실하면 폭력이 될 수 있다. 폭력은 물리적 폭력, 성폭력, 언어폭력 등 다양하게 나타나고 있다. "스포츠 폭력은 운동선수, 감독, 심판, 단체임원, 흥행주 등의 '스포츠 관계인'이나 관중 등의 '일반인'이 단독으로 또는 다수인이 운동경기나 훈련과정 중이나 스포츠와 관련하여 고의나 과실로 신체적·언어적·성적 폭력행위를 저지른 경우를 말한다."[1] 폭력의 양상은 다양하게 나타나고 있다. 특히 언어폭력은 선수들 간, 지도자와 선수 간에 흔하게 볼 수 있는 현상이다.

폭력에서 공통적으로 나타나는 법칙이 있다. 폭력의 법칙은 5가지로 나누어 설명할 수 있다. 폭력의 첫 번째 법칙은 계속성이며, 두 번째 법칙은 상호성이며, 세 번째 법칙은 동일성이다. 네 번째 법칙은 폭력은 폭력을 낳는 것일 뿐 다른 아무것도 아니라는 것이며, 다섯 번째 법칙은 폭력을 사용하는 사람은 항상 폭력과 자기 자신을 정당화하려고 애쓴다.[2]

나. 선수체벌의 문제

선수폭력은 지도자의 생존권 문제, 승리지상주의가 작동하는 결과주의, 학부모들이 폭력을 묵인하고 침묵하는 태도, 폭력을 당연하게 생각하는 운동문화에 그 원인이 있다. 특히 선수폭력을 당연하게 생각하는 인습적 사고는 첫째, 체벌(폭력)은 경기력과 깊은 관계가 있다는 편견, 둘째, 학부모들이 지도자의 폭력을 묵인해주는 관행, 셋째, 선수들의 집중력 문제 등에서 찾을 수 있다.[3]

민주주의사회에서 모든 인간관계, 즉 생활관계와 법률관계는 상호 교환적이고 상호 의존적인 수평적 의사소통관계가 당연한 명제로서 인식되어야 한다. 민주주의사회의 가장 큰 특징인 '다양성'이

상호 존재의 의의와 그 가치를 존중한다는 것을 전제로 하고 있다면, 지식 전수와 인성 형성을 통해 학생운동선수들의 인격적인 성장에 가장 큰 역할을 담당하고 있는 학교사회가 지도자와 학생선수 간의 불신으로 점철되어서는 안 된다. 자유와 평등이라는 두 개의 가치를 핵심으로 하고, 사회적 약자 내지 소수자의 보호가 가장 큰 사회적 화두가 되고 있는 오늘날의 민주주의사회의 제도적 틀 속에서 우리 사회에 보편화된 사회적 현상 내지 문제로서 체벌과 관련하여 우리는 학생들의 인성형성의 발판을 제공하는 교육현장에서 벌어지는 체벌이 교육목적만 정당화될 수 있는지, 체벌에 대한 학생들의 항변에 합리적 타당성은 없는지를 평가해야 한다.[4]

다. 선수체벌의 해결방법

선수체벌의 해결방법은 다음과 같다. 첫째, 언(言)·민(民)·관(官)·산(産)·학(學)·연(硏)이 연계하여 스포츠 인권국가를 지향한다. 둘째, "맞아야 성적이 좋아진다."는 잘못된 믿음과 수직적 관계에 의한 폭력문화를 추방하고, 체육계 스스로 변화의 노력을 해야 한다. 이제는 체벌의 전면적 금지를 검토할 때이다. 셋째, 지도자·선수·학부모에 대한 인권교육 프로그램을 확대한다. 넷째, 스포츠지도자의 임용과 자격취득 검증제도를 강화하고, 지도자 평가제도를 개선하며, 폭력 행위자는 퇴출시킨다. 다섯째, 스포츠 인권보호를 위한 가이드라인을 다듬고, 스포츠 인권지원센터를 설립하여 원스톱 지원(one-stop service)체계를 구축한다.[5]

이외에도 운동선수 구타는 선수 개인만의 문제가 아니라 학교, 가정, 지역사회, 정부 등 여러 가지 요소가 결합되어 나타나는 복합적인 문제이다. 따라서 구타 예방을 위해 그동안 지향해온 단편적인 시각에서 탈피하여 운동부 주체들을 모두 포괄할 수 있는 다각적인 방법을 동원한 대책수립이 모색되어야 한다.[6]

선수폭력의 대안은 지도자가 교육자라는 인식, 폭력 사용에 대한 숙고, 그리고 부버(Martin Buber)의 말처럼 '나와 그것'의 관계가 아니라 '나와 너'의 동등한 인격적 만남에서 찾을 수 있다. 이를 통해 선수들로부터 마음에서 우러나오는 권위와 존경을 받을 수 있다면, 폭력을 사용하지 않고도 얼마든지 좋은 경기 결과를 얻을 수 있다. 이외에도 폭력을 관행으로 당연하게 생각하는 것에서 벗어날 수 있는 탈인습적 사고가 필요하다. 탈인습적 사고에서 벗어나는 길은 관행에 대하여 '왜 당연한가?'에 대한 비판과 성찰을 하는 태도에서 찾을 수 있다. 이러한 태도는 선수나 지도자, 학부모 모두에게 모두 요구된다.[7]

3. 성폭력 문제

가. 스포츠 성폭력

우리 사회에서 스포츠 성폭력이 본격적으로 논의되기 시작한 것은 2007년 발생한 우리은행 여자 프로농구팀 감독의 여성선수 성추행사건과 2008년 초 KBS 시사기획 「쌈」의 '2008 스포츠와 성폭력에 대한 인권보고서' 보도가 있고 난 후이다. 이후 국가인권위원회가 이화여자대학교 산학협력단에 의뢰하여 운동선수를 대상으로 조사한 결과에 의하면, 전체 조사대상자의 63.8%가 성폭력 피해를 겪은 것으로 나타나 충격을 주었다. 이러한 현실에도 불구하고 스포츠계의 폐쇄성으로 인해 성폭력 실태를 정확하게 파악할 수 없는 것이 현실이며, 이렇다 할 대책이 마련되어 있지 못한 것 또한 현실이다. 스포츠 성폭력은 스포츠계의 조직 특성상 매우 은밀하게 발생하는 경우가 많으며, 그 대상도 지도자와 제자(학생) 간, 선후배 간, 동료 간 등 복잡한 구조 속에서 발생한다. 이는 스포츠계의 불평등한 권력구조, 위계적인 폭력문화와 구조적으로 연관이 있다.[8]

나. 스포츠 성폭력 문제

지도자의 권력을 이용하여 어떠한 착취와 폭력도 행사해서는 안 된다. 특히 여성선수들에게 행해지는 성폭력은 근절해야 마땅하고 예방할 수 있도록 다양한 방법을 모색해야 한다. 그동안 스포츠에서 성폭력이 있었음에도 불구하고 적절한 대처를 하지 못하고 지나간 것을 알 수 있다. 주된 이유는 지도자의 선수에 대한 인식의 문제에서 찾을 수 있다. 선수는 승리를 위한 도구나 수단이 아니라 존중받아야 할 인격체라는 인식이 없음을 확인할 수 있다. 수단과 방법을 가리지 않고 폭력을 행하는 것은 처벌대상이라는 것과 그동안 처벌하지 못한 것이 커다란 문제라고 할 수 있다.

다음은 성폭력(성희롱)으로 간주될 수 있는 내용이다. 사람의 신체, 모습, 성에 관한 불건전한 말, 풍자/성생활 관련 질문 혹은 비평/외설 혹은 그에 상응하는 몸짓/상대를 불편하게 하는 성 관련 용어의 사용/키스, 쓰다듬기, 꼬집기 등의 스킨십/성관계를 요구하며 내거는 약속이나 협박 등이다. 코치의 성희롱은 법으로 금지되어 있고 무엇보다 부도덕한 행위임을 잊지 말아야 한다. 코치는 선수들과의 관계에 있어 자신이 가지고 있는 파워와 자신의 희롱으로 선수들이 받을 상처가 얼마나 큰지 깨닫고 이에 맞게 처신해야 한다. 성희롱은 당사자들만 괴롭히는 것이 아니라 전체 팀에게 영향을 미쳐 선수지도라는 코치 본연의 임무를 불가능하게 한다.[9]

다. 스포츠 성폭력의 해결방안

스포츠 성폭력에서 예방보다 나은 대안은 없다. 스포츠에서 성폭력이 발생하지 않기 위해서는 지도자, 선배 등 권력을 가진 이들에 대하여 견제하고 대항할 수 있는 힘을 가진 장치가 필요하다. 이

보다 더 중요한 것은 선수들의 의사표현과 저항의식을 교육하는 것이다. 지도자의 성폭력이나 성희롱 등에 대하여 단호하게 선수들이 집단적으로 저항할 수 있어야 한다. 또한 내부고발이 자연적으로 이루어지도록 하는 분위기를 만들어야 한다. 내부고발자가 피해를 받지 않도록 하고 이를 적극적으로 활용하는 방안을 생각해볼 수 있다. 지도자와 선수들 사이에서 발생하기 때문에 내부에서 신고하지 않는 이상 알아내기가 어렵다. 따라서 도움을 받을 수 있는 제도적 장치를 적극적으로 활용해야 한다.

스포츠 성폭력을 예방하기 위해서는 이에 대한 예방교육이 철저하게 이루어져야 하며, 이 교육은 운동선수, 지도자 모두를 대상으로 이루어져야 한다. 이를 통해 운동선수나 지도자의 성인지 능력을 향상시켜야 한다. 정책당국의 경우에도 현실적이고 효과적인 예방정책을 수립하고 일관되게 이를 집행하는 것이 필요하다. 어떤 사건이 발생했을 때만 임시방편으로 대책을 수립하고 시간이 지나면 흐지부지해지는 정책당국의 자세에 변화가 있어야 한다. 또한 성폭력이 발생하였을 경우 법이 허용하는 범위 내에서 가해자에 대한 신속하고 엄격한 처벌이 이루어져야 한다. 이를 통해 예방적 효과를 거둘 필요도 있다. 성폭력의 경우 피해자가 겪는 피해를 빨리 회복시키는 것이 무엇보다 중요하다. 그러기 위해서는 스포츠 성폭력 피해가 발생하였을 경우 이에 대해 신속하고 적절하게 대응할 수 있는 전문적인 상담·치료시설이 필요하다. 이러한 시설들은 스포츠 성폭력을 이해하고 그러한 이해의 바탕 속에서 보호와 지원이 이루어질 수 있는 전문적인 단체여야 하며, 이 단체의 운영은 피해자의 접근성과 신분보장을 위해 민간전문단체가 운영하여야 한다. 스포츠 성폭력 대책에 있어서 무엇보다 중요한 것은 스포츠계의 폐쇄성이 타파되어야 한다는 점이다. 이를 통해 사회의 시선이 항상 스포츠 성폭력을 감시하도록 하는 체계가 확립되어야 한다.[10]

4. 교육자로서의 책임과 권한

가. 지도자의 역할

지도자의 역할에 대하여 다음의 6가지 사항을 중심으로 알아보자.[11]

첫째, 방향 제시이다. 미래에 대한 비전을 가짐으로써 목표를 설정한다. 방향 제시는 목표가 명확하다는 것이다. 이러한 목표는 전국대회나 국제대회 등의 모든 시합에 해당된다.

둘째, 팀의 목표 달성에 도움이 되는 심리적 및 사회적 환경을 조성한다.

셋째, 부분적으로 삶의 철학을 공유함으로써 가치를 가르쳐야 한다.

넷째, 집단 성원들이 집단의 목표를 추구하도록 동기를 유발한다.

다섯째, 문제 발생 시 조직 구성원들과 대면하여 갈등을 해결하도록 한다.

여섯째, 지도자는 선수와 상호 소통한다.

나. 교육자로서의 책임과 권한

코치와 감독에게는 지도자로서뿐만 아니라 교육자로서의 역할과 권한 그리고 책임이 따른다. 특히 학교에서 학생선수를 지도하는 지도자의 경우 교육자라는 인식이 우선해야 한다. 교육자이기 때문에 선수를 지도하는 과정에서 비교육적인 방법이나 내용으로 학생선수들을 지도해서는 안 된다. 학생선수들의 인권과 학습권, 생활권을 보호할 수 있는 다각적인 방법을 통해 지도하여야 한다. 지도자로서 학생선수의 운동뿐만 아니라 교과담당 교사와 담임교사 등과 지속적인 만남과 대화를 통하여 학생들이 공부와 운동을 병행할 수 있도록 도움을 제공해야 한다. 이외에 학생선수의 자유로운 생활과 하나의 인격체라는 입장에서 학생선수의 의견을 존중하고 받아들여 훈련과 생활에서 활용한다. 지도자가 신체적·정서적으로 발달 단계에 있는 학생선수에게 미치는 영향은 크다고 하겠다. 그만큼 지도자들은 언행에 조심해야 한다. 학생선수의 운동 기능만 향상시키는 조련사가 아니기 때문에 학생선수의 성장과 성숙을 하는 데 도움을 줄 수 있어야 한다.

지도자는 교육자로서 다음과 같은 책임과 권한을 가질 수 있다.

첫째, 비교육적인 방법으로 훈련을 시키지 않는다. 선수들을 지도하는 과정에서 승리지상주의에 의해 수단과 방법을 가리지 않고 선수들을 마치 도구화하는 것을 들 수 있다. 어떤 상황에서도 선수들의 미래를 위해 보다 발전적인 방향에서 지도하도록 한다.

둘째, 물리적 폭력이나 언어적 폭력을 사용해서는 안 된다. 훈련하는 과정에서 발생할 수 있는 것 중의 하나가 폭력이다. 지금까지 관행처럼 행해져왔지만 폭력은 어떠한 이유에서도 정당화될 수 없다. 체벌을 빙자한 폭력은 정의, 공정, 질서 차원에서 분석해도 정당화될 수 없다.

셋째, 선수들이 민주적인 의사결정을 하도록 한다. 의사결정에서 지도자의 권력을 앞세워 독점해서는 안 된다. 선수들의 의견을 존중하고 대화를 통해 민주적으로 의사를 결정할 수 있도록 한다.

넷째, 선수를 도구화하거나 비인간화하지 않는다. 선수는 승리를 위한 도구가 아니라는 것을 인식하고 훈련이나 시합에서 선수를 도구화하는 행위나 명령을 하지 말아야 한다.

다섯째, 선수를 존중하고 대우한다. 선수는 존엄한 인격체이기 때문에 인간으로서 대우하고 존중해야 한다.

3장 스포츠와 인성교육

 학습목표

- 어린이 운동선수를 보호하기 위한 방안에 대하여 알아본다.
- 학교체육의 인성교육적 가치를 이해한다.
- 새로운 학교문화를 위한 스포츠의 역할에 대하여 알아본다.

1. 어린이 운동선수를 보호하기 위한 방안

가. 어린이 운동선수의 문제

스포츠영재를 육성한다는 이유로 너무 어린 운동선수를 대상으로 훈련을 시키는 것은 아동학대가 될 수도 있다. 한 예로 인도에서 마라톤에 재능이 있다고 판단된 어린 소년을 코치가 부모의 동의를 얻어 경제적 대가를 지불하고 마라톤 훈련을 시킨 일이 있었다. 이것을 두고 아동학대인가 혹은 영재교육인가 하는 문제로 논쟁이 벌어진 일이 있었다. 우리나라 역시 '박세리 키드'라고 불리는 아이들에게 너무 어린 나이에 골프를 시작한 사례가 있다. 너무 어린 나이에 골프를 시작하는 것이 가혹한 아동학대가 될 수 있다는 것에 대하여 우리 사회는 침묵하였고, 스포츠영재의 조기교육이라는 이유로 긍정적 평가를 받은 적이 있었다. 중요한 것은 어디까지가 아동학대이고 교육인가에 대한 명확한 기준이 없다는 것이다.

또 다른 근거는 너무 어린 나이에 운동선수가 되는 것은 그 선수의 재능보다는 스포츠스타 선수들의 삶에 대한 동경으로 이루어지는 경우가 많다. 문제는 모든 어린 선수들이 스포츠스타가 되지는 못한다는 것이다. 그중에서 극소수의 선수만이 스포츠스타가 되어 부와 명예를 함께 얻을 수 있다. 어린이 운동선수들에게는 스포츠스타 선수들이 운동만 해서 성공했다는 것이 하나의 역할모델이 될 수 있기에 조심해야 한다. 어린 선수들이 공부는 하지 않고 운동만 해도 국가대표가 되고 올림픽에 나가서 금메달을 따면 부와 명예를 얻을 수 있다고 생각한다. 운동만 잘하면 명문대학도 들어갈 수 있고 많은 상금으로 돈방석 위에 올라갈 수 있다고 생각하게 만든다는 것이 문제이다.

나. 어린이 운동선수의 보호방안

성장기에 있는 어린이 운동선수들을 대상으로 대회에서 우승하게 하기 위하여 가혹한 훈련을 시키는 것은 성장발달에 문제가 될 수 있을 뿐만 아니라 정서적 측면에서도 문제가 발생할 수 있다. 그렇기 때문에 어린이 운동선수를 보호하기 위하여 우리가 지켜야 할 것들에 대하여 알아보자.

첫째, 너무 무리한 훈련을 시키지 않아야 한다. 어린이 운동선수는 선수이기에 앞서 어린이라는 것을 인식해야 한다. 성장기에 있는 어린이를 대상으로 혹독한 훈련을 시키는 것은 성장발달에도 지장을 줄 수 있기에 최소한의 훈련을 시키는 것을 고려해야 한다. 무엇보다 성장발달을 고려한 훈련이 중요하다. 왜냐하면 무리한 훈련은 성장발달을 억제하고 방해하는 역할을 할 수 있기 때문이다.

둘째, 이기는 것보다 기초기술 위주로 훈련하는 것이 필요하다. 너무 어린 나이부터 승리를 위한 훈련을 하다 보면 운동선수에게 중요한 기초기술을 배우지 못하는 문제가 있다. 대성하기 위해서는 기본기부터 다져놓아야 한다. 기본기 없는 선수는 큰 선수가 되는 데 일정 부분 한계가 있다. 왜냐하면 실력이 늘지 않고 정체될 수 있기 때문이다. 어린 선수는 운동을 시작하는 단계이므로 거시적인 관점에서 기초기술과 기초체력을 연마하는 데 중점을 두어 훈련하는 것이 필요하다.

셋째, 어린이 운동선수는 승리보다는 스포츠 자체의 즐거움과 재미를 위주로 훈련하는 것이 지속적인 선수생활을 하는 데 도움이 된다. 승리만을 강조하는 훈련은 쉽게 지루하게 만들 수 있다. 어린이 운동선수가 스포츠에서 재미를 발견하고 지속적으로 선수생활을 이어갈 수 있게 하려면 먼저 재미 중심의 훈련과 교육을 하는 것이 필요하다. 재미없는 훈련에서 지속적인 참가를 유인할 수 있는 동기를 발견하기 어렵기 때문이다.

넷째, 공부와 운동을 병행할 수 있도록 한다. 너무 어린 나이부터 운동만 하게 되면 온전한 인간으로 성장하는 데 문제가 될 수 있다. 적어도 학교수업은 정상적으로 듣고 방과 후에 훈련을 할 수 있도록 어린이 선수들에 대한 배려가 필요하다. 공부와 운동을 함께하는 것이 당연한 것이라는 인식을 심어주고 공부와 운동을 병행할 수 있도록 훈련시간과 학습시간을 균형적으로 배분해주어야 한다.

다섯째, 어린 선수에게 체벌을 가하지 않는다. 너무 어린 선수들에게 운동을 하는 데 어떤 강압적인 언행과 체벌을 하지 않도록 해야 한다. 체벌은 어린이 선수들이 수동적인 선수가 되도록 하는 문제가 있다. 창의적이고 적극적인 선수를 만들기 위해서는 강압적인 체벌보다는 칭찬을 통해 행동을 변화시키고 운동기술을 향상시키도록 하는 것이 중요하다. 어린이 선수들의 인권이 보장되어야 한다.

2. 학교체육의 인성교육적 가치

가. 스포츠교육과 인성발달

Sage(1988)는 인성이란 단어는 많은 뜻을 가지며 여러 가치와 관련성이 있음을 언급하고 있다.

인성은 좁게는 성격으로, 넓게는 철학적 개념까지 포함하는 다양한 의미로 정의되고 있다. 이에 Beller와 Stoll(1995), Rudd(1998)는 사회적 인성(social character)과 도덕적 인성(moral character)의 두 가지 개념으로 분류하였다. 사회적 인성은 사회학습론과 사회학적인 관점에서 팀워크, 충성심, 자기희생, 인내 등으로 구성되어 있고, 도덕적 인성은 고대 그리스 철학자 Aristotle의 도덕적·철학적 관점에 영향을 받아 정직, 정의, 연민, 존중, 책임감, 공손 등으로 구성되어 있다. 스포츠는 본질적으로 명예, 정직, 페어플레이, 예의범절 등과 같은 운동정신을 강조하며 정당하지 못한 방법을 허용하지 않는다. 또한 스포츠를 통해 경험하게 되는 규칙의 준수와 스포츠맨십 등은 자기 통제와 자기 수양을 유도하여 타인을 존중할 줄 아는 가치와 태도를 형성시켜 인성발달에 기여하게 된다.[1]

나. 학교체육의 인성교육적 가치

스포츠가 인성교육에 기여할 수 있는 효과는 크게 스포츠 활동과 정서 발달, 인지 발달, 사회성·도덕성 발달의 측면에서 살펴볼 수 있다. 첫째, 스포츠 활동은 부정적 정서를 감소시키고 긍정적 정서를 증진시키며 타인에 대한 정서적 공감능력 함양을 통해 도덕적 정서 발달의 바탕을 마련해준다. 둘째, 스포츠 활동 자체는 주의력·집중력 등 지적 기능 발달의 생리적 토대가 되며 다양한 스포츠경기 속의 전략이나 팀 활동 과정은 전략적·창의적 사고 기술과 비판적·도덕적 판단 능력을 함양할 수 있는 환경을 제공해준다. 셋째, 스포츠 활동은 부정적 행동 및 일탈 방지, 친사회적 행동 및 생활기술의 발달, 도덕적 성품을 발달시킴으로써 스포츠를 통한 인성 발달에 직접적인 기여를 할 수 있다. 하지만 스포츠 인성교육의 내용, 방법, 효과에 대한 검증이 아직 미진하며, 부정적인 영향도 대두되고 있어 향후 의도적 교수·학습방법, 적절한 교육 환경, 훌륭한 역할모델 등 체계적 교육 프로그램을 마련할 필요가 있다.[2]

3. 새로운 학교문화를 위한 스포츠의 역할

가. 학교문화의 특성

그동안 학교문화는 비민주적이며 권위주의적인 모습을 갖고 있었다. 학생들의 인지 수준은 향상되고 있는데도 불구하고 과거의 교육방법으로 학생들을 지도하는 것은 교육적 목표를 달성하는 데 어렵다고 하겠다. 현재 학교문화를 상징적으로 보여주는 것이 대학수능시험을 위한 준비기관이라는 인상이 짙다. 초등학교부터 고등학교까지 명문대학에 입학하기 위한 준비교육을 받고 있다고 할 수 있다. 그 결과 신체활동량이 많이 필요함에도 불구하고 규칙적인 신체활동을 하지 못하는 문제점을 드러내고 있다. 학생선수들은 수업을 받지 않고 전국대회 우승을 향해 운동만 하고 있고, 반면에 일반 학생들은 신체활동은 전혀 하지 않고 공부만 하는 현상을 가져왔다.

모든 것이 입시에 집중하여 운영되고 있어서 정상적인 학교문화를 형성하는 데 한계가 있다. 학교는 즐거운 신체활동과 배우는 즐거움을 체험해야 하는 시기에 학생들의 신체적·정신적 특성을 반영한 학교문화를 만들어가야 한다. 하지만 문화는 사라지고 수능시험을 위해 공부만 하는 곳으로 변모하였다. 특히 내신 성적의 반영으로 학생들 간에도 경쟁의식을 가지고 생활하기 때문에 우정을 유지하는 것도 어렵게 되었다. 왜냐하면 친구가 아니라 경쟁자로 인식하기 때문이다. 그 결과 다양한 문제가 발생하였다. 대표적인 문제는 학교폭력, 인성교육 붕괴, 학교공동체의 상실 등이다. 이러한 문제를 치유할 수 있는 대안문화를 스포츠교육에서 찾아보았다.

나. 새로운 학교문화를 위한 스포츠의 역할

1) 인성교육의 장

새로운 학교문화를 위한 스포츠의 역할은 인성교육의 장에서 찾을 수 있을 것이다. 대학입학 위주의 교육에서 얻을 수 있는 장점도 있지만 단점도 있다. 대표적인 단점은 인성이 사라지고 있다는 점이다. 친구 간의 존중과 배려가 사라지기 때문에 인성이 문제가 된다. 그 인성을 스포츠교육을 통해 회복할 수 있다는 것이다. 스포츠교육을 통해 학생들이 존경, 책임감, 정성, 정직, 공평, 올바른 시민의식을 함양할 수 있다. 이 중에서 우리가 주목해야 할 덕목은 페어플레이, 즉 공정함이다. 공정한 게임을 통해 학생들이 승리와 패배를 수용하고 노력을 통해 극복하려는 자세를 배울 수 있다는 점에서 스포츠교육은 인성교육의 장이 될 수 있다고 하겠다.

2) 학교폭력의 예방과 해결

스포츠교육은 학교폭력을 예방하고 해결하는 데 도움이 된다. 현재 학교폭력은 학교의 문제뿐만 아니라 사회문제가 되었다. 학교폭력으로 자살하는 학생들이 늘어나면서 사회적 관심의 대상이 되었다. 학교생활에서 같은 친구를 왕따 시키고, 물리적 폭력이나 언어폭력이 일상화되어 나타나고 있으며, 피해를 받는 학생들이 존재하는데도 불구하고 국가 차원에서 마땅한 대책을 강구하지 못하고 있다. 자살하는 학생들은 매년 늘어가는데도 불구하고 구체적인 해결책을 내놓지 못하고 있다. 이런 학교폭력의 문제를 스포츠교육을 통해 해결할 수 있다고 본다.

그 구체적인 방안은 스포츠교육적인 학교 폭력 예방을 위한 이론과 현장 연계강화, 교내에서 실질적으로 실행할 수 있는 스포츠교육적 예방프로그램의 다양한 개발, 효과적인 실행을 위한 조직적 네트워크와 융합적 연계 구축 등이다.[3]

3) 학교공동체 형성

스포츠교육은 학생들이 신체활동을 하는 가운데 형성되는 우정과 연대를 통하여 학교공동체를 형성할 수 있다. 학교공동체는 경쟁정신보다는 협동정신을 통해 친구 간의 우정과 연대에 의해 형성된다. 학교는 일종의 학습공동체이며 배움의 공동체이다. 같은 나이의 친구들이 함께 배우고 생활하는 중요한 교육공동체의 의미를 가지고 있다. 이러한 공동체는 구성원 간의 우정과 연대를 통해 공동체정신을 함양할 수 있는 중요한 기관이다. 중요한 것은 학생들에게 스포츠교육을 통해 친구를 먼저 생각하고 함께 목표를 달성하는 체험 중심의 교육으로 결과보다는 과정에서 얻을 수 있는 가치를 체험할 수 있도록 한다면 친구에 대한 우정을 키우고 친구들 간의 연대의식을 높일 수 있어서 학교공동체를 형성할 수 있을 것이다.

지금까지 새로운 학교문화를 위한 스포츠의 역할에 대하여 알아보았다. 스포츠는 단순히 신체적 건강만을 향상시키지는 않는다. 정신적 건강과 사회적 건강을 위해서도 스포츠는 그 활용성이 높다. 인생에서 황금기라고 할 수 있는 청소년기의 학교생활에서 스포츠교육을 통해 신체적 건강만이 아니라 사회적·정신적·영적 건강을 얻을 수 있는 역할이 스포츠교육에 달려 있다고 할 수 있겠다. 스포츠에서 얻을 수 있는 가치 중에서 우리가 주목해야 하는 가치는 페어플레이 정신이다. 공정한 게임, 정정당당한 게임을 통해 공정함에 대하여 배우고 실천할 수 있기 때문이다. 페어플레이는 단순히 추상적인 구호가 아니라 학교문화를 혁신하는 데 기여할 수 있는 실천적인 가치이다.

VIII부
스포츠조직과 윤리

이 단원에서는 스포츠에 있어서 중요한 정책윤리, 심판윤리, 경영윤리를 중심으로 다루고 있다. 정책윤리에서는 정치와 스포츠의 관계, 스포츠의 사회적 이슈, 그리고 스포츠정책 등을 윤리적 관점에서 설명하고, 특히 스포츠정책과 윤리성에서는 스포츠정책과 윤리의 연관성, 스포츠정책윤리의 이론적 근거, 그리고 스포츠정책윤리의 확보방안 등을 제시하고 있다.

심판윤리에서는 심판의 윤리적 기준과 심판의 역할과 과제 등을 설명하고, 특히 심판의 윤리기준으로 공정성, 청렴성, 편견과 차별성을 강조하고 있다.

경영윤리에서는 스포츠경영자의 윤리적 의식과 스포츠조직의 윤리적 책임주체와 공동체적 조직행동 등을 설명하고, 특히 스포츠경영자의 윤리적 의식과 윤리적 리더십, 그리고 스포츠조직의 윤리적 책임의 본질과 주체, 책임주체로서 공동체적 개인, 스포츠조직의 역할 도덕성과 공동체적 개인주의를 강조하고 있다.

1장 스포츠와 정책윤리

 학습목표

- 정치와 스포츠의 관계를 윤리적 관점에서 이해한다.
- 스포츠의 사회적 이슈를 윤리적 관점에서 이해한다.
- 스포츠정책을 윤리적 관점에서 이해한다.

1. 정치와 스포츠의 관계

오늘날 스포츠는 정치와 밀접한 관련성을 갖고 발전해왔다고 해도 과언이 아니다. 스포츠가 정치권력을 이용하고 정치가 스포츠를 이용하는 공생의 관계다. Easton(1953)은 "정치를 한 사회의 가치를 권위적으로 배분하는 활동"으로 정의함으로써 정치적 활동은 특정사회의 '가치 있는 것'의 권위적 배분을 중심으로 전개된다.[1] 또한 정치의 사전적 의미는 일반적으로 권력의 획득과 유지를 둘러싼 항쟁 및 권력을 행사하는 활동으로 정의하고 있다. 여기서 권력은 사회관계 속에서 자신의 의지를 관철시킬 수 있는 능력, 즉 합법적 힘을 의미한다.

일반적으로 스포츠가 정치적 간섭으로부터 독립성을 지켜나갈 수 있도록 하기 위해 스포츠와 정치의 상호 분리를 강조하고 있으나, 스포츠와 정치의 결합은 좋은 의미이든 나쁜 의미이든 상호발전을 위해 필요로 하고 있다. McIntosh(1981)는 스포츠는 정치로부터 결코 자유로울 수 없다고 하였다.[2] 이것은 스포츠가 정치적 속성을 지니고 있다는 것을 의미한다. 스포츠가 조직화되고 체계화될 경우, 스포츠에 내재된 특성인 경쟁성, 협동성, 공개성 그리고 비언어적 전달성 등은 국가목적을 수행함에 있어서 잠재적 기능을 할 수 있다. 이러한 기능을 기본으로 스포츠의 정치화 현상과 관련한 스포츠의 정치적 속성은 첫째, 스포츠 참여자가 사회조직을 대표하는 것, 둘째, 스포츠 단체 조직의 과정, 셋째, 스포츠에 대한 정부기관의 개입, 넷째, 스포츠경기와 정치적 상황의 상호작용, 다섯째, 스포츠경기의 의식과 제도적 특성에서 나타난다. 스포츠의 사회문화적 비중이 커질수록 정치조직과의 관계도 더욱 커질 수밖에 없다.

스포츠는 지역사회, 국가사회, 국제사회 수준에서 모두 정치적 작용을 할 수 있고 정치가 스포츠를 이용하는 방법은 상징, 동일화, 조작 등이 있다. 그리고 정부가 스포츠에 개입하는 동기나 이유는 국민의 안전과 질서 확립, 건강과 체력증진, 국가브랜드 이미지 향상이나 국위선양, 국민 화합과 통합, 경제성장, 여가 선용, 강군 육성, 국가 간의 화해와 협력증진 등 각 국가와 지역에 따라 다양하다. 이러한 정부의 스포츠 개입은 순기능적 측면만 있는 것이 아니라 역기능적인 측면도 있다. 스포츠의 순기능적 측면에는 첫째, 국민의 화합과 협력, 둘째, 외교적 승인과 국위선양, 셋째, 국민의 건강과 행복 증진, 넷째, 국가 간의 화해와 협력 등이 있다. 그리고 스포츠의 역기능적 측면에는 첫째, 정치선전 및 체제강화, 둘째, 사회통제, 셋째, 국가 간 분쟁, 넷째, 정치적 시위 등이 있다.

이러한 스포츠의 잠재적 기능과 정치적 속성을 바탕으로 한 스포츠 행위의 정치적 방법과 동기, 그리고 기능(순기능과 역기능)과 관련하여 아리스토텔레스(Aristoteles, B.C. 384~322)의 이론에 근거하여 설명하면 다음과 같다.[3]

첫째, 스포츠와 관련된 정치인, 공직자, 스포츠지도자는 스스로 덕성과 윤리를 갖추어야 한다. 둘째, 궁극적으로 우리 인간을 행복하게 만들어주는 정치는 스포츠 참가자들이 덕성과 윤리를 갖출 수 있도록 법, 제도, 정책 등을 추진하는 것이 필요하다는 것이다. 즉, 스포츠에 참가하는 개인적 차원의 개인윤리와 스포츠와 관련된 사회구조나 제도적 차원의 사회윤리에 대한 성찰과 반성이 요구된다. 그러므로 스포츠 참가자는 자신의 행위가 윤리적인가, 또한 스포츠와 관련된 사회적 구조나 제도가 윤리적인가를 항상 생각해야 할 것이다.

정부가 스포츠에 개입하는 동기나 이유가 윤리성의 판단에 있어서 아주 중요하다. 칸트(Immanual Kant, 1726~1804)는 도덕적인 행동의 기준은 '동기'에 의한 것이며, 이를 '의무동기'라고 하였다. 즉, '결과'를 위한 행동이 아니라 올바른 '이유(동기)'로 올바른 행동을 하는 것이다. 칸트는 자유를 강조하지만 선택의 자유를 말하는 것이 아니라 스스로 만든 합리적인 법칙에 따라 행동하는 것을 의미하고 이러한 법칙은 '이성'에 의하여 생겨난다고 한다. 따라서 정치가 스포츠를 지원 또는 개입할 경우에 윤리성을 확보하기 위해서는 '선한 의지'와 '동기'가 매우 중요하다. 예컨대 제24회 서울올림픽대회의 개최 동기에 대하여 서로 토론해보면 상충되는 '스포츠의 정치적 두 얼굴'을 찾을 수 있을 것이다. 이는 스포츠를 통하여 국민의 관심을 유도하거나 국가번영 등으로 나타날 수 있다.

그리고 스포츠의 순기능적 측면이 윤리적인가, 아니면 역기능적 측면이 윤리적인가. 일반적으로 규범윤리학의 '최대 다수의 최대 행복'을 주장하는 공리주의적 입장에서는 순기능적 측면이 역기능적 측면보다 윤리적이라고 간주할 수 있을 것이다. 그러나 칸트의 주장처럼 행동동기와 행동과정에서의 의무나 규범 준수 여부는 또 다른 의무론적 입장에서의 윤리적 판단이 요구될 수 있다는 것을 간과해서는 안 된다. 예컨대 학생선수가 학교수업을 포기하고서 운동에 열중한 결과 국가대표선수로 선발되어 국제대회에서 국위를 선양했을지라도 선수생활을 은퇴한 이후 학업부진으로 사회적응과 직업선택에 어려움이 있다면 학업포기는 윤리적으로 바람직하다고 할 수 없기 때문이다.

특히 정치가 스포츠를 이용하는 방법 중에서 '조작'은 정치집단의 의도에 따라 정치선전이나 체제강화를 위하여 미디어나 교육적 수단 등을 활용함으로써 정치화를 극대화시킬 수 있다. 그 의도나 방법이 정의나 좋은 삶, 국민 행복, 그리고 바람직한 원칙 준수 등과 거리가 있고 나아가서는 독단과 편견에 의한 소수의 특정집단을 위한 것으로 전환된다면 도덕적 한계에 직면할 것이다. 니부어(Niebuhr, R., 1892~1971)는 개인적으로 상당히 도덕적인 사람도 소속집단의 이익을 위해서는 이기적이 되기 쉽다[4]고 주장한 이론에 근거하여 정치적 속성을 지닌 스포츠의 조작은 언제 어디서나 일어날 수 있다.

스포츠 현상을 설명하는 구조기능주의 이론이나 갈등이론을 중심으로 살펴보면 사회문화 공동체에 대한 스포츠의 역할과 관련하여 전자는 스포츠의 긍정적 측면을 강조하는 순기능을, 후자는 스포츠의 부정적 측면을 강조하는 역기능을 설명하고 있다. 구조기능주의 이론은 사회란 본질적으로 상호 관련되고 의존적인 제도로 구성되어 있으며, 스포츠는 전체 사회의 균형과 안정에 기여한다는 기본가정에 그 기반을 두고 있다. 스포츠의 사회적 기능으로 첫째, 체제유지와 긴장처리, 둘째, 사회통합, 셋째, 목표성취, 넷째 적응기제 강화 등을 들 수 있다. 그리고 갈등이론은 사회란 유산계급과 무산계급, 지배계급과 피지배계급의 투쟁과 갈등을 통하여 사회변동이 발생한다고 보는 기본 가정에 그 기반을 두고 있다. 자본주의사회에서 스포츠는 지배계급의 이익을 증대하는 수단으로 이용됨으로써 스포츠의 사회적 기능으로 첫째, 신체적 소외, 둘째, 강제와 사회통제, 셋째, 상업주의, 넷째, 국수주의 및 군국주의, 다섯째, 성차별 및 인종차별 등을 가져올 수 있다는 시각을 지닌다.

구조기능주의 이론의 입장에서 스포츠의 사회적 기능은 의무론보다 결과론, 즉 '최대 다수의 최대 행복'을 위한 공리주의적 입장을 지향하고 강조하는 경향이 있다. 일반적으로 정치는 공동체의 행복을 실현할 수 있는 최고의 기술이다. 그래서 아리스토텔레스는 "정치는 좋은 삶을 만드는 것", "정치의 목적은 좋은 시민을 기르는 것"이라고 주장한다. 스포츠는 공동체의 삶 속에서 미덕을 갖추게 하는 윤리적 의미를 지니고 있기 때문에 정치적 입장에서 스포츠는 교육의 한 수단으로 공동체 속에서 스포츠에 참가하는 개인의 인격형성과 올바른 공동체 형성에 지대한 공헌을 할 수 있을 것이다.

그러나 갈등이론의 입장에서 스포츠의 사회적 기능이 기록갱신 및 승리의 도구로서 사회적 노동의 한 형태가 되어 참가자의 신체적 소외를 조장하거나 오도된 신념을 강화하고, 국민의 관심을 인위적으로 유도하고, 스포츠가 상업적 투자의 대상이 되어 안정과 균형을 저해하고, 맹목적 애국주의나 민족우월주의를 부추기고, 성차별과 인종차별을 조장한다면 이는 결코 윤리적일 수 없는 도덕적 한계를 지니고 있다. 스포츠의 중요한 사회적 가치가 무엇이며 스포츠 실천이 올바른 가치를 지향하고 있는지에 대한 윤리적 차원에서의 성찰이 요구된다. 스포츠나 정치는 옳은 것(right)과 좋은 것(good)의 가치판단을 위하여 도덕의 개입을 필요로 하기 때문이다.

롤스(Rawls, J., 1921~2002)는 각 개인은 사회 전체의 복지라는 명목 아래에서도 유린될 수 없는 정의에 입각한 불가침성을 지니고 있기 때문에 정의에 의해 보장되는 기본권이 희생되어서는 안 된다고 주장하면서 정의의 두 원칙을 "모든 사람이 자유를 완벽하게 누릴 수 있게 하고", "가장 빈곤한 사람들에게 복지의 혜택을 배려해야 한다."고 강조하였다.[5] 그러므로 이러한 논리는 오늘날 저소득층과 다문화가족 등 약소한 국민을 대상으로 공평하게 스포츠 권리를 누릴 수 있도록 정치력을 발휘해야 한다는 것을 강조하고 있다. 따라서 스포츠에 있어서 정의는 타인에게 이로움을 주는 덕성으로 강자에게만 편익을 주는 편파적 덕성이 아니라 약자를 포함한 모든 사람들에게 이로움을 주는 보편적 덕성이라는 사실을 다시 한 번 기억함으로써 정치, 경제, 종교, 인종, 성적으로 차별 없는 스포츠문화를 추구해야 할 것이다.

한국체육철학회 춘계학술대회(2008)

2. 스포츠의 사회적 이슈와 윤리성 문제

스포츠와 관련된 사회적 이슈는 다양하다. 이 장에서는 다른 영역에서 다루지 않은 정치와 직·간접적으로 관련된 주요 문제 몇 가지를 다루고자 한다. 운동선수의 귀화 논쟁, 남북한 스포츠교류와 북한의 미녀응원단 파견 논쟁 등이다. 먼저 '운동선수의 귀화, 바람직한 것인가?'에 대한 질문을 던지고 싶다. 최근 대한민국의 국가대표선수로 활약하던 안현수 선수가 2014년 소치동계올림픽대회에서 러시아의 국가대표선수 빅토르 안으로 참가하게 되면서 운동선수의 귀화문제는 사회적 문제로 인식하게 되었다.

　국가 정체성은 국민다움을 혈통으로 설정하여 공통된 혈통이 아닌 사람은 국적과는 무관하게 진정한 국민으로 인식하지 않는 '종족형'과 정치적 관점에서 파악하여 사람들이 시민의 권리와 의무에 기초한 정치문화만 공유하면 같은 국민으로 인정하는 '시민형'의 두 가지 형태로 설명하고 있다.[6] 그러나 초국가적 이주의 본격화는 국민과 국민이 아닌 자의 경계를 아주 모호하게 만들고 있다. 최근 올림픽과 월드컵 같은 국가정체성이 강조될 수 있는 경기에서 국적을 바꾼 귀화선수들을 동서양을 막론하고 어렵지 않게 볼 수 있다. 국내 스포츠의 경우에도 이미 많은 선수가 귀화하여 국가대표로 활동하고 있다. 한국에 귀화한 국가대표로는 1994년 대만에서 귀화한 배구선수 후인정 선수가 있고, 2010 베이징올림픽에 탁구 국가대표로 출전한 당예서가 귀화선수로서는 첫 올림픽 동메달리스트가 되었다. 이와는 반대로 양궁선수 김하늘은 호주로 귀화해 2008 베이징올림픽과 2012년 런던올림픽에 호주 남자 국가대표로 참가하였다. 엄혜련은 일본으로 귀화해 2012년 런던올림픽에 양궁여자 국가대표로 참가하여 단체전 동메달리스트가 되었다. 이와 같이 세계 여러 나라뿐만 아니라 역사적으로 단일민족의 자부심을 지닌 한국에서조차 국가대표 선수 급의 국적 이동은 이미 일상화되었다.

　그렇다면 이러한 현상, 즉 스포츠선수들의 국적이동에 대한 윤리성 문제를 진단할 필요성이 있다. 과연 안현수 선수는 파벌 싸움의 희생양으로서 자신의 꿈을 찾아 고국을 떠난 자인가, 아니면 국가와 민족을 저버린 기회주의자인가를 생각해볼 필요가 있다. 예컨대 일반 직장인과 달리 생명력이 짧은 운동선수의 입장에서 자신의 기량을 전부 보여줄 수 없고 부당한 대우를 받고 있는 기존 회사와 다른 곳에서 더 좋은 근무환경과 자신의 기량을 인정해주는 곳이 있다면 개인적인 입장에서 움직일 수밖에 없을 것이다.[7] 안현수 선수가 "나는 내가 가장 좋아하는 빙상을 할 수 있는 환경이 필요했고, 그래서 가장 좋은 환경을 찾아 러시아로 왔다."고 한다면 그는 과연 애국심이 부족해서 귀화했다고 말할 수 있을까?

　그러나 한편으로는 자신의 편의나 이익을 위해 국적을 포기한 것이 모두 정당화될 수 있을까? 2014 인천아시안게임 육상에서 금메달리스트들은 아프리카 출신 선수들로 대부분 중동 국가로 국적을 변경하여 출전함으로써 외신기자들로부터 비판을 받았다. 이들이 운동을 할 수 있는 좋은 환경이기 때문에 귀화했다고 주장할지라도 이들의 귀화 국가가 오일달러를 앞세운 중동 부국들인 것을 보면 이를 순수하게 믿을 사람은 없을 것이다. 그리고 이러한 현상은 아시안게임이라고 말할 수 없는 결과를 가져올 수도 있다. 따라서 국적을 바꾸는 귀화는 긍정적 측면과 부정적 측면 모두 상존하고 있다고 사료된다.

　막스 베버(Maximilian Weber, 1864~1920)는 지도자가 갖추어야 할 덕목으로 내재된 신념윤리와 책임윤리를 제시하였다. 인간행위의 윤리적 법칙 두 가지는 신념윤리와 책임윤리로 나눌 수 있다. 신념윤리를 주장하는 사람은 우선 결과를 생각하지 않고 신념의 실현 그 자체에만 집착하는 사람으로 행위자가 이념이나 가치, 대의나 이데올로기 같은 내면적 신념을 가짐으로써 자신의 윤리적 목적을 만족시키려 할 수 있다. 책임윤리를 주장하는 사람은 인간에 의해 발생되는 결함들을 인정하고서 자신의 행동 결과에 대해 책임을 져야 한다는 원칙에 따라 행동하는 사람이다. 신념과 책임 중에 어떤 것이 옳고 어떤 것이 더 바른 길이라는 것은 아니다. 조화될 수 없는 이율배반의 관계에 놓여 있지만 이 둘이 조화되어 신념과 책임이 소명인 삶을 살아가도록 한다. 책임윤리는 선한 동기를 기반으로 선한 결과에 의하여 완성되기 때문에 어떤 문제나 사건의 전체적 구조 내지는 맥락에서 행위자가 자신의 결정이 가져올 수 있는 결과를 상상하고, 그 자신이 원래 바라는 목표와 관련하여 그것이 어떤 결과를 가져올 수 있을 것인가를 생각하는 깊은 판단을 기반으로 한다.[8] 따라서 빅토르 안을 비롯한 귀화 선수들에 대한 평가는 신념윤리 또는 귀화의 동기를 기반으로 한 결과에 대한 책임윤리가 적용 가능한 이론이 될 수 있다.

두 번째로 남북한 스포츠교류와 북한의 미녀응원단 파견이 바람직한 것인가에 대한 질문을 던질 수 있다. 남북한 스포츠교류와 미녀응원단 파견 문제도 통일에 대한 철학과 방법이 다를 수 있기 때문에 남북한의 신념윤리만으로는 지속적인 교류가 불가능할 것이다. 상호교류를 통한 바람직한 결과를 고려하는 책임윤리가 뒤따라야 한다. 즉, 평화통일에 대한 신념과 선한 동기를 기반으로 한 선한 결과를 추구함으로써 상호교류가 지속·발전되어야 한다. 그러나 교류주체인 스포츠인의 소외 속에서 정치적 위기를 모면하기 위한 수단으로 활용하거나 북한에 대한 객관적 시각의 상실효과를 바라면서 미녀응원단을 파견하거나 남남갈등을 증폭시키겠다는 의도가 숨어 있다면 교류동기에서의 한계는 물론 선한 결과도 가져올 수 없을 것이다. 따라서 신념윤리와 책임윤리의 조화를 도모하는 노력이 요구된다.

스포츠의 사회적 이슈와 윤리적 문제에 대응하는 적극적 자세가 매우 중요하다. 즉, 비정상적이거나 불공정한 문제를 정상화시켜 공정한 스포츠문화를 조성하기 위해서는 자신이 놓여 있는 상황조차 인식하지 못하는 '무지한 태도', 현실 도피와 소외의식을 갖는 '비관적 태도', 맹목적으로 거부하고 반항하는 '반항적 태도'를 버리고 과학기술 문명의 발달로 좋아질 것이라는 '낙관적 태도', 그리고 합리적 사고와 반성적 사고를 수용하여 사회의 선을 위하여 사용하는 '적극적 태도'를 지녀야 오늘날 스포츠의 사회적 문제를 해결할 수 있을 것이다. 그리고 스포츠의 윤리적 타락은 시대정신의 타락을 가져올 수 있다. 즉, 스포츠에 도덕성이 결여될 때 사회적 사상과 문화도 불건전해질 수 있기 때문이다. 그러므로 스포츠의 윤리적 문제에 낙관적이고 적극적인 자세로 임함으로써 스포츠문화를 계승·보존·발전시켜나가는 것이 이 시대 우리에게 주어진 의무 또는 사명일 것이다.

3. 스포츠정책과 윤리성 문제[9]

정책은 공동체 구성원들에게 기본적인 권리와 의무를 할당하고 이득과 부담을 적절히 배분하는 기능을 하므로 정책분석에는 경제적 합리성의 기준뿐만 아니라 윤리적 정당성의 기준도 충족되어야 한다. 정책이 윤리적 정당성을 상실할 때 공동체 구성원들은 그 정책에 대하여 불신과 냉소주의를 유발하여 성공적인 정책집행이 어려울 뿐만 아니라 구성원 상호간에 유대를 깨뜨릴 가능성이 높아 공동체의 존립 자체를 위태롭게 할 가능성도 배제할 수 없다.[10]

가. 스포츠정책과 윤리의 연관성

정책학이라는 학문의 연구대상의 핵심은 바로 '정책'이라는 사회현상이다. 그런데 '정책'의 개념에 대한 정의는 학자들 간에 중요하다고 생각하는 측면이 다르기 때문에 다양한 견해가 있을 수 있다. "정책은 목적 가치와 실행을 투사한 계획", "목표와 그것의 실현을 위한 행동으로 구성된 것", 또는 "주로 정부기관에 의하여 결정이 되는 미래를 지향하는 행동의 주요 지침이며, 이 지침(정책)은 최선의 수단에 의하여 공익을 달성하는 것을 공식적인 목표로 삼는다"고 보고 있다. 이들의 내용을 종합해 설명하면 "정책은 바람직한 사회 상태를 이룩하려는 정책목표와 이를 달성하기 위해 필요한 정책수단에 대하여 권위 있는 정부기관이 공식적으로 결정한 기본방침"이다.[11]

한편 정책이라는 용어와 유사한 용어로는 시책, 대책, 사업, 정부방침, 정부지침 등이 있으나 시책, 대책, 사업은 일반적으로 하위정책을 의미할 때 사용되고 있다. 그리고 정책의 구성요소는 정책목표, 정책수단, 정책대상 집단(policy target group)으로 설명되고 있으며, 이를 위하여 정책분석, 정책결정, 정책집행, 정책평가 등의 작업과정이 요구되고 있다. 여기서 바로 이러한 정책 작업의 주체가 특정 개인 또는 집단이라는 것에서 윤리적 문제가 발생하게 된다.

윤리란 철학의 한 분야로, 도덕행위를 의미한다. 도덕은 옳고 선한 행위와 관련되어 주어진 환경에서 수행되는 행위의 도덕적 판단이나 기준이다.[12] 공직사회가 부패하거나 정보화 사회에 맞는 정책윤리나 사고가 확립되지 않을 경우 바람직한 사회 상태를 이룩하는 것은 불가능하다. 우리의 관료사회뿐만 아니라 정치사회 구조 속의 만연된 부패를 척결하지 않고서는 국가경쟁력 향상이 용이하지 않을 수 있다.[13]

그리고 정책윤리를 미시적인 관점에서 파악할 때는 공직자의 부정부패 방지와 같은 특정 행위의 규제에 초점이 맞추어질 수 있지만, 거시적 관점에서 파악할 때는 인류를 위하여 자기의 지식을 적극적으로 활용해야 할 뿐만 아니라 높은 공익성과 봉사정신이 강조된다.[14] 그러므로 정책윤리가 정착되지 않는 한 합리적인 정책분석과 결정, 그리고 효율적인 정책집행과 평가에 지장을 초래하게 되어 공동체와 각 구성원의 삶에 지대한 영향을 미칠 수 있기 때문에 정책과정에서의 윤리성 확보는 매우 중요하다.

정책연구의 접근방법에는 서술적 접근(descriptive approach)과 규범적 접근(normative approach)이 있다. 서술적 접근은 존재에 대한 사실 발견 차원의 접근이고, 규범적 접근은 당위, 즉 가치판단 차원의 접근이다. 그리고 이것은 사실과 가치, 실증과 규범, 절차적 합리성과 실체적 합리성으로 이분화될 수 있다. 오늘날 우리 사회에서 가치와 자원의 배분상태를 변화시키는 정부의 정책과정에서 윤리적 기준과 규범적 선택을 회피할 수 없다. 정책결정 자체가 정책결정 과정에 참여하는 사람들의 가치관과 윤리적 판단의 산물이기 때문이다. 그러므로 현실적으로 정책과정에 대한 가치판단적 개입은 불가피하고, 정책의제 설정의 적절성, 정책목표 설정과 대안 선택의 최적성, 정책성과의 편익 극대화, 정책결정과정의 참여 등은 윤리적 평가기준이 된다. 그리고 민주주의 이념과 각종 법규의 준수, 공직자의 부조리나 비리문제 등이 추가적인 정책윤리 문제다.[15] 이와 같이 체육정책을 대상으로 한 윤리성 문제도 이러한 논리적 범주를 기반으로 이루어지게 된다.

체육정책의 분석, 결정, 집행, 평가하는 사람은 공동체의 유지와 발전, 그리고 개인의 인간적인 삶을 향상시키는 공동선을 위하여 윤리성 확보가 반드시 수반되어야 한다. 예컨대 체육정책분석가와 평가자는 비록 정책결정자를 옹호한다 하더라도 그의 자문이 불법적인 활동을 정당화하는 데 기여하는 것이 아니라 법적 범주 내에서 양심적으로 이루어져야 하기 때문이다. 또한 정책결정과 집행에 참여하는 자도 특정집단의 이익을 대변하는 부분성과 편파성을 벗어나서 구성원 다수의 이익을 추구하는 전체성을 지녀야 한다.

오늘날 우리 체육계는 이러한 윤리성에서 자유로울 수 없다. 아직도 학교체육은 전인교육의 하나로 역부족이고, 체육조직은 생활체육과 학교체육, 전문체육의 통합적 발전과 거리를 두고 있다. 또한 스포츠 현장에서 선수선발과 육성 비리, 폭력, 성폭력, 약물복용, 승부조작, 조직사유화 등 다양한 문제가 발생하고 있다. 그리고 체육정책을 결정하는 기관장의 경우 체육정책능력보다는 정당과 계파, 지역을 고려하여 검증 없이 임용되고 있으며, 공무원의 무사안일과 실책의 은폐는 물론 전공영역의 불일치와 잦은 인사이동으로 인한 전문성 부족도 문제가 된다. 바로 이러한 현상은 공동선을 추구하는 정책분석, 정책결정, 정책집행, 정책평가가 합리적이고 효율적으로 이루어질 수 없을 수도 있다는 것을 의미하기도 한다. 따라서 체육의 보다 나은 발전을 모색하는 차원에서 체육정책과 윤리성은 매우 긴밀하게 연관되어 있고, 체육정책의 윤리성 확보는 체육발전을 위하여 매우 중요한 요소로 작용하게 될 것이다.

스포츠윤리아카데미 연수과정(2014)

나. 스포츠정책윤리의 이론적 근거

일반윤리 이론과 같이 정책윤리도 기술윤리, 규범윤리, 분석윤리로 나누어 생각해볼 수 있다. 기술윤리는 도덕적 원리나 기준에 대한 과학적 탐구활동이고, 분석윤리는 도덕적 원리나 기준에 대한 단어나 진술의 의미체계나 인식구조 등을 분석하는 것이므로 바람직한 정책을 판단하는 원리나 기준으로 사용하기에는 적합하지 못하다고 생각된다. 따라서 정책윤리에 관한 논의는 규범윤리적 관점에 초점을 맞추어 고찰하는 것이 적합하다.[16] 규범윤리는 공리주의, 칸트의 윤리설 등 순수규범윤리와 의료윤리, 환경윤리, 직업윤리 등 응용규범윤리로 구분할 수 있다.

Marcuse(1976)는 기획이나 정책분야에서 사용되는 규범윤리적 접근을 다음과 같이 6가지로 구분한다. ① 개인의 선택문제에 초점을 맞추는 주관적 접근, ② 공식적이고 객관적인 기준을 설정하려는 객관적 접근, ③ 객관적 기준을 추구하면서 정의에 초점을 두는 평등주의적 접근, ④ 상호학습 과정에 초점을 두는 과정적 접근, ⑤ 체제유지 및 체제도전에 초점을 맞추는 구조적 접근, ⑥ 법적 윤리에 초점을 두면서 모든 사람에게 적용되는 원리에 초점을 두는 다원적 접근이 그것이다.[17] 이러한 규범윤리의 철학적 기반은 공리주의와 의무론에 초점을 두고 있기 때문에 전통적으로 정책윤리는 공리주의(결과론), 의무론(또는 권리론) 등과 깊은 관련이 있다. 이와 관련된 이론으로 Laudon(1995)은 정책윤리의 인과관계와 적용수준을 결과론과 규칙론, 개인론과 집단론으로 설명하고 있으며, 여기에 절대론과 상대론을 분석방법으로 적용하여 〈표 8-1〉[18]과 같이 설명하고 있다. 그러므로 체육정책윤리도 Laudon의 인과관계와 적용수준을 이론적 기초모형으로 적용할 수 있을 것이다.

표 8-1. 정책윤리의 인과관계와 적용수준

		인과관계	
		규칙(의무, 권리)	결과(성과)
적용수준	집단	집합적 규칙론 (플라톤, 칸트)	집합적 결과론 (벤담, 밀, 롤스)
	개인	개인적 규칙론(로스)	개인적 결과론(애덤 스미스)
분석 방법론		절대론(현상학) ⇔ 상대론(실증론)	

정책윤리에는 정책과정의 절차적 윤리성과 정책결과의 실체적 윤리성 문제가 제기된다. 공리주의 및 정의론과 같은 결과론(consequentialism)은 바른 규칙(right rules)보다 개인 또는 집단이 달성한 좋은 결과(good consequences)를 중시하고 이에 따라 판단된다.[19] 그러므로 체육정책의 윤리성은 규칙준수 여부의 행위가 아니라 결과에 따라 판단되어 결정될 수 있다.

그러나 의무론(권리론)과 규칙론(role based approach)은 행동결과보다는 행동 자체의 내부적 특성, 즉 행동의 동기와 의도에 초점을 두고 모든 사람에게 보편적으로 적용되는 규칙을 중시한다. 특히 규칙론 중 칸트의 의무론(deontology)은 행동은 그 결과와 관계없이 내재적 동기와 행태의 옳고 그름을 독립적으로 판단한다. 윤리적 행동은 의무나 기본적 인권으로부터 영역적으로 도출될 뿐 행동결과에 종속되지 않는다는 것이다.[20] 그러므로 체육정책의 윤리성은 결과가 아니라 행동의 동기와 의도, 그리고 민주적 절차에 따라 판단되어 결정될 수 있다.

오늘날 체육과 관련된 행위는 동기와 결과가 명확히 구분되지 않음은 물론 인과관계가 복잡하게 얽혀 있고 불분명한 경우가 많다. 그렇다고 공리주의나 의무론 중 어느 한쪽을 수용하는 것도 문제해결의 지름길은 아니다. 왜냐하면 체육정책도 정책과정의 민주성과 결과의 합리성도 추구해야 하기 때문에 규칙론과 결과론의 논쟁은 무의미할 수 있다는 것이다. 즉, 결과론이나 규칙론 중 어느 하나로 사회현상을 설명하고 규범적 처방에는 한계가 있을 수밖에 없기 때문이다. Macrae와 Wilde(1979)는 실제로 정부의 정책적 의무가 정책활동을 통하여 일정한 결과를 증진시키므로 의무론이 결과론과 반드시 대립되지 않을 수도 있다고 주장한다.[21] 그러므로 체육정책윤리도 이분법적 논쟁보다는 규칙론과 결과론 모두를 조화롭게 적용하여 통합적으로 윤리이론을 적용하는 것이 바람직할 것이다.

정책과정에는 정책분석가, 정책결정자, 정책의 적용 대상자, 언론과 시민단체 그리고 국민 등 다양하게 구성되어 있다. 여기서 정책결정자의 선택이 정책의 적용 대상자들에게 가장 많은 영향을 미칠 것이다. 그러나 정책분석가는 정책결정자의 선택에 가장 큰 영향을 미친다. 그러므로 정책분석가와 정책결정자의 윤리수준이 가장 중요하다. 이것은 일반적으로 개인론(미시론)과 집단론(거시론)으로 구분되어 설명될 수 있다. 개인론은 도덕적 권위가 자기성찰과 반성을 통하여 스스로 규칙을 개발 및 준수하는 개인적인 노력을 강조하지만, 집단론은 도덕적 권위는 조직, 권위, 정치체제 등에 있다고 보고, 누구에게나 보편적으로 적용되는 규칙을 준수하거나 사회에 최대 편익을 가져오는 행동대안의 선택을 강조한다. 여기서 정책분석가의 경우 개인의 도덕적 판단기준에 따를 것인가, 정책분석가 집단의 윤리기준에 따를 것인가, 또는 사회윤리에 따를 것인가의 문제가 제기된다. 이것은 개인적 윤리기준, 전문 직업윤리, 그리고 사회윤리 사이의 일치성 문제다. 이들 사이에 일치된 원리가 적용되면 갈등은 발생하지 않으나 그렇지 않으면 선택의 상황에 놓이게 된다.[22] 그러므로 체육정책에 있어서 정책분석가, 정책결정자 그리고 정책평가자의 윤리적 수준과 소통 노력이 강구되어야 한다.

다. 스포츠정책윤리의 확보방안

정책과정에서 가장 중요한 정책분석가는 일반적으로 객관적 기술자 모형(objective technician type), 고객 옹호자 모형(client's advocate type), 쟁점 옹호자 모형(issue advocate type)의 3가지로 유형화할 수 있으며, 정책분석가의 윤리는 모든 정책과정에서 매우 중요하게 작용하기 때문에 체육정책윤리를 확보하기 위해서는 무엇보다 우선적으로 검토되어야 한다.

객관적 기술자 모형은 가치를 배제한 입장에서 과학적·분석적 접근방법으로 객관적이고 기술적인 정보를 제공한다. 이들은 단지 객관적인 정보만 제공함으로써 정책결정자와 정책분석가의 역할을 엄격히 구분하고 있는 입장이다. 즉, 정책목표의 수정이나 여러 정책적 대안 중에서의 선택 등 가치판단의 부분은 정책결정자의 역할로 남겨놓는다. 이 모형에서 정책분석가는 자기 자신의 가치판단과 정책결정자의 최종 결정과의 괴리에서 윤리적 갈등을 초래할 가능성이 높다. 즉, 정책분석가 스스로 생각할 때의 객관적 기준에서 본 결론과 정책결정자의 결정이 일치하지 않을 때 갈등을 느낄 수 있다. 그러나 이러한 갈등은 그의 소임이 정책결정에 있지 않고 결정을 위한 정보의 제공에 있다는 신념에 의하여 대부분 해소된다.[23] 그러므로 정책분석가의 역할은 다른 두 모형의 정책분석가 역할보다 그 범위가 작고 소극적이다. 따라서 정책분석가의 직업윤리는 과학자로서의 학문적 순수성과 성실성, 정직성 등이 중심이 된다.

고객 옹호자 모형은 정책분석가를 자기 고객(주인)인 정책결정자에 대한 봉사로 간주한다. 정책결정자의 결정을 이론적으로 정당화하거나 정책문제에 대한 처방적 정보를 제공하고, 민주주의적 공공윤리가 법의 지배, 국민에 대한 봉사, 상급자에 대한 충성을 포함하듯이 정책분석가는 직접고객인 정책결정자에 대하여 자문기능(정책결정자의 결정을 합법화)을 수행한다. 이 모형에서 능동적인 정책분석가는 정책결정자의 이익이라는 관점에서 문제의 제시, 목표의 설정, 대안의 평가, 정책결정에 뒤따르는 반응의 처리 전략, 정책집행 상황 및 그 결과에 대한 평가 따위를 행한다. 그러나 소극적인 정책분석가는 본질적인 정책가치나 목표보다는 정책결정자의 이익을 극대화시킬 수 있는 정책대안의 개발에 더 많은 관심을 가진다.[24] 그러므로 정책분석가와 고객인 정책결정자 간의 가치관의 차이가 심할 경우 정책분석가는 심한 내적 갈등을 겪을 수 있다. 따라서 이 모형에서 정책분석가의 역할은 공공부문의 정책보다는 사적부문의 정책에 더 유용할 것으로 간주된다. 그 이유는 공공윤리에 의하여 제약을 받을 수 있기 때문이다.

쟁점 옹호자 모형에서 정책분석가는 가치를 추구하는 규범적 존재로 간주한다. 좋은 사회를 만들기 위하여 자신의 가치판단과 행동기준에 따라 정책적 쟁점이 되는 문제를 선택하고, 그 목표와 대안 제시를 위하여 노력한다. 즉, 목표달성을 위한 수단을 강구할 뿐만 아니라 목표의 선택에도 관심을 가지며, 이때 판단의 기준은 자신의 가치관으로 정책분석가는 정책결정자에 대한 봉사자가 아니고 자기 자신의 가치 실현을 위한 봉사자로 보는 것이 더 적합하다. 그러므로 이 모형에서 정책분석가가 추구하는 가치는 사회적 형평성, 사회적 효과성, 인간의 존엄성 등과 같은 사회적·윤리적 원리들일 수 있고, 체제유지나 안정 또는 변화와 관련된 정치적·경제적 이념들일 수 있다.[25] 따라서 정책결정자에게 제공되는 대안은 정책결정자를 위한 것이라기보다는 정책분석가의 입장에서 만들어진 처방적인 것으로 간주될 수 있다.

송희준(2006)은 가치와 사실, 실체적 합리성과 절차적 합리성의 구분이 어려운 것과 같이 객관적 기술자, 고객 옹호자, 쟁점 옹호자로서의 정책분석가의 역할은 서로 명확하게 구분되는 것은 아니며, 이러한 정책분석가의 3가지 역할 유형은 상황에 따라 중복적이거나 연계적인 상호관계 속에서 구분될 뿐이라고 주장하고 있다.[26] 그러므로 체육정책에 있어서도 각각의 입장이 명확하게 구분되지 않지만 차이가 있다는 것을 부인할 수 없다. 그러므로 체육정책분석가의 역할윤리는 상황에 따라 선택적 입장을 취하면서 중복적·연계적 관계 속에서 윤리성을 확보하는 개인적·사회적 노력이 요구된다.

우리 사회를 건강하게 만드는 일에 가장 앞장서야 할 사람은 공무원이라고 해도 과언이 아니다. 그렇기 때문에 공직자의 가장 중요한 윤리는 공평성과 정당성일 것이다. 일반적으로 정책은 '사회 희소가치의 권위적 배분'이라고 정의한 바와 같이 자유민주주의사회에서 정부는 가치의 배분자이다. 그런데 가치의 배분은 공평성에 있다.[27] 만약 정부가 공평성을 잃으면 사회는 분열과 대립을 가져오게 되면서 바람직하지 못한 사회적 현상, 즉 anomie 현상을 초래하게 되고 궁극적으로는 붕괴의 원인이 될 수도 있다. 그러므로 공평성과 정당성을 잃지 않도록 항상 유념해야 한다.

2장 심판의 윤리

 학습목표
- 심판의 윤리기준을 이해한다.
- 심판의 역할과 과제를 살펴본다.

　심판은 선수를 보호하고, 공정한 경기 운영을 보장함으로써 경기에서 선수의 탁월한 경기력을 유감없이 발휘하게 하고, 각 경기단체로부터 부여받은 심판권을 경기규칙과 도덕적 양심에 따라 엄정하게 행사하여 경기에서의 기본질서와 규칙의 적부(適否), 경기의 우열이나 승부를 판정하는 사명이 있다. 이 같은 사명을 다하기 위하여 심판은 심판권의 독립과 심판의 명예를 굳게 지켜야 하며 선수와 관중으로부터 신뢰와 존경을 받아야 한다. 그러므로 심판은 공정하고 청렴하게 편견과 차별 없이 직무를 수행하며 심판에게 요구되는 높은 수준의 책임윤리를 갖추어야 한다.

　심판은 경기장의 오케스트라의 지휘자와 같다. 경기의 흐름을 조율하는 마법과 같은 힘을 발휘하는 사람이다. 그런데 오심과 편파 판정을 하는 것은 심판 자신의 책임윤리의 결여에서 비롯된다.[1] 만약 어떤 스포츠경기에서 심판이 경기규칙을 준수하지 않는다면 그 경기는 판정의 혼란을 가져와 경기 자체가 이루어지지 않는다. 따라서 경기규칙에 따른 정당한 경기가 행해질 수 있도록 규칙 이행을 감시하고 유지하는 것이 심판의 책임이라고 할 수 있다.

　심판으로서 책임을 성실히 수행하지 못하는 것은 경기 자체를 망치는 것이 될 것이며 그 심판의 판정 행위로 말미암아 심판의 명예가 여지없이 추락하는 결과가 발생하기에 더더욱 심판의 책임윤리가 필요한 것이다.[2] 그러므로 심판은 경기장의 최고 집행관으로서 경기장에서 포청천처럼 최고의 권한을 행사하며, 선수들은 심판의 판정에 순복하고 그 지시에 따라 경기를 수행한다는 자부심과 자긍심을 가지는 동시에 최고의 권한을 위임받은 대신에 반드시 그에 따른 의무와 책임 또한 뒤따름을 잊어서는 안 된다.[3]

　그렇다면 이 같은 심판의 사명과 책임윤리 의식 가운데 심판이 올바른 판정을 내릴 수 있는 핵심적 윤리기준이 무엇인지 살펴보도록 하자.

1. 심판의 윤리기준

그러면 심판이 갖추어야 할 윤리기준은 무엇인가?

학자들마다 견해가 다양하게 논의될 수 있지만, 심판의 윤리기준은 무엇보다도 '공정성'과 '청렴성'을 가지고 있어야 하며, '편견과 차별성'을 가져서는 안 된다는 것이다.

가. 공정성(公正性)

공정성이란 '공평하고 정대함의 마음'[4]이라는 뜻을 가지는데, 여기서 공평(公平)은 치우침이 없이 고른 마음 상태[5]를 말하며 함께 사용되는 말로 '공평무사(公平無私)'가 있다. 공평무사란 어느 한쪽으로 치우침이 없고 사사로움이 없다는 말이다.

한편, '정대(正大)'란 바르고 크다[6]라는 뜻으로 함께 사용되는 말로는 '공명정대(公明正大)'가 있다. 공명정대란 사사로움이 없고 다른 말이 없이 명백하다는 말이다. 따라서 먼저 심판의 도덕적 조건으로서 공정성이란 모든 경기에서 '공평무사'함과 '공명정대'함을 그 윤리기준으로 가진다. 즉, 모든 심판은 경기에서 어느 한쪽으로 치우침이 없고 사사로움이 없을 뿐만 아니라 심판이 내린 판정에 따른 다른 말이 없이 명백함을 그 윤리기준으로 한다는 것이다.

그러나 심판도 인간인지라 오심과 편파 판정에 휘말려 어려움을 겪는 사례가 종종 있음을 부인할 수 없다.

이 같은 심판의 공정성이 훼손되면 시합 도중 흥분한 선수들이 심판의 편파적인 판결에 거칠게 항의하거나 심판의 공평무사하지 못한 행위로 말미암아 자신들이 응원하는 선수가 이길 수도 있었던 경기에 패했다고 불평과 불만을 토로하기도 하고, 심지어 심판의 판정에 불공정함을 표출하여 죽음으로 항변하는 사건까지 있다.

이 같은 스포츠 현장에서의 사례를 들어보면 다음과 같다.

「일간스포츠」기사에 의하면 한국농구연맹(KBL) 고위 관계자는 총재부터 경기인 출신이 맡은 만큼 판정에 대해 신경을 쓰고 있으니 지켜봐 달라는 내용이었다.[7] 그러나 지켜보니 하루 만에 오심이 나왔다. 1일 오후 창원실내체육관에서 열린 프로농구 창원 LG와 울산 모비스의 정규리그 3라운드 맞대결. LG가 33 : 30으로 앞선 2쿼터 종료 3분 7초 전, LG 크리스 메시의 레이업이 모비스 리카르도 라틀리프의 손에 걸렸다. 하지만 블록슛이 아니라 골 텐딩이었다. 메시가 던진 공이 백보드에 닿은 뒤 골대를 향해 내려갈 때 라틀리프가 건드렸기 때문이다.

한국농구연맹 경기규칙 31.2.1은 야투 시도 시 볼이 완전히 링보다 높은 위치에 있고 그 볼이 바스켓을 향해 내려가고 있거나 볼이 백보드에 닿은 후에 선수가 볼을 터치하면 골 텐딩이 된다고 명시하고 있다.

메시를 비롯한 LG 선수들은 명백한 오심 탓에 잠시 집중력을 잃을 수밖에 없었다. 그사이 모비스가 쉽게 2점을 올렸다. "아니, 세상에 그걸 못 보면 어떡하라는 얘기야?"라는 김진 LG 감독의 항의가 TV 중계에 생생하게 잡혔다. 김진 감독은 테크니컬 파울을 받았다. LG는 정당한 2점을 날렸고 반대로 2점을 허용했다. 테크니컬 파울로 인한 실점도 있었다. 순식간에 5점을 손해 본 것이다. LG는 모비스에 77:85, 8점 차로 패했다. KBL 고위 관계자의 말이 맞다면 심판진을 재정위원회에 회부해 제재를 가해도 할 말이 없는 오심이다.

미국프로농구(NBA)의 경우 승패에 영향을 끼친 오심이 발생할 경우 리그 사무국이 직접 보도자료를 내고 오심을 인정하며, 보통 다음 날 공식 입장이 발표된다. 빠르고 단호하게 오심을 인정하는 모습을 통해 구단들과의 신뢰를 유지하고자 애쓴다. 어차피 결과는 달라지지 않는다. 언제 어떻게 나올지 모르는 오심을 100% 차단하기도 어렵다. 하지만 숨기지 않는다. 치부를 드러낼 때는 확실히 드러내면서 더 발전된 모습을 보여주겠다고 약속한다.

반면, KBL은 굳이 드러내지 않는다. 올 시즌 들어 KBL이 공식적으로 오심에 대해 인정한 적은 단 한 번도 없다. 어떤 절차를 통해 구체적으로 어떻게 제재가 내려지는지에 대해서도 함구로 일관한다. 그저 믿어달라는 것이다. 프로야구는 올해 오심 논란 때문에 홍역을 치렀다. 한국야구위원회(KBO)는 숨지 않고 오심 논란에 정면으로 맞섰다. 인정할 부분은 인정했고 재빠른 합의판정제도 도입 같은 행동으로 구단과 팬들의 신뢰 회복에 앞장섰다. 심판의 권위를 최대한 지키면서 오심을 줄여나갔다.

"지켜봐 달라."는 말만으로는 부족하다. 구시대적인 발상이다. KBL이 오심을 줄이기 위해 구체적으로 어떤 노력을 하고 있는지 관계자들도, 팬들도 궁금해한다. 아직까지는 달라진 게 없기 때문이다.

한편, 태권도 편파 판정에서는 어느 한 태권도 선수의 아버지가 자살하는 안타까운 일이 생겼다.[8] 지난해 5월 태권도 선수 아들을 둔 아버지가 심판의 편파 판정에 항의하며 목숨을 끊는 사건이 있었는데, 경찰 수사 결과 서울시태권도협회가 조직적인 승부조작을 했다는 것이 사실로 드러났다. 전국체전 고등부 서울시 대표 선발전에서 일어난 일로, 5:1로 이기고 있었는데 경기 종료 50초를 남기고 심판으로부터 연거푸 일곱 번의 경고를 받아 아들이 패하자 분을 참지 못하고 억울함을 호소하며 세상을 등진 사건의 진상이 이제야 명명백백히 확인된 것이다.

승부조작의 과정을 보면 상대 선수의 아버지가 대학의 태권도학과 교수인데, 자신의 아들이 이기게 해달라고 동문 후배인 한 중학교 감독교사에게 청탁을 하고, 이 감독은 다시 태권도협회 전무에게, 전무는 기술심의위원회 의장에게, 의장은 심판위원장에게, 심판위원장은 심판부위원장에게 전달했고, 최종적으로 심판부위원장은 경기 주심에게 얘기해서 주심이 경고를 많이 주는 수법으로 반칙패를 만들어 승부를 뒤집은 것이다. 이 과정에서 특정 대학의 빗나간 학연이 확인됐고, 더불어 태권도협회 내부의 고질적인 승부조작 관행의 실체가 드러났다.

문제는 이런 승부조작 관행이 만연돼 있었다는 것이다. 태권도 내부에서는 이것을 '오다'라고 하는데, 윗선의 '오다'를 듣지 않으면 심판이 왕따를 당했다고 한다.

협회는 매년 상임심판 100여 명을 선정해놓고 심판위원장이 심판을 배정하는데, '오다'를 무시했다가는 어느 순간 심판에서 제외될 수 있어 소신 판정을 할 수 없었다는 것이 이번 경찰 수사에서 확인됐다. 태권도체육관들이 해마다 줄어들고 있는 상황에서 심판까지 해가며 생계를 유지하는 태권도 관장들의 어려운 처지를 이용해 압박을 가한다는 것이다. 이번에 금품수수가 확인되지는 않았지만 메달에 따라 승부조작에 몇천만 원의 돈이 오간다는 말도 나온다.

태권도는 단순한 스포츠나 무예가 아니라 한국의 전통을 나타내는 대표 문화유산 중 하나다. 전 세계 200여 개국에 보급돼 한류를 이끌고 있고, 한국이 종주국이 돼 올림픽 종목으로 발전시켜놓은 우리의 자랑거리다. 이런 태권도가 우리 내부에서는 스포츠의 기본정신조차 외면해버린 채 승부조작으로 곪아터진 모습을 보이고 있는 것은 참담하고 한심하기 짝이 없다. 어른들의 승부조작으로 아버지를 잃고 마음의 깊은 상처까지 입은 고등학생은 지금도 상담치료를 받고 있다고 한다. 모든 태권도인들이 반성해야 할 일이다. 끼리끼리 밀어주고 챙겨주며, 경기 결과도 뒤집는 상황에서 태권도는 더욱 외면 받을 수밖에 없다. 태권도인들의 대오각성을 촉구한다는 기사이다.

나. 청렴성(淸廉性)

심판의 두 번째 윤리기준은 '청렴성'이다. '청렴성'은 성품이 고결하고 탐욕이 없는 마음을 의미[9]하며, 보통 청렴결백(淸廉潔白)이란 말과 함께 사용된다. 청렴결백하다는 것은 성품이 고결하여 탐욕이 없을 뿐만 아니라 심판으로서 지조를 더럽힘 없이 깨끗이 하는 마음 상태를 말한다.

한국사회에서 청렴성은 청백리(淸白吏)를 먼저 연상한다. '청백리'란 청귀(淸貴)한 관직을 수행할 수 있는 능력과 품행이 단정하고 순결하며 자기 인신은 물론 가내까지도 청백하여 오천(汚賤)에 조종되지 않는 정신을 가진 관리, 즉 소극적 의미인 부패하지 않은 관리가 아닌 적극적 의미의 깨끗한 관리를 가리킨다. 청백리 정신에서 가장 중요시하는 청렴정신은 탐욕의 억제, 매명행위의 금지, 성품의 온화성 등을 내포하고 있다. 청백리 정신은 선비사상과 함께 백의민족의 예의국가관에 의한 전통적 민족정신이며, 이상적인 관료상이기도 했다.

우리나라의 전통적 민족정신은 단군 이래 홍익인간적 윤리관에 바탕을 두고 형성되어 삼국시대의 화랑정신, 고려와 조선시대의 구국항쟁, 그 후 의병활동 등으로 계승·발전했다. 청백리의 대표적 인물로는 황희 정승, 대제학 이황, 오성과 한음으로 유명한 이항복 등이 있다고 한다.[10] 이 중에서 대제학을 지난 이황은 호가 퇴계(退溪)로, 오늘날 1,000원 지폐에 새겨진 인물로 청렴성을 대표하는 중요한 인물이다.

이황은 대제학의 높은 관직을 지냈으면서도 안동에 내려와 도산서원을 건립하고 그곳에서 1,000원 지폐에서 보듯이 온화한 성품에 탐욕을 억제하며 매명(買名)행위, 즉 금품이나 수단을 써서 명예를 얻는 행위를 금하는 청렴한 삶을 살았다. 이처럼 심판은 경기를 진행함에 있어 온화한 성품으로 탐욕을 억제하며 금품이나 수단에 부화뇌동하지 않는 이황과 같은 청렴성을 가져야 하는 것이다.

오늘날 스포츠 현장에서 심판의 청렴성이 훼손됨으로써 얼마나 많은 심판의 오심과 편파 판정이 자행되는지 실로 안타까움을 금할 수 없다.

다음 사례는 심판의 청렴성이 훼손된 사례이다.[11]

우리나라 피겨 김연아(24 · 대한민국)를 2위, 아델리나 소트니코바(18 · 러시아)를 1위로 평가한 소치올림픽 피겨스케이팅 여자 싱글 판정이 논란이다. 이미 피겨 단체전에서 '러시아 · 미국 담합 의혹'이 일어난 터라 다수의 매체가 심판 판정의 청렴성을 의심하고 나섰다.

김연아는 12일 러시아로 출국할 때 "대회 때마다 심판이 다르고, 판정기준이 같을 수 없으니 나는 만족스러운 경기를 하고, 그에 따른 결과는 받아들여야 한다."고 말했다. 그만큼 피겨스케이팅은 심판의 주관적인 판단이 개입할 여지가 많은 종목이다. 이번 여자 싱글 판정에 이의를 제기한 외신들도 "예전에도 이런 일이 있었다."며 과거 사례를 떠올렸다.

올림픽 피겨스케이팅 사상 가장 큰 논란을 불러일으킨 사건은 2002년 솔트레이크시티대회에서 벌어졌다. 당시 피겨스케이팅 페어에서 러시아의 엘레나 베레즈나야-안톤 시하룰리드제 조는 한 차례 점프에서 실수했지만 '클린' 경기를 펼친 캐나다의 제이미 살레-다비 펠레티에 조를 제치고 정상에 올랐다. 판정 논란이 일었고, 프랑스 심판 마리 렌느 르군느가 "러시아에 유리하게 채점하라."는 프랑스빙상연맹의 압력이 있었다고 폭로했다. 국제올림픽위원회(IOC)는 "판정에 문제가 있었다."며 러시아와 캐나다에 공동 금메달을 수여하며 '피겨 판정 사건'을 서둘러 봉합했다.

이 사건은 대회 종료 후 르군느가 "사실 나는 오래전부터 캐나다빙상연맹으로부터 로비를 받았고, 이번 올림픽에서 공정하게 판정하자 캐나다연맹으로부터 위협을 받았다. 그래서 러시아에 유리하게 채점했다는 거짓 고백을 했다."고 밝히면서 다시 주목받기도 했다.

2010년 밴쿠버대회 남자 싱글에서 금 · 은메달을 차지한 에반 라이사첵(미국)과 예브게니 플류셴코(러시아)는 채점 방식을 두고 설전을 벌였다. 플류셴코가 "이번 대회 채점방식은 스케이팅보다 댄스에 높은 점수를 준다."며 "트리플 점프만 뛴 라이사첵보다 쿼드러플 점수를 뛴 내 점수가 낮은 건 이해되지 않는다."고 불만을 드러냈다. 이에 라이사첵은 "내 인생의 롤 모델이었던 선수가 억지주장을 한다는 게 무척 슬프다."고 대응했다.

최근에는 심판이 다른 심판을 매수하려다 적발된 사건이 일어났다. 2012년 프랑스 니스컵 대회에서는 우크라이나 심판 나탈리아 크루글로바가 "우크라이나 페어 선수들의 점수를 올려달라."며 다른 심판을 매수하려고 시도한 혐의를 받아 2013년 5월 세계빙상연맹으로부터 2년 출전 정지 처분을 받았다.

월드컵은 전 세계의 스포츠 축제이지만, 전 세계적으로 수백억 달러의 배당금이 걸린 도박게임이기도 하다. 일부 사람들은 "축구야말로 깨끗한 스포츠이다."라고 말하지만, 주심과 편파 판정, 뒷돈 거래는 실제로 많이 존재한다.

2010년 3월 고려대와 연세대 경기의 심판 매수 사건을 주도한 김상훈 전 고려대 감독이 구속되고 해당 심판이 대한축구협회에서 제명되는 사건이 있었다. 2006년에는 이탈리아 유벤투스가 심판들을 매수해 유리한 판정을 업고 승리한 일까지 있었는데, 38경기 중 29경기에서 심판을 매수한 것으로 밝혀졌다.

이외에도 월드컵 및 각국의 리그에서 수많은 심판 매수 및 편파 판정에 대한 사례들이 밝혀지면서 축구에 대한 신뢰도가 크게 떨어진 게 사실이다. 일부 국가에서는 편파 판정과 승부조작을 파헤치는 전문 조직들도 있으며, 그 조직의 조사에 의하면 "2006년 독일월드컵 잉글랜드-에콰도르, 가나-브라질, 이탈리아-우크라이나 경기가 태국에 본거지를 둔 거대 도박 조직에 의해 조작됐다."고 한다. 이때 브라질 3:0 승리에 50억 달러를 배팅하고 300억 달러가 넘는 돈을 챙겼으며, 심판은 물론 브라질 일부 선수들에게도 돈이 전달되었다고 한다. 이렇듯 월드컵에서도 심판매수와 오심판정은 비일비재하게 일어난다.

경기 중 심판의 오심은 경기의 흐름에 너무나도 큰 영향을 미친다. 만일 수비수들이 오프사이드 트랩을 만드는 중 오심이 일어나면 수비수는 역동작이 생겨 상대방 공격수를 쫓아가기 힘들게 되어 1:1 기회가 바로 주어지게 되는 것이다. 위험지역이나 골이 나올 때 파울을 불면 골은 인정되지 않으면서 공은 자연스럽게 상대방에게 넘어가는 형태로 분위기를 만들어가는 것이다. 월드컵에서도 수없이 많은 오심과 편파 판정이 나오고 있다. 오심월드컵이라 해도 심한 말이 아닌 것 같다. 우리나라뿐만 아니라 여러 나라가 오심에 울고 있다. 분명히 월드컵이 끝난 후 일부 오심은 심판 제제를 받을 것이고 먼 훗날 심판매수 및 경기조작에 대한 사실들이 밝혀질 것이라 생각한다.

FIFA는 이런 일련의 상황을 일부 묵인하는 태도를 취하는 것 같다.

경마와 경륜 등 스포츠 도박 산업이 그런 것처럼 이런 상황이 축구산업에 좋은 영향을 미치고 더 큰 돈이 흘러들어올 것으로 판단하는 것이다. 하지만 많은 사람들이 축구에 신뢰를 잃게 되면 월드컵의 열기는 식게 될 것이다.

다. 편견과 차별성

마지막 윤리기준은 심판은 편견과 차별성을 가져서는 안 된다는 것이다. 이는 심판이 혈연 · 지연 · 학연 · 성별 · 사제지간 · 파벌주의 · 인종 등을 이유로 편견을 가지거나 차별을 함으로써 오심과 편파 판정을 내릴 가능성이 있기 때문이다.

이 같은 스포츠 현장에서의 사례[12]를 살펴보면 2014년 문화체육관광부가 체육계의 '비정상적 관행의 정상화'를 위해 실시한 체육계의 대대적인 비리감사는 경기단체 '조직사유화'에 따른 비리에 '방점'이 찍혀 있다. 이 문제가 체육계 개혁의 가장 큰 걸림돌이라는 게 문체부의 판단이다.

문화관광부는 15일 대한체육회를 비롯한 중앙·시도·체육단체 등을 대상으로 2010년 이후 단체 운영 및 사업 전반에 대해 특별감사를 실시한 결과 총 337건의 비리사실을 적발, 이 중 10개 단체를 수사 의뢰(고발 19명)하고, 15억 5,100만 원을 환수 조치했다. 유례가 없던 이번 감사는 대한체육회, 국민생활체육회, 대한장애인체육회, 시·도 체육회, 시·도 생활체육회, 시·도 장애인체육회 및 중앙·시·도 경기단체 등 체육단체(2,099개)를 대상으로 이루어졌다.

이번 감사결과를 보면, 혈연·지연·사제지간 등 지인 중심으로 구성된 이사회를 통해 회장을 선출하면서 장기 재직해온 17개 시·도 승마 및 수영협회가 개선명령을 받았다. 또 측근들로 임원진을 구성하고, 전임 회장 등 27명에게 상임고문, 명예회장 등 비상임 직위를 부여하고 활동비(매월 30~400만 원)를 지급하면서 조직관리를 해온 서울시태권도협회도 적발됐다.

자녀를 선수로 둔 단체장이 선수 선발과정 등에 특혜를 제공한 강원승마협회 등 4개 단체도 기관경고를 받았다. 임원 28명과 전문위원 19명 등 과반수 이상(57.4%)을 특정대학 출신으로 구성한 대한유도회도 특정학교 비율 제한과 친인척 배제의 개선명령을 받았다.

부적절한 단체운영도 감사의 표적이 됐다. 경기태권도협회의 경우 회장이 개인적인 소송비용 5,500만 원을 협회 예산으로 집행한 의혹을 받고 있다. 또 단체주최 행사를 하며 사업비 중 6,300만 원을 횡령한 의혹이 있는 대한씨름협회 사무국장도 수사 의뢰됐다.

심판운영 불공정도 대상이 됐다. 단체장이 심판위원장을 위촉하고, 심판위원장은 심판을 사실상 단독으로 배정하는 등 특정인맥에 의한 불공정 심판진을 운영한 대한태권도협회가 시정명령을 받았다.

문화체육관광부가 체육계의 고질적인 파벌주의를 척결하기 위해 소매를 걷어붙였다. 김종 문체부 제2차관은 14일 "체육계 파벌을 혁파할 수 있는 다양한 정책을 수립할 예정"이라고 밝혔다. 전날 박근혜 대통령이 문체부 업무보고를 받는 자리에서 러시아로 귀화한 쇼트트랙 안현수 선수를 거론하며 "안현수 선수 문제가 파벌주의 등 체육계 저변에 깔려 있는 부조리와 구조적 난맥상에 의한 것은 아닌지 되돌아봐야 한다."고 지적한 데 따른 것이다.

체육계의 파벌주의는 오래된 병폐 가운데 하나다. 안현수 선수 건으로 이번에 다시 수면 위로 떠올랐을 뿐이다. 쇼트트랙의 경우 특정 선수를 국가대표로 만들기 위해 짬짜미 시합을 하는 일까지 서슴지 않았다.

태권도 시합에서 심판 편파 판정으로 패한 선수의 아버지가 스스로 목숨을 끊고, 유도의 추성훈 선수가 조국을 버려야 했던 이면에는 어김없이 뿌리 깊은 파벌주의가 작용했다. 체육계 내에서도 여러 차례 문제 제기가 있었으나 그때마다 땜질식 처방으로 일관하다가 병을 키웠다.

파벌주의는 비단 체육계에 국한된 문제가 아니다. 정치는 물론이고 경제, 사회, 문화, 예술 등 모든 영역에 똬리를 틀고 뿌리 깊게 박혀 있다.

인간사는 세상의 어느 나라나 파벌은 있기 마련이지만, 우리나라는 그 정도가 특히 심하다는 데 문제의 심각성이 있다. 단순한 친목 차원을 넘어 이권과 인사 문제까지 개입하는 파워 그룹으로 변질되어가고 있다.

인맥으로 얽히고설킨 파벌주의가 만연하면 애당초 공정한 경쟁, 선의의 경쟁관계는 성립되지 않는다. 이런 풍토에서는 자신을 계발하려는 노력보다 줄서기와 기회주의가 판을 치게 마련이다.

실력과 능력을 기준으로 선수 선발이나 인사가 이뤄져야지 연줄이 판단의 잣대가 되어서는 그 사회나 조직의 미래는 암울하다. 하지만 아주 오랜 세월 이어져온 파벌주의를 완전히 뿌리 뽑는 건 불가능에 가깝다. 서둘러서 될 일도 아니다. 우공이산(愚公移山)의 자세, 즉 오랜 시간이 걸리더라도 꾸준히 노력해나간다면 결국엔 뜻을 이룬다는 자세로 접근해야 문제가 풀릴 것이다.

한편, 인종차별문제로 올림픽무대를 '저항의 장소'로 삼은 피겨 선수도 있다.[13] 흑인 선수인 수리아 보날리(프랑스)는 1998년 나가노올림픽 여자 싱글 쇼트 프로그램이 끝난 뒤 점수를 끝까지 확인하지도 않고 키스앤크라이존을 떠났다. 그리고 다음 날 프리스케이팅에서 '부상 위험'을 이유로 금지된 백 플립(뒤로 360도 회전하는 것)을 선보였다.

보날리는 "흑인이라는 이유로 빙판에서 차별을 받아왔다."고 주장했다. 그녀는 1994년 일본 지바에서 열린 세계선수권대회에서 2위에 그치자 심판 판정에 불만을 품었고, 메달 수여식에서 시상대에 오르지 않고 은메달을 받자마자 목에서 풀어버리는 행동으로 주목받았다. 이후에도 "피겨계는 백인들의 세상"이라고 비판 수위를 높였던 보날리는 더 많은 사람이 지켜보는 올림픽무대에서 자신만의 기술로 저항의 뜻을 나타냈다.

이외에도 스포츠 현장에서 경기 중 심판의 윤리기준이 다양하게 논의할 수 있겠으나 심판의 중요한 윤리기준으로서 '공정성'과 '청렴성' 그리고 '편견과 차별성'을 들 수 있다.

2. 심판의 역할과 과제

스포츠는 흔히 각본 없는 드라마라고도 한다. 그래서 스포츠는 개인과 사회 그리고 나라와 민족까지 하나로 얼싸안게 만드는 차원 높은 인간 마음의 정화의 장이라 할 수 있다. 이 같은 스포츠의 현장에서 심판의 의무와 책임은 심판 자신뿐만 아니라 사회적 영향에 미치는 역할과 과제는 실로 지대하다.

의무가 있는 곳에는 항상 책임이 따른다. 스포츠 현장에서 심판이 공정성과 청렴성을 가지고 편견과 차별성 없이 경기에 대한 판정을 내렸을 때 그 판정에 대한 책임은 심판에게 있는 것이다. 심판은 사회적 측면에서 항상 책임윤리가 뒤따르기 때문에 명쾌한 심판으로 드라마틱한 승부에 긍정적인 스포츠의 순기능 역할과 책임윤리의 결여로 인한 오심과 편파 판정에 대한 엄청난 역기능의 역할을 동시에 가지고 있음을 주지해야 한다. 따라서 심판은 동전의 양면성이 있듯이 심판 자신의 순기능과 역기능이 상존한다는 것을 유념해야 한다.

가. 심판의 순기능

스포츠에서 심판의 역할은 피할 수 없는 요소이다. 스포츠경기에서 심판의 역할은 경기를 좌우하는 중요한 요소로 작용하기도 하며, 선수의 경기력과 승부에 지대한 영향력을 미친다. 또한 심판의 역할은 관중으로 하여금 경기에 대한 올바른 감정을 결정하는 중요한 요소로 작동한다. 그러므로 이 같은 심판의 역할은 관중과 선수 모두에게 지대한 영향을 미친다는 점에서 사회의 한 구성원들인 선수와 관중 그리고 나아가 팀과 구단에 이르기까지 그 긍정적인 순기능의 역할에 결정적인 영향을 미치는 것이다.

따라서 심판의 순기능을 심판의 윤리적 체험으로 해석하여 다음과 같이 3가지 개념으로 설명하고자 한다.

첫째, 심판의 판정행위는 경기에서 선수의 기술에 대한 기술적 판단의 일부로, 이는 심판의 기술적 판단행위이기 때문에 관중이나 선수들에게 윤리적 대상이 되어 심판의 기술에 대한 윤리적 가치를 발휘하는 것이다.[14]

따라서 심판의 기술은 선수의 기술에 대한 자신의 판단으로 자신이 축적한 기술적 판단 여하에 따라 달라질 수밖에 없다. 그러므로 심판은 반드시 해당 종목에 대한 기술습득이 전제되어야 한다.

여기서 심판의 기술은 양적 기술과 질적 기술로 세분화할 수 있는데, 전자는 해당 종목의 경기규정에 따른 심판의 판정기술이고, 후자는 지나친 양적 판정으로 인해 경기 운영의 맥을 끊어버리지 않고 선수들 간의 기량을 마음껏 발휘할 수 있도록 하는 심판의 판정기술이다.[15]

그러므로 심판기술의 궁극적 목적은 양적 기술을 전제로 한 질적 기술이 스포츠 현장에서 발현될 때 관중이나 선수들에게 주는 심판의 사회적 순기능은 클 수밖에 없다.

둘째, 심판의 판정행위는 선수의 기술에 대한 판정이라는 요소가 포함되며, 이 판정은 심판 자신의 주관적 판단이지만 이때 심판은 '사심이 없음'이라는 마음 상태에서 보편·타당성을 가져야 한다는 것에서 '심판의 공정'을 도출할 수 있다.

칸트는 인간의 판단에 보편성을 가지기 위해 자신의 저서『판단력 비판』에서 성질과 분량, 관계, 양태를 범주별로 분석했는데, 이를 심판의 공정에 적용해보면, 성질은 사심 없는 판단을, 분량은 주관적 판단이지만 일정 부분 객관적 판단을, 관계는 심판의 판단행위는 구체적 올바른 행위로서 합

목적적 판단을, 마지막으로 양태는 관중이나 선수들 모두 객관적 필연성을 가져야 한다.[16]

따라서 심판의 공정은 사심 없이 객관적 필연성과 구체적으로 올바른 판정행위로서 합목적성과 관중이나 선수 모두에게 심판의 판단이 옳다는 것을 인정할 때 비로소 심판의 사회적 순기능적 가치가 발현되는 것이다.

셋째, 심판의 판정행위는 경기 중에 행해진 선수의 기술에 대한 정확한 판정에 우렁찬 소리 혹은 호각 등으로 관중이나 선수들에게 외형적으로 드러나는 모습이 있는데, 이것이 바로 '심판의 절제'라는 것이다.

경기 시 심판의 절제는 '절제'라는 의미가 '정도에 넘지 아니하도록 알맞게 조절하여 제한하는 것'으로 선수나 관중으로 하여금 오심이나 편파 판정의 감정이 들어가지 않는 자세에서 나오는 품격있는 자세를 말한다.[17] 이는 중용(中庸)이란 단어로도 설명할 수 있다.

중용이란 단순히 산술적 평균의 중간이 아니라 그 사항과 상황에 가장 알맞고 정확한 상태를 말한다. 예를 들면 백발백중 혹은 적중이란 말의 의미와 함께 사용되는 말이다.

따라서 심판의 절제는 경기 시 일어난 제반 사항에 능동적이고 적극적으로 대처하여 경기를 원활히 운영할 뿐만 아니라 경기흐름에 대한 선수들의 규정위반에 대해 정확하고 단호하게 판정행위를 함으로써 선수와 관중으로부터 심판의 절제를 통한 심판의 순기능을 볼 수 있고, 배우는 과정에 있는 학생들에게는 장차 사회구성원으로서의 준법정신을 함양하는 계기가 되게 하는 것이다.

나. 심판의 역기능

심판의 역기능은 앞에서도 언급한 것처럼 모든 사물은 양면성을 가지고 있다고 생각한다. 스포츠 윤리적 관점에서 심판의 판정행위는 마치 칼과 같아서 그것이 누가 어떻게 사용하는가 여하에 따라 그 가치의 양면성이 상존하는 이치와 같다. 좀 더 구체적으로 설명하면, 칼이라는 것은 도둑이 사용했을 때는 상대방에게 엄청난 해악을 초래하게 하는 역기능을 갖고, 의사나 요리사가 사용하였을 때는 사람의 생명을 살리고 건강한 삶을 살도록 하는 순기능을 갖는다.

그러므로 스포츠에서 심판의 판정행위는 앞에서 언급한 순기능적 측면이 있는 반면에 역기능적 측면도 있기에 그 역기능적 측면을 살펴보고 그 과제에 대한 해결책도 함께 모색하였으면 한다.

첫 번째 역기능으로 '심판의 오심'을 들 수 있다.

심판도 사람인지라 오심의 판정행위를 할 수도 있다는 것을 인정하고 악법도 법인 만큼 오심 또한 경기의 일부라고 수용한다. 하지만 심판의 명백한 오심 판정행위로 말미암아 선수와 관중이 겪게 되는 엄청난 심적 고통과 1년 혹은 4년간 피와 땀, 눈물로 훈련한 노력들을 한순간에 물거품처럼 사라지게 할 뿐만 아니라 선수 자신이나 팀 그리고 사회 전체를 심판의 희생양으로 삼기에는 너무나 부정적인 사회적 역기능이다.[18] 이러한 심판의 오심 판정으로 인해 선수는 대학진학을 포기하거나 나아가 선수생활을 포기하기도 하며, 팀의 해체 등 사회 전반에 걸쳐 도미노적 현상을 야기하기도 하는 것이다.

따라서 심판의 오심에 대한 역기능을 최소화하기 위해 심판의 징계강화와 비디오 판독,[19] 객관적 심판제도 등 해결책과 더불어 항상 심판은 경기규칙과 판정 오심으로 인해 자신의 명예가 훼손되지 않도록 자중자애(自重自愛), 즉 말이나 행동, 몸가짐을 삼가 신중해야 한다.

두 번째 역기능으로는 '심판의 편파 판정'을 들 수 있다.

앞에서 언급한 심판의 편파 판정은 심판이 혈연·지연·학연·성별·사제지간·파벌주의·인종 등을 이유로 편견을 가지거나 차별함으로써 이루어진다. 이 같은 심판의 편파 판정행위는 선수는 물론 가족 그리고 나아가 사회, 국가, 민족에 이르기까지 역기능을 초래한다. 이에 대한 대표적인 사례가 우리가 잘 아는 태권도 경기와 소치동계올림픽 피겨 경기에서의 심판의 편파 판정 사례이다. 이로 인하여 태권도 선수의 아버지는 자신의 아들이 경기 중 심판의 어처구니없는 편파 판정으로 인해 억울함을 겪게 되자 죽음으로 항변하는 역기능을 초래하였다. 뿐만 아니라 소치올림픽에서 지연, 학연 등 기타 소련 선수에게 유리한 심판진 구성으로 인한 심판의 편파 판정은 김연아 선수뿐만 아니라 나라 전체에 부정적인 역기능을 초래하기도 하였다.

따라서 심판의 편파 판정이라는 역기능을 해소하기 위해서는 정기적인 심판의 보수교육 시 반드시 심판의 윤리교육[20]을 이수하여 선수와 관중으로부터 신뢰와 존경받는 심판이 되도록 해야 할 것이다.

> **생각해볼 문제**
> 1. 심판의 핵심 윤리기준은 무엇인가?
> 2. 심판의 역할과 과제는 무엇인가?

3장 스포츠조직의 윤리경영

 학습목표

- 스포츠경영자의 윤리적 의식에 대해 이해한다.
- 스포츠경영자의 윤리적 리더십에 대해 이해한다.
- 스포츠조직의 윤리적 책임의 본질과 주체에 대해 이해한다.
- 스포츠조직의 윤리적 책임주체로서 공동체적 개인을 이해한다.
- 스포츠조직의 역할 도덕성과 공동체적 개인주의에 대해 이해한다.

1. 스포츠경영자의 윤리적 의식: 윤리적 리더십

스포츠현상은 그동안 정량화된 성과기준에 의한 양적인 성장 제일주의 정책이 지배적이었으며 삶의 질 향상이라는 정성화된 질적인 면은 소홀히 해왔다. 그러나 오늘날 국민의식의 변화와 사회 전반의 글로벌화는 스포츠현상과 특히 스포츠산업의 국제경쟁력 향상을 위한 노력으로 이어졌고, 양적 성장에서 질적 성장을 추구하면서 스포츠기업윤리의 실천이 중요한 실천과제로 부각되고 있다. 즉, 국가, 기업, 개인에 이르기까지 글로벌화 현상은 스포츠조직과 기업에게는 국제적 수준의 윤리기준과 환경조성을 요구하게 되었고, 이에 스포츠현상은 경영윤리와 가치관을 확립을 통한 신뢰경영에 의한 건전한 기업문화 창달의 중요성과 필요성에 대한 인식이 확산되고 있다.

스포츠현상에서 윤리경영은 기업의 가치경영을 넘어 스포츠조직이나 개인이 이기고 지는 승패의 정량적 면의 옳고 그름을 구별해주는 정성적 규범기준에까지 확장된 스포츠사회윤리학적 가치체계를 의미한다. 스포츠현상의 주체는 이익만을 추구하는 단순 주체에서 사회 발전에 공헌하는 사회적 집단인 것이다. 스포츠현상에서 주체적 경영자는 이와 같은 역할을 수행하기 위하여 경영철학, 이념, 방법, 절차, 활동 등 각종 영역에서 윤리적이며 창조적인 리더십이 요구된다.

가. 스포츠경영자의 윤리적 의식

스포츠현상에서 경영자의 리더십에 대한 윤리는 먼저 행위와 자질로 구분하며, 규범적 모범된 행동으로 구성원들과의 소통 및 보상이라 할 수 있다.

Northoese(2001)[1]는 리더의 행위와 어떠한 인간인가에 대한 두 가지 윤리이론으로 구분하였다. 또한 리더의 행위에 대한 윤리이론은 결과와 의무 및 규칙으로 구분하고 있다. 즉, 결과를 목적론이라 이해할 때 스포츠현상에서 경영자의 특정 행위 결과가 참여자나 관전자. 즉, 스포츠를 하는 사람과 보는 사람의 특정 행동에 대한 도덕적이며 바람직한 방향으로 보편적 가치를 가진 옳고 그름을 판단하는 준거가 되는 것이다.

Brown, Trevino & Harrison(2005)[2]은 윤리적 리더십을 "리더의 행동은 인간관계가 규범적으로 모범이 되어야 하며, 조직 내에서 소통과 적절한 보상을 통하여 구성원들로 하여금 올바른 행동의 강화를 촉진시키는 것"이라고 하였다. 스포츠현상에서 경영자의 규범적이고 모범된 행동은 참여자와 관전자에게 올바른 역할모델로 인식되며, 의사결정과정에서 구성원들과의 소통을 통한 공감대 형성은 윤리적 절차에 의한 행동을 유발하게 되고, 이러한 윤리적 행동이 기반이 된 기록갱신, 극적인 장면 연출, 승리 등의 성과에 보상을 통한 강화를 의미하는 것이다.

스포츠현상에서 경영자의 이러한 리더십은 '사회학습이론'의 관점으로 볼 수 있으며, "사회학습이론은 경영자의 모범적이며 신뢰할 수 있는 행위에서 태도, 가치, 행동을 구성원들은 모방을 통하여 학습이 이루어지며(Brown & Trevino, 2006)",[3] 경영자의 모범적이고 윤리적인 행동에 따른 리더십은 스포츠현상의 참여자와 관전자들에게 올바른 영향력을 미치게 되는 것이다.

건전한 윤리적 리더십 개발에 대하여 아리스토텔레스의 5대 원칙에서는 타인 존중, 봉사, 정의, 신뢰, 공동체 형성으로 설명하고 있다(Northoese, 2001). 이에 따른 스포츠경영자의 윤리적 리더십은 다음과 같다.

첫째, 타인 존중이다. 스포츠현상에서 경영자는 경쟁자를 포함한 모든 참여자를 존중함으로써 존중 받는 경영자가 되어야 할 것이며, 더 나아가 이들이 스포츠를 사랑할 수 있도록 해야 할 의무가 있다.

둘째, 봉사이다. 스포츠조직과 기업이 봉사를 통하여 스포츠 소비자들로 하여금 스포츠 이미지의 긍정적 인식을 강화시키며, 구성원의 입장에서는 봉사를 통해 스포츠보다 확장된 사회현상에서 대인관계 기술을 얻는 기회를 가질 수 있고, 스포츠경영자는 사회공헌에 기여하게 되는 것이다.

셋째, 정의이다. 시장경제논리가 지배하는 스포츠산업사회의 도덕적 정의는 중요한 영역이다. 글로벌화된 스포츠현상에서 참여자 개인의 권리는 국제적으로 공감되는 법(또는 권리)으로 규정하여야 하며, 자유권은 보편적 원리로 보장되어야 한다. 이는 스포츠경영자가 법과 원리로 공정성과 정의를 실천하는 윤리적 리더가 될 수 있고, 이를 통하여 스포츠조직의 공동선을 창출할 수 있는 것이다.

넷째, 신뢰이다. 스포츠현상에서 경영자의 신뢰는 팬과 소비자들에게 장기적으로 강력한 관계를 형성하는 데 중요한 변수이다. Mayer, Davis & Schoorman(1995)[4]은 신뢰성을 "기술, 전문성 등 능력(ability), 상대방의 니즈와 이익을 고려하는 호의성(benevolence), 소비자와 언행일치를 실현하는 정직성(integrity)"으로 규정하였다. 따라서 스포츠경영자는 능력, 호의성, 정직성에 근간을 두고 스포츠 소비자와 '진정성' 있는 신뢰를 구축해야 할 것이다.

다섯째, 공동체 형성이다. 공동체의 개념은 일반적으로 포괄적 의미를 가진 개념으로 지리적 또는 특정집단에 대한 소속감과 공동의 목적을 가진 정신적 공동체를 지칭하며(채혜원·홍형욱, 2002),[5] 양덕순과 강영순(2008)[6]은 구성원들이 가지는 소속감, 구성원들이 집단으로부터 영향을 받고 있으며 일정한 영향력을 행사하고 있다는 느낌, 구성원들의 욕구가 함께 헌신적인 노력을 통하여 충족된다는 공유된 믿음이라고 정의하였다. 따라서 스포츠경영자는 구성원들이 소속으로 인한 공동의 목적의식, 자기만족, 연대의식, 일체감, 책임과 권리행사 등으로 공유가치를 창출할 수 있도록 유익한 목표의 제시와 공동선을 지향하여야 한다.

스포츠현상에서 경영자의 윤리적 의식은 스포츠 참여자와 관전자 모두가 공감할 수 있는 유익한 공동의 목표를 제시할 수 있는 이념과 이론을 기본으로, 구성원이 이러한 목표 달성을 위하여 변화와 노력을 이끌어낼 수 있는 환경의 조성으로 사회공헌 가치와 공동선을 지향하는 것을 의미한다.

나. 스포츠경영자의 윤리적 리더십

경영자의 성공적 윤리경영 추진을 위하여 최인철(2002)[7]은 기업윤리 준수를 위해 구성원들의 행동지침이며 성문화한 약속이라 할 수 있는 윤리강령(Code of Ethics), 윤리경영 준수 여부를 평가하고 개선하는 업무를 전담할 수 있는 기업윤리전담조직(Compliance Check Organization) 운영, 반복적 교육을 통한 기업윤리에 대한 구성원들의 공감대를 형성(Consensus by Ethic Education)하는 일이다. 이를 체계적으로 통합한 경영과정으로서의 3C 윤리경영시스템이 필요하다고 하였다. 따라서 스포츠현상에서 성공적인 윤리경영 추진을 위하여 경영자는 성문화된 행동지침으로서의 윤리규범, 윤리경영 전담부서로서의 기업윤리전담조직, 일상적이고 지속 가능한 교육을 할 수 있는 기업윤리교육훈련 등을 체계적으로 통합한 윤리경영시스템의 도입으로 건전한 기업문화를 조성하고 스포츠 참여자와 관전자들에게 기업의 성과와 가치를 공유함으로써 윤리적 리더십을 발휘하여 국가와 사회에 기여하여야 할 것이다.

기업 경영자의 높은 윤리적 리더십은 조직원들에게 회사에 대한 긍지를 심어주게 되고, 이러한 분위기가 기업문화로 정착되면 조직원들의 작업능률 향상으로 이어져 경영성과가 높아지게 된다(강영순, 2000).[8] 스포츠현상에서도 윤리경영 체계의 구축과 실천은 경영자의 윤리적 리더십과 윤리적 수준을 가늠할 수 있게 한다. 스포츠현상에서 기업 경영자는 윤리적 행동지침, 조직과 제도, 교육 등 윤리경영 실천체계를 구축하여 이를 실천함으로써 리더십을 발휘하여야 할 것이다.

윤리적 리더의 실천적 행동은 구성원들에게 모방적 행동과 조직문화에 영향을 미치고 상호 신뢰를 통해 성과를 발휘하며(Yukl, 1998),[9] 윤리적 행위를 형성하여 그 이상의 의미를 가지는 중요한 요소(Zhu, May & Avolio, 2004)[10]로 기업경영에 기본이 되는 중요한 요소이다. 이와 같이 스포츠현상에서 경영자의 윤리적 리더십은 스포츠조직의 윤리적 문화를 창달하고 스포츠를 통한 사회공헌 활동과 사회공유가치의 창출에 결정적 영향을 미친다.

Brown, Trevino & Harrison(2005)은 리더의 개인적인 행동과 부하직원에게 미치는 영향력 모두를 윤리적 리더십이라고 했다. 따라서 스포츠현상에서 경영자의 윤리적 리더십은 경영자 개인의 행동과 구성원들과의 관계를 통해 도덕적으로 바람직한 행동을 행하는 것과 상호 존중에 의한 소통, 강화 그리고 보편타당한 의사결정을 통해 구성원들이 경영자와 같이 스포츠현상에서 스포츠 참여자와 관전자들이 공감할 수 있는 공동의 목표와 공동선을 위한 바람직한 행동을 촉진함을 의미한다.

오늘날 스포츠현상에서는 경영자에게 기록갱신, 극적인 장면연출, 승리 등에서 나타나는 윤리적 이슈에 보다 높은 수준의 윤리적 리더십이 요구된다. 도덕 불감증에 빠져 있는 스포츠경영자와 지도자 등 리더에 대한 높은 수준의 윤리적 책임감이 강조되고 있다. 따라서 스포츠현상에서 윤리적 리더십의 실천을 위하여 먼저 윤리적 리더십의 이해와 실행 방향의 설정이 중요한 기본요소이다. 두 번째로, 스포츠현상에서 경영자의 윤리적 리더십은 스포츠 참여자나 관전자에게 영향을 미치는 과정이며, 강압과 차별화된 윤리적 영향력은 이들에게 존경받을 것이며 공정성과 윤리적 공동체를 구축할 수 있을 것이다. 세 번째로, 국가의 명예를 위한 명목 아래 간과되었던 비윤리적 문제들이 제기되면서 스포츠현상에서 윤리성과 함께 사회적 책임 및 윤리적 국제 위상 정립의 노력이 요구된다. 네 번째로, 스포츠현상에서 윤리경영시스템이 실효성 있게 운영되기 위해서는 경영자의 윤리적 실천의지와 경영의 투명성 확보가 구축되어야 한다. 다섯 번째로, 스포츠현상에서 투명성 확보를 위하여 국제기준이 허용하는 범위 안에서 비윤리적인 경기 규정 등을 정비하고 참여자의 윤리적 노력에 대한 포상제도 도입으로 윤리경영의 확산과 정착에 노력하여야 할 것이다.

2. 스포츠조직의 윤리적 책임 주체와 공동체적 조직행동

현대사회에서 스포츠는 경쟁 스포츠로 대변되는 엘리트스포츠와 건강과 즐거움의 추구를 목적으로 하는 대중스포츠 및 학교 현장에서 교육적으로 실시되고 있는 학원스포츠로 크게 나누어 설명할 수 있다. 이러한 스포츠는 경제 성장과 사회변동에 따라 변화되고, 특히 시장경제 논리와 승리지상

> 이 내용은 저자 남중웅이 2003년 발표한 논문 「스포츠윤리에서 사회윤리학적 책임의 주체와 인간중심적 가치의 실천문제」를 수정 보완 편집한 것임.

주의에 기인한 스포츠의 도구화 및 불공정 행위 등 비윤리적 현상을 극복해야 하는 요구에 직면하고 있다.

이러한 요구는 스포츠조직에서 개인윤리로만 해결될 수 없는 스포츠사회윤리의 등장이다. 즉, 스포츠조직에서 참여자 개인의 도덕성만 가지고 해결되지 않는 많은 불공정 행위나 윤리적 문제들을 해결하기 위해 스포츠 사회윤리가 요구되고 있다.

가. 스포츠조직의 윤리적 책임 본질과 주체

도덕적 책임의 개념 속에는 가치의 문제가 부가되어 있다. 즉, 도덕적 책임이란 가치와 관련된 책임인 것이다. 그런 이유로 도덕적 책임에 관련된 논의의 주제 속에는 대체로 가치의 문제가 포함되고, 그 가치의 문제를 어떻게 다루느냐가 도덕적 책임론의 특수성을 결정짓는 요인이 된다(박병기, 1994: 8).[11] M. Weber는 정치와 윤리를 논하면서 윤리를 크게 두 가지 유형으로 분류하고 있다. 첫 번째 유형의 윤리는 심정윤리(心情倫理, gesinnungsethik)이고 두 번째 윤리는 책임윤리(責任倫理, verantwortungsethik)이다(박봉식, 1985: 110~111).[12]

스포츠조직에서의 심정윤리는 순수하게 규칙과 정적인 기준에 근거해서 윤리적 판단을 내린 후에 그 결과에 대해서는 책임을 지지 않는 윤리, 즉 경기규칙 범위 내에서의 반칙과 비윤리적 행위는 책임을 묻지 않는다는 것을 가리키고, 책임윤리는 참여자 개인의 독자적인 기준에 따라 윤리적 판단을 내린 후에 그 결과에 대해서도 스스로 책임을 지는 좀 더 현실적인 의미의 윤리, 즉 경기규칙 범위 내에서의 반칙과 비윤리적 행위라도 이것이 보편적 가치 추구에 어긋난다면 스스로 윤리적 책임을 지는 좀 더 현실적인 의미의 윤리이다. 스포츠조직에서의 책임윤리는 스포츠 지배계층에게 더욱 필요한 윤리로서 스포츠현상의 결과들이 자신의 행위에 귀속된다는 자세를 가져야 할 것이다.

즉, 첫째는 이미 행한 행동에 대한 인과적(因果的)인 귀속(歸屬)이라는 의미에서의 책임이다. 이 경우에 책임은 행동의 결과를 수용하고 그에 대해 설명하는 것이라는 의미를 갖게 된다. 일상용어 속에서 사용되는 책임의 의미는 대체로 이 첫 번째 의미이다.

두 번째는 보다 본질적인 책임으로 자신이 갖고 있는 능력에 대한 적극적인 의무로서의 책임이다(박병기, 1994: 9~11). 그 구체적인 윤리가 바로 책임윤리로서 스포츠현상에서 인간과 자연과의 갈등현상에서 파생된 생태계 훼손 및 파괴가 스포츠를 하는 인간중심주의 관점에서의 접근이 아니라 이러한 갈등의 주체적 해결자로서의 스포츠를 하는 인간을 의미하는 것이다. 즉, 스포츠와 생태계 간 연합을 구축하는 것에 생태친화적 스포츠(eco-sport)는 적어도 자연 속에 잠재화된 자유의 완성으로 이해하는 것으로서, 생태적인 것은 미래 스포츠 발전에 주요 원리가 될 수 있다.

결국 스포츠조직에서의 책임은 본질적으로 스포츠 참여자와 직·간접적으로 관련되어 있다. 스포츠조직에서 구성원 자체에 초점을 맞추느냐, 아니면 구성원 행위에 초점을 맞추느냐에 따라 책임의

> 여기에서 생태친화적 스포츠(eco-sport)란 현대사회에서 환경위기의 근본은 근대 문명의 실재론과 이에 관한 가치관에 있다고 보고, 스포츠현상에서 인간과 자연을 분리시키는 이원론과 기계론, 인간중심주의를 극복하자는 것이다. 그러나 스포츠현상에서 근본생태론(deep ecology)자들이 주장하는 "다른 종과 같은 한 종으로서의 인간(man, a species like any other)", 즉 생물중심주의와 반인본주의라는 극단적 접근(또한 신비주의가 가지고 있는 정치적 함의도 포함)이 아니라, 사회생태론(social ecology)자들이 주장하는 "문제의 해결자로서의 인간(man, the probel-solver)", 즉 인간중심주의가 아닌 자연과의 갈등에서 주체적 해결자를 의미한다. 따라서 스포츠(sport) 앞에 생태 친화적인 의미(eco)를 붙인 이유는 [기존의 환경 친화적 스포츠(대부분 eco-sport라고 표기하고 있음)와 개념의 차이가 있다.] "스포츠가 자연으로부터 분리될 수 없음을 강조하기 위함"에 있고, 그래서 스포츠현상에서 자연과 관련된 생태문제에 대한 논의로서 궁극적인 해결을 위한 전제로 대안 스포츠인 생태 친화적 스포츠를 제안하기 위함이다. 그래서 스포츠와 생태계 간 연합을 구축하는 것에, 생태 친화적 스포츠는 적어도 자연 속에 잠재화된 자유의 완성으로 이해하는 것에, 그리고 생태적인 것이 미래 스포츠 발전에 주요 원리가 될 수 있다는 스포츠 사회윤리학적 생각인 것이다.

정의도 달라질 수 있겠지만, 어떤 것도 스포츠조직의 구성원으로부터 자유롭지는 못하다.

즉, 스포츠조직에서 책임의 문제를 구성원과 연계성 속에서 파악하고자 하며, 특히 행위보다는 행위의 주체에 초점을 맞추고자 한다. 스포츠조직에서 책임의 정의를 내리는 것은 쉽지 않지만, 지금까지의 논의를 토대로 하여 잠정적인 형태의 정의를 내리는 일은 가능하고 필요하기도 하다. 다시 말해 어떤 형태로든지 스포츠와 관련하여 존재하고 있는 것은 행위 가능성에 근거한 책임을 갖게 된다. 두 번째로는 스포츠조직에서의 구체적인 현상에 대한 인과적 책임이라고 볼 수 있다. 결국 스포츠조직에서의 책임의 본질은 구성원의 존재성에 있고, 이 존재성에 바탕을 둔 책임 논의 속에 인과적 책임이 그 한 부분에 포함된다고 보아야 할 것이다.

나. 스포츠조직의 윤리적 책임주체로서 공동체적 개인주의

어떤 특정한 윤리적 문제를 개인적 차원에서 분석하기보다는 사회구조적 차원에서 분석하고 그 해결을 모색하는 과정을 사회윤리적 해결과정이라고 본다면, 그 해결과정은 다시 문제를 인식하는 과정과 구체적으로 해결하는 과정으로 나눌 수 있다. 스포츠사회윤리의 주체 문제도 이러한 두 과정으로 나누어 생각해볼 수 있다. 우선 스포츠사회윤리적 문제를 인식하는 주체는 누구 또는 무엇인지를 문제 삼을 수 있고, 두 번째로 이 문제를 해결하는 주체가 누구 또는 무엇인지를 논의할 수 있다. 스포츠조직에서 윤리적 문제를 인식하는 주체는 인식능력을 갖고 있는 구성원 개별 인격체일 수밖에 없다. 구성원 개인의 인격체에 능력의 한계를 보완하기 위해 구성원 개인들이 공동으로 모여 일종의 공동인격(corporate personality)이라는 형태의 새로운 인격체를 구성할 수는 있지만, 이 공동인격을 이끌어가는 것은 역시 구성원 개인의 인격체이고 공동인격은 그들 사이의 협력이라고 보아야 한다.

예를 들어 설명한다면 프로야구와 관련된 각종 문제의 심각성을 스포츠 구조적 차원에서 올바로 인식하고 해결하기 위하여 선수협의회를 구성한 경우를 들 수 있다. 이 단체의 문제인식 과정이 공동의 협의를 통한 것이라면, 그 협의체를 참여자 개인의 인식 한계를 넘어서기 위해 조직된 일종의 공동인격체라고 볼 수 있다. 그러나 이 공동인격체를 엄밀한 의미의 인격체로 보기는 어렵고 참여자 개별 인격체의 확대된 모습이라고 보아야 할 것이다.

스포츠사회윤리적 문제를 해결하는 주체의 차원으로 관심을 돌리면, 그것은 곧 책임의 주체 문제로 연결된다. 책임의 주체는 물론 그 문제에 대한 정확한 인식 능력을 갖고 있어야 한다. 특히 도덕적 책임주체의 경우에 그러하다. 법적 책임의 주체는 문제인식능력을 갖고 있지 않아도 책임을 질 수 있다. 물론 법적 책임도 인격적 처벌을 포함할 수는 있지만, 단순한 퇴장이나 경고 및 프로선수의 경우 벌금 등의 비인격적 처벌도 가능하기 때문이다. 그러나 도덕적 책임은 그것이 인격과 구별될 수 없고 그 문제의 본질을 인식할 수 없는 주체에게 가해지는 도덕적 비난은 무의미하다. 즉, 스포츠조직에서 어린 선수의 경우와 감독이나 코치 등 지도자의 지시에 따라 움직이는 참여자 개인의 행위능력은 한계를 지니며, 그들에게 가해질 수 있는 도덕적 비난은 한계를 가질 수밖에 없다. 더 나아가 스포츠조직에서 스포츠사회윤리적 문제들을 둘러싸고 있는 스포츠 구조적이고 제도적인 맥락이 참여자 각 개인의 책임을 경감시켜 전체적인 책임의 실종을 가져올 수도 있다.

스포츠조직에서 도덕적 책임주체의 요건은 대체로 구성원의 인격성과 인과성, 그리고 자유의지와 행위의 자유이다. 인격성은 도덕적 책임의 경우 책임의 형태가 대체로 인격적인 책임이기 때문에 요구되는 요건이다. 주의, 경고, 퇴장, 벌금 등의 비인격적 책임이 그다지 의미를 가질 수 없는 상황 속에서 도덕적 책임은 주로 인격적인 비난의 형태를 가질 수밖에 없다. 인격성은 우선 생물학적 인격체를 전제로 한다. 즉, 책임 주체라는 요건으로서의 인격성은 책임의 가능성을 내포하고 있는 개념이고, 책임이 구체적으로 문제되는 장에서는 인과성이 있어야 한다. 따라서 스포츠조직에서 공동체가 스포츠사회윤리적 책임의 주체로서 갖추어야 할 요건 중에서 인과성을 갖출 수는 있지만, 인격성을 갖출 수는 없기 때문에 결국 책임주체가 될 수 없다고 보아야 할 것이다.

그러나 스포츠조직에서 사회윤리의 책임주체로서의 구성원 개인은 개인윤리의 책임 주체로서의 구성원 개인과 다른 부분이 있어야 한다. 본질적으로 스포츠는 상대적이고 여기에 참여하는 개인은 곧 사회적 존재이며, 스포츠윤리는 이러한 참여자의 사회성에 기초를 두고 있다. 스포츠사회윤리는 이러한 참여자 개인의 윤리성 문제와 함께 오히려 참여자 개인의 차원을 넘어서는 것으로 보이는 스포츠조직 또는 공동체 또는 스포츠구조의 윤리문제에 더 관심을 갖는다는 측면에 주목할 필요가 있다. 이 문제를 해결하고 개인으로의 환원이 지닐 수 있는 책임회피 또는 책임실종의 위험을 극복할 수 있는 방안은 무엇인가? 그 방안은 스포츠사회윤리의 책임주체로서의 참여자 개인을 공동체적 인격(共同體的 人格) 또는 공동체적 개인(共同體的 個人)으로 보는 방안이다. 스포츠는 공동체 내에서 발생하고, 공동체를 통해 정체성을 확립하며, 그 의미와 목적을 발견하고 실현할 수 있다.

따라서 스포츠조직의 책임주체는 스포츠조직 공동체의 개인이다. 스포츠공동체적 조직의 의미를 이해하고, 스포츠공동체 맥락의 파악과 인식능력과 책임능력을 갖춘 스포츠조직의 공동체적 개인이다. 스포츠조직의 이러한 개인은 역할을 수행하는 개인이며, 스포츠조직의 의사 결정과 집행에서 핵심 역할을 하는 개인이다.

다. 스포츠조직에서 역할 도덕성과 공동체적 개인주의

스포츠조직에서 책임주체는 공동체적 개인이다. 여기에서 개인과 스포츠조직 공동체의 연결고리는 역할이다. 또한 스포츠조직에서 개인은 부여된 역할에 따라 행동한다. 역할에 따르는 도덕성은 개인이 공동체적 문제에 대해 책임을 지는 과정에서 등장하며, Downie는 이 역할 도덕성을 역할인수의 도덕성과 역할수행의 도덕성으로 구분하고 있다(박병기, 1994: 148~149). 스포츠조직에서 역할의 도덕성은 개인이 스포츠조직에서 도덕적 행동과 관련된 역할을 인수하면서 시작된다. 또한 스포츠조직의 역할수행 도덕성은 도덕적으로 보편적 가치에 근간을 둔 행동이라 할 수 있다. 이러한 역할 도덕성에 의해 스포츠조직에서 개인은 개인적 자신을 넘어 스포츠사회윤리적 행동에 대한 책임 주체자인 것이다. 따라서 스포츠조직에서 역할 도덕성의 개념은 스포츠사회윤리의 책임주체로서의 스포츠조직의 개인 자격이 성립된다.

여기에서 스포츠조직의 책임주체로 구조화되고 있는 스포츠조직에서 공동체적 개인은 스포츠조직의 구조를 도덕적으로 인식하고 있는 개인이고, 스포츠조직의 구조는 인격성은 존재하지 않지만 스포츠조직의 구성원들에게 공동의 이익과 선을 제공하는 스포츠조직의 도덕적 공동체에 의해 성립된다. 이러한 스포츠조직은 인격성이 없기 때문에 책임의 주체가 될 수 없는 도덕공동체이다. 그러나 스포츠조직의 도덕적 공동체의 구성원 개인에게 공동체적 역할과 책임 부여 및 공동체적 책임이 분배되는 것이다.

참고문헌

Ⅰ부. 스포츠와 윤리

1장 스포츠의 윤리적 기초

1) 이종은(2010). 정치와 윤리. 서울: 책세상.
2) Pojman, L. & Fieser, J. (2011). 윤리학: 옳고 그름의 발견(6th ed.)[Ethics: Discovering Right and Wrong]. (박찬구 · 류지한 · 조현아 · 김상돈 역). 서울: 도서출판 울력(원전은 2009에 출판).
3) 조효남(2008). 현대공학윤리. 서울: 구미서관.
4) 조효남. 위의 책.
5) 이종은. 위의 책.
6) 이종은. 위의 책.
7) 이종은. 위의 책.
8) 김양현 · 장복동 · 박유정 · 김효섭(2011). 윤리학의 이해. 서울: 철학과현실사.
9) 김양현 · 장복동 · 박유정 · 김효섭(2011). 위의 책.
10) Best, D. (1988). The Aesthetic in Sport. In W. Morgan & K. Meier (Eds.), Philosophic Inquiry in Sport (2nd ed) (pp. 277~289). Champaign, IL: Human Kinetics.
11) Rawls, J. (1999). The Priority of Right and Ideas of the Good. In S. Freeman (Ed.), John Rawls: Collected Papers (pp. 430~454). Cambridge, MA: Harvard University Press.

2장 스포츠윤리의 이해

1) 김대군(2003). 공학윤리에서 문제해결방안에 관한 연구. 윤리교육연구, 3, 237~262.
2) 강성민(2013). 영미 스포츠철학과 스포츠윤리학의 동향. 한국체육철학회지, 21(2), 97~113.
3) Fleddermann, C. (2009). 공학윤리(3rd ed.)[Engineering Ethics]. (이광수, 이재성 역). 서울: 홍릉과학출판사.
4) 김진국 · 정보주(2007). 공학인을 위한 윤리. 서울: 미래컴.
5) 김진국 · 정보주. 위의 책.
6) 김진국 · 정보주. 위의 책.

3장 윤리이론

1) 김영수(2004) 양자시대의 응용윤리의 도전. 철학논총, 36(2), 183~209; Stewart, N.(2009). Ethics: An Introduction to Moral Philosophy. Malden, MA: Polity Press.
2) 김영수. 위의 책.
3) Pojman, L. & Fieser, J. 위의 책.
4) 양해림 · 정진우 · 남순예 · 정윤승 · 임윤정 · 이영자 · 최정묵(2009). 공학도를 위한 공학윤리. 대전: 충남대학교 출판부.
5) 양해림 외. 위의 책.
6) 양해림 외. 위의 책.

7) 노영란(2009). 덕윤리의 비판적 조명. 서울: 철학과현실사.
8) 변순용(2012). 도덕교육의 서양윤리학적 접근. 도덕윤리과교육, 37, 99~116.
9) 노영란. 위의 책.
10) 김동규・구강본(2007). 스포츠윤리의 정초와 실천과제. 한국체육학회지, 46(5), 105~117.
11) 권오륜(2008). 스포츠 윤리철학의 동양철학적 접근. 한국체육철학회, 16(4), 59~70.
12) 공자가 '인'에 대해 다양한 방식으로 설명하는 것은 '인'이 어떤 특정한 고정적인 행위로 발현되는 것이 아님을 보여준다. 한편 한비자는 통치적 이유에서 말한 것이지만 인(仁)의 표현인 '자애로움과 시혜[慈惠]'가 잘못이 있는 사람이나 공적이 없는 사람에게 베풀어질 수 있다고 본다. 이승환, 사회규범의 공공성에 관한 법가의 인식(1): 한비자(韓非子)의 "인, 의"(仁, 義) 비판을 중심으로, 한국철학사상연구회, 시대와 철학 제14집. 2003. p. 313~315.
13) 『論語』「顔淵篇」"克己復禮爲仁"
14) 이덕일(2012). 내 인생의 논어, 그 사람 공자. 서울: 옥당.
15) 이승훈(2014). 스포츠맨십의 윤리학적 해석과 비판적 정초. 미간행 박사학위 논문. 영남대학교 대학원.
16) 안옥선(2010). 불교 덕 윤리. 인간・환경・미래, 5, 79~101.
17) 이승훈(2014). 스포츠맨십의 윤리학적 해석과 비판적 정초. 미간행 박사학위 논문. 영남대학교 대학원.
18) 이승훈(2014). 스포츠맨십의 윤리학적 해석과 비판적 정초. 미간행 박사학위 논문. 영남대학교 대학원.
19) 원충재(1984). Aristoteles의 Nikomachos 윤리학을 중심으로 한 덕론. 미간행 석사학위 논문. 성균관대학교 교육대학원.
20) 『道德經』 65장 "玄德深矣遠矣 與物反矣."
21) 한림학사(2007). 개념어사전: 통합논술. 청서.
22) 임태규(2010). 장자(莊子) "덕(德)" 개념의 미학적 해석: 예술 주체의 관점을 중심으로, 美學・藝術學研究, 31, 253~296.
23) 『莊子』「逍遙遊篇」"至人無己, 神人無功, 聖人無名."
24) 『大宗師』
25) 양해림 외. 위의 책.
26) Harris, C., Pritchard, M. & Rabins, M. (2013). Engineering Ethics: Concepts and Cases(5th ed.). Boston, MA: Cengage Learning.
27) 김대균. 위의 논문.

II부. 경쟁과 페어플레이

1장 스포츠경기의 목적

1) Gumbrecht, H. U. (2005). Lob des Sports. Frankfurt a. M.: Suhrkamp Verlag.
2~4) 이상엽(2013). 니체와 아곤. 철학논총, 73(3), 213~237.
5) Burckhardt, J. (1957). Griechische Kulturgeschichte, Bd. Ⅳ. Basel: Wissenschaftliche Buchgellschaft.
6) Nietzsche, F. (1980). Kritische Studienausgabe in 15 Bände. München: Deutscher Taschenbuch Verlag.
7~8) 이상엽. 위의 책.
9) 플라톤(2003). 플라톤의 네 대화 편: 에우티프론, 소크라테스의 변론, 크리톤, 파이돈(박종현 역주). 서울: 서광사.
10) 플라톤(1997). 국가・政體(박종현 역주). 서울: 서광사.
11) 필드(1986). 플라톤의 철학(양문흠 역). 서울: 서광사.

12) Jaeger, W. (1976). Paideia: The Ideals of Greek Culture(trans. G. Highet). Oxford University Press.
13) 유원기(2009). 아리스토텔레스의 "탁월한 행동". 철학연구 제111집, 25~49.
14) 홍윤경(2009). 교육목적으로서 '아레테'(arete)의 개념 연구. 교육철학 제44집, 173~190.
15) 안네마리에 피퍼(2005). 덕의 의미, 어제와 오늘(김형수 역). 신학전망 제178호, 213~235.
16) Gumbrecht, H. U. 위의 책.
17) Lenk, H. (1979). Mündiger Athlet und demokratisches Training. In: Gabler, H.(Hg.). Praxis der Psychologie im Leistungssport. Berlin: Bartels & Wernitz. 483~503.
18) Simon, R. L. (2004). Fair Play. The Ethics of Sport (2nd ed.). Boulder: Westview Press.
19) The National Alliance for Youth Sports (2001). National Standard for Youth Sports. West Palm Beach, FL: The National Alliance for Youth Sports.
20) Wood, R. B. (2007). Social Issues in Sport. Champaign, IL: Human Kinetics.
21) 하일랜더(2006). 스포츠 철학(송형석·이학준 역). 서울: 북스힐.

2장 스포츠맨십

1) Gerhardt, V. (1997). Die Moral des Sports. In: V. Caysa. Sportphilosophie. Leipzig: Reclam. 172~202.
2) 송형석(2006). 함께 읽는 체육·스포츠 이야기. 대구: 계명대학교출판부.
3) Adorno, Th. W. (1977). Veblens Angriff auf die Kultur. Gesammelte Schriften. Band 10/1. Frankfurt a.M..
4) Veblen, T. (1899). Theorie des feinen Leute. Köln (Theory of the Leisure Class. New York).
5) Heuzinga, J. (1956). Homo Ludens. Vom Ursprung der Kultur im Spiel. Reinbek.
6) Diem, C. (1969). Wesen und Lehre des Sports. Berlin.
7) 엘리아스(1999). 문명화과정 I (박미애 역). 서울: 한길사.

3장 페어플레이

1) Wigglesworth, N. (1996). The Evolution of English Sport. London: Frank Cass & Co. Ltd.
2) Malloy, D.C., Ross, S., Zakus, D.H. (2000). Sport Ethics. Thompson Educational Publishing INC, pp.102~103.
3) 피에르 부르디외/최종철 역(1995). 자본주의의 아비투스-알제리의 모순. 서울: 동문선.
4) McNamee, M.J., Parry, S.J. edit. (1998). Sport and Ethic. New York: Taylors & Francis. pp.39., Loland, S. (2002). Fair play in sport. N.Y.: Routledge.
5) Loland, S. (1998). "Fair play: historical anachronism or topical ideal?", In McNamee, M.J., Parry, S.J. edit. Sport and Ethic. New York: Taylors & Francis. p.89.
6) Loland, S. (1998). "Fair play: historical anachronism or topical ideal?", In McNamee, M.J., Parry, S.J. edit. Sport and Ethic. New York: Taylors & Francis. pp.79~103.
7) Howman, D. (2013). Supporting the Integrity of Sport and Combating Corruption. Marquette Sports Law Review, 23(2), 245~248.
8) Butcher, R., Schneider, A .(2003). "Fair play as respect for the game". In Boxill, J. Sports Ethics. Blackwell Publishing, Clifford,C., Feezell, R.M. (1997). Coaching for character: reclaiming the principles of sportsmanship. IL: Human Kinetics Publishers, Inc.

III부. 스포츠와 불평등

1장 성차별

1) 김동규(2013). 세계 체육사. 경산: 영남대학교 출판부, 77~148.
2) 한국체육사학회(2011). 체육과 스포츠의 역사. 진주: 경상대학교 출판부, 51~62.
3) 박현우·나영옥(2013). 스포츠세계에서 성차별의 양태와 극복에서 제약 연구. 한국체육철학회지, 21(1), 77~95.
4) 서경화·김석기(2012). 젠더론과 여성스포츠. 한국체육철학회지, 20(3), 129~144.
5) 이창섭·남상우(2013). 스포츠 사회학. 대전: 궁미디어, 409~448.
6) 김동규·한준영·구강본(2010). 스포츠의 사회학적 이해. 경산: 영남대학교 출판부, 308~327.
7) 상게서, 308~327.
8) 이창섭·남상우. 전게서, 409~448.
9) 황의룡·김태영(2014). 스포츠세계의 반도핑 정책의 전개과정. 醫史學, 23(2), 269~318.
10) 강명신 역(2012). 생명의 윤리를 말하다. 파주: 동녘, 55~80.
11) 오미영(2013). 성전환자의 성별정정 허가에 관한 고찰. 美國憲法研究, 24(3), 143~177.

2장 인종차별

1) 장태환(1993). 흑인: 그들은 누구인가. 서울: 한국경제신문사. p. 287.
2) Shropshire, K. L. (1996). Merit, Ol' Bou Networks, and the Black-Bottomed Pyramid. Hastings Law Journal, 47.
3) 윤인진 외 3인(2010). 한국인의 이주노동자와 다문화사회에 대한 인식. 경기: 한국학술정보.
4) 장윤수·김영필(2012). 한국 다문화사회와 교육. 파주: 양서원.
5) 윤인진 외 3인(2010). 한국인의 이주노동자와 다문화사회에 대한 인식. 경기: 한국학술정보.
6) 박천응(2009). 다문화 교육의 탄생. 안산: 국경없는마을.
7) 안경식 외 6인(2008). 다문화 교육의 현황과 과제. 서울: 학지사.
8) 김은미·양옥경·이해영(2009). 다문화사회, 한국. 파주: 나남.
9) 이경국(2009). 외국인근로자의 문제점과 개선방안에 관한 연구. 경영교육저널. 제15권.
10) 김경식 외 9인(2012). 다문화사회와 다문화교육. 서울: 신정.
11) 남복현(2010). 다문화 가족의 이해. 서울: 장서원.
12) 윤인진 외 3인(2010). 한국인의 이주노동자와 다문화사회에 대한 인식. 경기: 한국학술정보.
13) 김경식 외 9인(2012). 다문화사회와 다문화교육. 서울: 신정.
14) 구창모·권순용 역(2011). 현대 스포츠 사회학. 대한미디어.
15) 구창모·권순용 역(2011). 현대 스포츠 사회학. 대한미디어.

3장 장애차별

1) 백윤철·김한양(2009). 한국(韓國)에서 장애인(障碍人)의 스포츠 실태(實態)와 스포츠권(權)에 관한 연구(研究). 한국스포츠법학회지. 제12권 제2호.
2) 윤석민(2014). 장애인 운동선수 권익향상을 위한 스포츠 정책 및 전망. 2014 한국특수체육학회 준계학술대회.
3) 백윤철·김한양(2009). 한국(韓國)에서 장애인(障碍人)의 스포츠 실태(實態)와 스포츠권(權)에 관한 연구(研究). 한국스포츠법학회지. 제12권 제2호.
4) 함정혜·박현애(2007). 운동선수에 대한 폭력 피해방지를 위한 법적, 제도적 방안에 대한 철학적 접근. 한국여성

체육학회, 21(2), 51~62.
5) 대한장애인체육회(2013). 2012 장애인체육 (성)폭력 실태조사.
6) 문화체육관광부(2013). 2012 장애인 생활체육 실태조사 보고서.
7) 이용호(2014). 장애인체육에서 윤리문제 해결 방안으로써 윤리강령과 윤리교육에 관한 고찰. 한국특수체육학회지, 22(2), 119~128.
8) 박승재(2014). 장애인체육 선수권익 실태와 방안. 2014 한국특수체육학회 춘계학술대회.
9) 정복자(2014). 장애인선수 및 지도자의 인권과 경기력. 2014 한국특수체육학회 춘계학술대회.
10) 정복자(2014). 장애인선수 및 지도자의 인권과 경기력. 2014 한국특수체육학회 춘계학술대회.
11) 문화체육관광부(2013). 2012 장애인 생활체육 실태조사 보고서.
12) 문화체육관광부(2007). 장애인체육백서. 서울: 문화체육관광부.
13) 서울시정개발연구원(2007). 장애인의 생활체육현황과 과제. 서울: 서울시정개발연구원.
14) 강경우(2011). 장애인 뉴스포츠 종목 개발자의 스포츠 참여 저해요인 연구. 미간행석사학위논문. 단국대학교 스포츠과학대학원.
15) 김권일·박병도·이철환(2014) 재인용. 장애인 생활체육 문제점 분석 및 과제. 한국체육정책학회지 12권 3호 103~118.
16) 최승권 외 5인(2007). 장애인스포츠. 도서출판: 무지개사.
17) 김권일·박병도·이철환(2014) 재인용. 장애인 생활체육 문제점 분석 및 과제. 한국체육정책학회지 12권 3호 103~118.
18) 강경우(2011). 장애인 뉴스포츠 종목 개발자의 스포츠 참여 저해요인 연구. 미간행석사학위논문. 단국대학교 스포츠과학대학원.
19) 김권일·박병도·이철환(2014) 재인용. 장애인 생활체육 문제점 분석 및 과제. 한국체육정책학회지 12권 3호 103~118.
20) 문화관광부(2006).
21) 최승권 외 5인(2007). 장애인스포츠. 도서출판: 무지개사.
22) 김권일·박병도·이철환(2014) 재인용. 장애인 생활체육 문제점 분석 및 과제. 한국체육정책학회지 12권 3호 103~118.
23) 문화체육관광부(2007). 장애인체육백서. 서울: 문화체육관광부.
24) 김권일·박병도·이철환(2014) 재인용. 장애인 생활체육 문제점 분석 및 과제. 한국체육정책학회지 12권 3호 103~118.
25) 김권일·박병도·이철환(2014) 재인용. 장애인 생활체육 문제점 분석 및 과제. 한국체육정책학회지 12권 3호 103~118.
26) 김권일·박병도·이철환(2014) 재인용. 장애인 생활체육 문제점 분석 및 과제. 한국체육정책학회지 12권 3호 103~118.
27) 강경우(2011). 장애인 뉴스포츠 종목 개발자의 스포츠 참여 저해요인 연구. 미간행 석사학위논문. 단국대학교 스포츠과학대학원.
28) 강경우(2011). 장애인 뉴스포츠 종목 개발자의 스포츠 참여 저해요인 연구. 미간행 석사학위논문. 단국대학교 스포츠과학대학원.
29) 김권일·박병도·이철환(2014) 재인용. 장애인 생활체육 문제점 분석 및 과제. 한국체육정책학회지 12권 3호 103~118.
30) 강경우(2011). 장애인 뉴스포츠 종목 개발자의 스포츠 참여 저해요인 연구. 미간행 석사학위논문. 단국대학교 스

포츠과학대학원.
31) 김권일 · 박병도 · 이철환(2014) 재인용. 장애인 생활체육 문제점 분석 및 과제. 한국체육정책학회지 12권 3호 103~118.
32) 김권일 · 박병도 · 이철환(2014) 재인용. 장애인 생활체육 문제점 분석 및 과제. 한국체육정책학회지 12권 3호 103~118.
33) 강경우(2011). 장애인 뉴스포츠 종목 개발자의 스포츠 참여 저해요인 연구. 미간행 석사학위논문. 단국대학교 스포츠과학대학원.
34) 최승권 외 5인(2007). 장애인스포츠. 도서출판: 무지개사.

Ⅳ부. 스포츠에서 환경과 동물윤리

1장 스포츠와 환경윤리

1) Beck, U. (1987). "Auf dem Weg in die industrielle Risikogesellschaft". In: Blätter für deutsche und internationale Politik (1987) 2.
2) Plessner, H. (1975). Die Stufen des Organischen und der Menschen. Einleitung in die philosophische Anthropologie. Berlin: Sammlung Göschen.
3) 심재룡(1997). 환경문제와 동양철학 사상. 아산사회복지사업재단. 21세기의 도전, 동양윤리의 응답. 아산재단 창립 20주년 기념 국제학술대회. Ⅱ43~Ⅱ59.
4) Kurt, B. (1991). Praktische Philosophie: Grundorientierungen angewandter Ethik. Hamburg: Rowolt.
5) 허재윤(1992). 환경윤리의 이념과 그 제 국면―근세철학의 근본경향과의 대결―. 哲學論叢 第8輯, 3~27.
6) 황경식(1994). 환경윤리학이란 무엇인가?―인간중심주의인가 자연중심주의인가―. 철학과 현실 통권21호, 172~185.
7) 구승회(1995). 에코필로소피: 생태·환경의 위기와 철학의 책임. 서울: 샛길신서.
8) Schweitzer, A. (1981). Kultur und Ethik. München.
9) Jonas, H. (1984). Das Prinzip Verantwortung. Versuch einer Ethik für die technologische Zivilisation. Frankfurt a. M.: Suhrkamp.
10) Meyer-Abich, K. M. (1986). Wege zum Frieden mit der Natur. Praktisch Naturphilosophie für die Umweltpolitik. München.
11) Taylor, P. W. (1986). Respect for Nature. A Theory of Environmental Ethics. Studies in Moral, Polical, and Legal Philosophy. Princeton University Press: Princeton.
12) Heisenberg, W. (1976). Der Teil und das Ganze. München.
13) Kunzmann, P. U. A. (1991). Hegel I. dtv-Atlas zur Philosophie. Tafeln und Texte. München.

2장 스포츠와 동물윤리

1) 김성한 역(2012). 동물해방. 고양: 연암서가, 27~62.
2) 유정민 역(2014). 동물의 권리. 서울: 이숲, 19~101.
3) 노승영 역(2012). 동물과 인간이 공존해야 하는 합당한 이유들. 서울: 시대의창, 25~131.
4) 최훈(2011). 동물의 도덕적 지위와 종 차별주의. 인간·환경·미래, 6, 87~111.

5) 김성한(2007). 종차별주의 옹호 논변에 대한 대응. 哲學硏究. 79. 253~274.
6) 박흥순(2009). 히스토리아 대논쟁 4. 파주: 서해문집. 12~103.
7) 이승훈·이정식(2013). 스포츠에서 나타난 종차별주의와 동물의 도덕적 지위 문제. 한국체육철학회지. 21(4). 85~103.
8) 목광수(2010). 윤리적인 동물실험의 철학적 옹호 가능성 검토. 哲學硏究. 90. 33~61.

V부. 스포츠와 폭력

1장 스포츠폭력

1) 황정현(2006). Combet스포츠의 과거, 현재, 미래 그리고 인간의 폭력성. 한국체육사학회지 18.
2) Platon / 박종현 역(1997). 국가. 서울: 서광사.
3) Aristotels / 이창우·김재홍·김상진 역(2006). 니코마코스윤리학. 서울: 이제이북스.
4) Konrad Zacharias Lorenz/이화여자대학교 출판부 역(1989). On Aggression 공격성에 대하여. 서울: 이화여자대학교 출판부.
5) 철학대사전. 한국철학사상연구회편. 서울: 동녘.
6) 윤여탁·김학덕(2004). 스포츠화된 이종격투기의 윤리적 의미에 관한 고찰. 한국체육철학회지 13(4).
7) 김이수·지동철(2006). 현대사회에서 이종격투기의 인식에 관한 고찰. 한국체육철학회지 14(2).
8) 이정연·김방출(2006). 포스트모던 스포츠로서의 이종격투기탐구와 그 윤리성에 관한 논의. 한국체육철학회지 14(1).

2장 선수폭력

1) 서경화(2012). 엘리트스포츠에서 규율권력과 운동선수사회: 푸코의 규율권력 이론을 중심으로. 한국체육학회지 51(3). pp.17~23.
2) Foucault, M. / 오생근 역(1975). 감시와 처벌. 서울: 나남출판.
3) 양운덕(1997). 푸코의 권력계보학. 경제와 사회. 35. pp.106~142.
4) 이정우(1993). 미셸 푸코의 신체와 권력. 문화과학 4. pp.95~113.
5) 이진경(2002). 철학의 외부. 서울: 그린비.
6) Hannah Arendt / 김선욱 역(2006). 예루살렘 아히히만. 도서출판: 한길사.
7) 서경화(2012). 한나 아렌트의 무사유와 스포츠맨십. 한국체육철학회지 20(4). pp.177~191.
8) Hannah Arendt / 홍원표 역(2004). 정신의 삶 1-사유. 푸른숲.
9) 대한체육회 스포츠인권익센터 http//www. sports-in.sports.or.kr
10) 안용규(2014). 한국체육대학교 체육철학 강의교재.
11) 함정혜·박현애(2007). 운동선수에 대한 폭력 피해방지를 위한 법적 제도적 방안에 대한 철학적 접근. 한국여성체육학회지 21(2).

3장 관중폭력

1) 김동규·김영갑(2003). 축구관중에 비춰진 폭력적 집합행동의 정체 찾기. 한국사회체육학회지 20. pp.77~90.
2) 상게서 pp.83~85.
3) 이현옥(2001). 스포츠 행위 근원에 대한 비교행동학적 접근. 한국체육학회지 40(4).

4) 동아일보 2015.1.3. "코뼈부상 엄살 말라"
5) 이성식(2006). 사이버언어폭력의 원인과 방지대책. 한국형사정책학회, 18(2), pp.421~440.
6) 아주경제 2014.2.3. "융단폭격 악성댓글이 당신의 심장을 노린다."
7) 상게서 pp.430~435.
8) 이준석(2013). 축구에 관한 모든 것: 참사. 서울: 사람들.
9) 노르베르트 엘리아스, 에릭 더닝/송해룡 옮김(2014). 스포츠와 문명화—즐거움에 대한 탐구. 서울: 성균관대학교 출판부.
10) 상게서 pp.489~537.
11) Aristotels / 이창우·김재홍·김상진 역(2006). 니코마코스윤리학. 서울: 이제이북스.
12) 스포츠온. 침묵의 90분—누구를 위한 프로스포츠인가. 2012. 7월호, 121.
13) Hannah Arendt / 홍원표 역(2004). 정신의 삶 1-사유. 푸른숲.

VI부. 경기력 향상과 공정성

1장 도핑

1) 이승훈·김동규(2011). 도핑의 변천과 반도핑의 정당성 논의. 한국체육철학회지, 19(1), 15~32.
2) 김인수 역(2012). 도핑과의 전쟁. 파주: 김영사, 55~68.
3) 정준영 역(2001). 스포츠, 그 열광의 사회학. 파주: 한울, 245~282.
4) 황의룡·김태영(2014). 스포츠세계의 반도핑 정책의 전개과정(1968~1999). 醫史學, 23(2), 269~318.
5) 한국도핑방지위원회(2013). 2013 도핑방지 가이드. 한국도핑방지위원회, 6~22.
6) 박성주(2007). 스포츠에서의 약물복용에 대한 공정성 논쟁. 한국체육학회지, 46(6), 31~40.
7) 송형석(2006). 도핑은 왜 비도덕적인가?. 한국체육학회지, 45(4), 31~39.
8) 임석원·손환(2009). 스포츠윤리에서 도핑의 문제와 공정성. 철학탐구, 25, 215~246.
9) 성창훈·박상혁(2003). 스포츠 영웅의 성격 특성적 이미지 분석. 한국체육학회지, 289~297.
10) 심승구·김미숙(2008). 여성 해방과 도핑. 체육사학회지, 97~109.
11) 박성주(2013). 스포츠윤리 교육의 내용과 방법. 한국체육학회지, 87~94.
12) 전정태(2002). 한국 윤리사상의 과제와 방향 연구. 韓國思想과 文化, 393~420.
13) 이승훈·김동규(2013). 스포츠일탈의 대처유형과 양상에 대한 사회철학적 쟁점. 한국체육철학회지, 57~77.

2장 유전자 조작

1) 황정현(2008). 반도핑에 관한 이분법적 해석. 한국체육학회지, 47(5), 15~23.
2) Catlin, Don H, Green Gray & Hatton Caroline K. (2008). Olympic textbook of medicine in sport. edited by Schwellnus, M. International Olympic Committee, Cashmore Ellis (2005). Making sense of sports(4th edition). NY: Routledge, McCloskey John & Bailes Julian (2005). When winning costs too much. MD: Taylor Trade Publishing.
3) 황옥철·황정현(2011). 스포츠 수행증가 약물의 변천사. 한국사회체육학회지, 45, 25~35.
4) Rosen, Daniel M. (2008). Dope: A history of performance enhancement in sports from the nineteenth century to today. Westport: Praeger.
5) Sandel, Michael J. (2007). The case against perfection: ethics in the age of genetic engineering. Cambridge: The Belknap Press of Harvard University Press.

6) Munthe Christian (2007). Making winners in the age of genetic technology. In Ethics in Sport. Edited by William J. Morgan, IL: Human Kinetics.
7) Mehlman, Maxwell J. (2009). The Price of Perfection: Individualism and Society in the Era of Biomedical Enhancement. Baltimore: THE Johns Hopkins University Press.
8) Azzazy, Hassan M.E., Mansour, Mai M.H. & Christenson Robert H. (2009). Gene doping: Of mice and men. Clinical Biochemistry, 42, 435~441.
9) Rosen, Daniel M. (2008). Dope : A history of performance enhancement in sports from the nineteenth century to today. Westport: Praeger.
10) Azzazy, Hassan M.E., Mansour, Mai M.H. & Christenson Robert H. (2009). Gene doping: Of mice and men. Clinical Biochemistry, 42, 435~441.
11) Rosen, Daniel M. (2008). Dope : A history of performance enhancement in sports from the nineteenth century to today. Westport: Praeger.
12) 김상득(1998). 생명의료윤리학(7): 유전자 치료의 윤리. 신앙과 학문, 3(2), 77~98.
13) Sandel, Michael J. (2007). The case against perfection: ethics in the age of genetic engineering. Cambridge: The Belknap Press of Harvard University Press.
14) 구인회(2005). 생명윤리, 무엇이 쟁점인가? 서울: 아카넷, 187~188.
15) Sandel, Michael J. (2007). The case against perfection: ethics in the age of genetic engineering. Cambridge: The Belknap Press of Harvard University Press.
16) Rosen, Daniel M. (2008). Dope : A history of performance enhancement in sports from the nineteenth century to today. Westport: Praeger.
17) BBC News Magazine, 2014년 1월 12일자.
18) Pray, L.(2008). Sports, Gene Doping, and WADA. Nature Education, 1(1): 77.
19) 구인회(2005). 생명윤리, 무엇이 쟁점인가? 서울: 아카넷, 175.
20) BBC News Magazine, 2014년 1월 12일자.
21) 아르네 융크비스트 · 요란 라거/김인수 역(2012). 도핑과의 전쟁. 서울: 김영사.
22) 황옥철 · 황정현(2011). 스포츠 수행증가 약물의 변천사. 한국사회체육학회지, 45, 25~35.
23) 아르네 융크비스트 · 요란 라거/김인수 역(2012). 도핑과의 전쟁. 서울: 김영사.

3장 스포츠에서 생체공학 기술활용

1) 본 장은 황정현(2011)의 〈스포츠과학기술과 반도핑〉 움직임의 철학: 한국체육철학회지, 19(3)의 일부 내용(pp. 39~43)을 재구성하였음.
2) Maschke, Karen J. (2009) Performance-Enhancing Technologies and the Ethics of Human Subjects Research. In Performance-Enhancing Technologies in Sports. Baltimore: The Johns Hopkins University Press.
3) Barbara Smit./김하락 역(2008). 운동화 전쟁. 서울: 랜덤하우스.
4) 윤석호a(2011, January). 스포츠의 본질과 테크놀로지 ①. Sports On, 80, 188~189.
5) Percy, E. C. (1977). Athletic aids: fact or fiction? Canadian Medical Association Journal, 117, 601-605. Mason Chrisopher(2008). Gold medal, vitamin V and miscreant sport. Canadian Medical Association Journal, 179(3), 219~222.
6) 윤석호b(2011, February). 스포츠의 본질과 테크놀로지 ②. Sports On, 81, 188~189.
7) Donovan Robert J. (2009). Toward and Understanding of Factors Influencing Athlete's Attitudes about

Performance—Enhancing Technologies. In Performance—Enhancing Technologies in Sports, Baltmore: The Johns Hopkins University Press.
8) Sandel Michael J. (2007). The case against perfection: ethics in the age of genetic engineering. Cambridge: The Belknap Press of Harvard University Press.
9) 동아일보(2008년 8월 13일자). 수영에서 왜 신기록이 많이 나올까?
10) 조선일보(2010년 11월 17일자). 광저우아시안게임.
11) Kainuma E., Watanabe M., Tomiyama M. C., Inoue M., Kuwano Y., Ren H. & Abo T. (2009). Proposal of alternative mechanism responsible for the function of high-speed swimsuits. Biomedical Research, 30(1), 69~70.
12) 스포츠서울(2009년 6월 23일자). 수영 100M 세계신 베르나르, 수영복 문제로 공인 못 받아.
13) 시사한겨레(2011년 9월 3일자). 의족 선수의 당당한 대결.
14) 문화일보(2014년 8월 19일자). 獨선수권 우승 마르쿠스 렘, 이번엔 멀리뛰기에서 '의족' 논란.
15) The New York Times(2001.5.30). Golf; Disabled golfer may use a cart on the PGA tour, justices affirm.
16) John Rawls / 황경식 역(2013). 사회정의론. 서울: 서광사.
17) 동아일보(2011년 7월 21일자). 피스토리우스의 의족 성능은?

VIII부. 스포츠와 인권

1장 학생선수와 인권

1) 김동현·윤양진(2010). 학생선수 학습권 보호를 위한 법, 제도적 과제. 스포츠와 법. 13(4), 57~81.
2) 김정명(1999). 청소년 인권의 사각지대: 체육특기생. 청소년연구. 6(2), 21~40.
3) 한승백(2014). 공부하는 학생선수 소외에 관한 마르크스주의적 분석. 한국체육학회지. 53(2), 79~91.
4) 김정명(1999). 청소년 인권의 사각지대: 체육특기생. 청소년연구. 6(2), 21~40.
5) 한태룡(2008). 학생선수의 학업활동 실태조사 및 최저학력제 도입 타당성 연구. 체육과학연구원.
6) 여정권·이창섭·이주욱·구건모(2013). 고등학교 학원스포츠 주체의 최저학력제도 인식. 한국스포츠사회학회지. 26(1), 185~205.
7) 조남용·이영국(2013). 국가주의 학생선수 육성제도의 개념과 현실을 토대로 한 개선 방향 탐색. 한국초등체육학회지. 19(3), 151~164.
8) 김동현·윤양진(2010). 학생선수 학습권 보호를 위한 법, 제도적 과제. 스포츠와 법. 13(4), 57~81.
9) 이학준(2009). 학생선수의 학습권 보장: 근거와 대안. 한국체육학회지. 48(5), 35~44.
10) 김선호(2010). 축구주말리그제도 운영의 개선방안 연구. 미간행 박사학위논문. 한국교원대학교 대학원.
11) 임수원(2011). 공부하는 학생선수 만들기의 논리적 근거. 한국체육학회지. 50(2), 45~57.
12) 임성철·원영신(2012). 체육교사 운동부 감독의 공부하는 학생선수 만들기 실천과정. 한국스포츠사회학회지. 25(3), 115~135.
13) 이혁기·임수원(2010). 학업과 운동을 병행하는 운동부 문화와 사회적 함의. 한국스포츠사회학회지. 23(4), 85~105.
14) 조남용·이영국(2013). 국가주의 학생선수 육성제도의 개념과 현실을 토대로 한 개선 방향 탐색. 한국초등체육학회지. 19(3), 151~164.
15) 김대희(2013). 대학스포츠 선수선발과 체육특기자 입시제도의 개선방안. 스포츠와 법. 16(1), 57~80.
16) 이양구(2013). 학습권 보장제와 연계된 중, 고등학교 체육특기자 입학전형제도의 개선방안. 한국체육학회지.

52(4), 553~562.
17) 김대희(2013). 대학스포츠 선수선발과 체육특기자 입시제도의 개선방안. 스포츠와 법. 16(1), 57~80.

2장 스포츠지도자의 윤리

1) 최병문(2009). 스포츠폭력의 유형과 대책. 스포츠와 법. 12(4), 257~278.
2) 최종고 역(1974). 폭력: 기독교적 반성과 전망. 서울: 현대사상사.
3) 이학준(2013). 스포츠폭력과 탈인습적 사고. 한국사회체육학회지. 53, 11~20.
4) 정철호(2012). 학생운동선수 체벌에 대한 비판적 고찰. 스포츠와 법. 15(2), 9~36.
5) 최병문(2009). 스포츠폭력의 유형과 대책. 스포츠와 법. 12(4), 257~278.
6) 권순용·나영일·박일혁·권성호·조욱연·김종호·주종미(2011). 운동선수의 구타 실태와 개선방안. 한국체육학회지. 50(6), 91~102.
7) 이학준(2013). 스포츠폭력과 탈인습적 사고. 한국사회체육학회지. 53, 11~20.
8) 윤상민(2011). 스포츠성폭력의 실태, 규제와 대책. 스포츠와 법. 14(1), 59~84.
9) 김병준·김설향·문익수·양은석 외 역(2007). 코칭과학. 서울: 대한미디어.
10) 윤상민(2011). 스포츠성폭력의 실태, 규제와 대책. 스포츠와 법. 14(1), 59~84.
11) 김병준·김설향·문익수·양은석 외 역(2007). 코칭과학. 서울: 대한미디어.

3장 스포츠와 인성교육

1) 문익수·문창일·박중길(2006). 스포츠교육을 통한 인성발달. 코칭능력개발지. 8(4), 101~112.
2) 박정준(2011). 스포츠는 인성을 길러줄 수 있는가?: 스포츠인성교육의 이론적 경험적 근거와 과제. 교육과정연구. 29(3), 173~202.
3) 주성순(2012). 독일의 학교 폭력 예방을 위한 스포츠 교육적 방안. 한국체육정책학회지. 10(3), 101~116.

VIII부. 스포츠조직과 윤리

1장 스포츠와 정책윤리

1) 임번장(1993). 스포츠 사회학 개론. 서울: 동화문화사. 89.
2) 원영신(2004). 스포츠사회학 플러스. 서울: 대경북스. 118.
3) 장준호(2011). 아리스토텔레스의 정치철학: 윤리와 정치의 결합을 중심으로. OUGHTOPIA 제26권 1호, 29~39.
4) 안창해·최동환(1991). 국민윤리. 서울: 금성교과서. 73.
5) 안창해·최동환(1991). 위의 책. 73.
6) 맹이섭·권순용(2014). 프로스포츠팬의 국가정체성과 귀화선수의 국가대표선발에 관한 인식. 한국스포츠사회학회지 제27권 3호, 156.
7) 이용국(2014). 운동선수의 귀화. 신아일보(2014.1.22).
8) Weber, M., 최장집 엮음/박상훈 옮김((2011). 소명으로서의 정치. 서울: 후마니타스. 210~230.
9) 박주한(2009). 체육의 정책윤리에 관한 연구(한국체육철학회지 제17권 4호)를 축약 정리함.
10) 문태현(1995). 정책윤리의 논거. 한국정책학회 한국정책학회보. 4(1). 88.
11) 정정길, 최종원, 이시원, 정준금(2006). 정책학원론(5). 서울: 대명출판사. 54. 재인용.
12) 문태현(1995). 위의 책. 88.

13) 김성윤(2000). 정책윤리의 확보방안에 관한 연구. 단국대학교 정책과학연구소 정책과학연구. 69.
14) 김성윤(2000). 위의 책. 69.
15) 송희준(2006). 정책 윤리와 정책분석가 윤리. 한국정책학회 하계학술대회논문집. 3.
16) 문태현(1995). 위의 책. 90.
17) 문태현(1995). 위의 책. 90.
18) 송희준(2006). 위의 책. 5.
19) 송희준(2006). 위의 책. 4.
20) 송희준(2006). 위의 책. 4.
21) 송희준(2006). 위의 책. 4.
22) 송희준(2006). 위의 책. 5.
23) 송근원(1989). 정책분석가의 역할, 윤리 및 지식. 한국행정학회 한국행정학보. 23(2). 603~604.
24) 송근원(1989). 위의 책. 604.
25) 송근원(1989). 위의 책. 605. 재인용.
26) 송희준(2006). 위의 책. 6.
27) 김성윤(2000). 위의 책. 74. 재인용.

2장 심판의 윤리

1) 류상호(2007). 프로농구의 미적 체험론에 관한 연구. 미간행 박사학위논문. 동아대학교 대학원. 34.
2) 류상호(2007). 프로농구의 미적 체험론에 관한 연구. 미간행 박사학위논문. 동아대학교 대학원. 35.
3) 류상호(2007). 프로농구의 미적 체험론에 관한 연구. 미간행 박사학위논문. 동아대학교 대학원. 85.
4) 김철환(1988). 민중엣센스 국어사전. 서울: 민중서림. 178.
5) 김철환(1988). 민중엣센스 국어사전. 서울: 민중서림. 181.
6) 김철환(1988). 민중엣센스 국어사전. 서울: 민중서림. 1676.
7) 일간스포츠. 2014.12.02. 종합면.
8) 일간스포츠. 2014.09.16. 사설면.
9) 김철환(1988). 민중엣센스 국어사전. 서울: 민중서림. 1848.
10) Encyclopaedia Britannica : 청백리(http://members.britannica.co.kr)
11) 문화일보. 2014.01.15. 사회면.
12) 문화일보. 2014.02.15. 사설면.
13) 일간스포츠. 2014.12.02. 종합면.
14) 이상호·이동건(2011). 검도심판자의 미적 체험구조. 한국체육철학회지,18(1). 9~10.
15) 이상호·이동건(2011). 검도심판자의 미적 체험구조. 한국체육철학회지,18(1). 10.
16) 이상호·이동건(2011). 검도심판자의 미적 체험구조. 한국체육철학회지,18(1). 10~11.
17) 이상호·이동건(2011). 검도심판자의 미적 체험구조. 한국체육철학회지,18(1). 11.
18) 권혁정·이동건(2012). 태권도 겨루기 심판의 윤리의식구조. 동아대학교 스포츠과학연구소 논문집 제30집. 42.
19) 서경화(2011). 농구경기의 공정성과 비디오 판독. 한국체육철학회지,19(2). 59~70.
20) 박주한(2009). 정책윤리. 한국체육철학회지. 17(4). 189~202.

3장 스포츠조직의 윤리경영

1) 강영순(2000). 인사윤리와 조직시민행동 간의 관계: 조직몰입의 매개역할을 중심으로. 기업윤리연구회. 2.

171~191.
2) 남중웅(2003). 스포츠윤리에서 사회윤리학적 책임의 주체와 인간중심적 가치의 실천문제. 한국스포츠리서치, 14(3), 183~195.
3) 박병기(1994). 사회윤리에 있어서 책임의 주체에 관한 연구. 미간행 박사학위논문, 서울대학교 대학원.
4) 박봉식(1985). 직업으로서의 정치. 서울: 박영사.
5) 양덕순·강영순(2008). 지역공동체의식이 주민참여에 미치는 영향분석—제주특별자치도를 중심으로—. 한국지방자치학회보, 20~1.
6) 채혜원·홍형욱(2002). 지역공동체에 관한 연구의 접근방법과 쟁점. 한국가정관리학회지, 20(1), 33~44.
7) 최인철(2002). 기업윤리 실태와 과제. 대금 연구, 가을호, 4~21.
8) Brown, M. E. & Trevino, L. K. (2006). Ethical leadership: A review and future directions. Leadership Quarterly, 17, 595~616.
9) Brown, M. E., Trevino, L. K. & Harrison, D. A. (2005). Ethical leadership: A social learning perspective for construct development and testing. Organizational Behavior and Human Decision Processes, 97(2), 117~134.
10) Mayer, R. C., Davis, J. H. & Schoorman, F. D. (1995). An integrative model of organizational trust. Academy of Management Review, 20(3), 709~734.
11) Northouse, P. G. (2001). Leadership: Theory and practice. Sage Publications, Inc.
12) Yukl, G. (1998). Leadership In Organizations. New Jersey: Prentice-Hall, Inc.
13) Zhu, W., May, D. R. & Avolio, B. J. (2004). The impact of ethical leadership behavior on employee outcomes: The roles of psychological empowerment and authenticity. Journal of Leadership and Organizational Studies, 11(1), 16~26.

찾아보기

[ㄱ]

가치충돌 …………………………………… 22, 23
가치판단 ………………………… 2, 4, 5, 6, 176, 181
강제와 사회통제 ………………………………… 176
개인론 …………………………………… 183, 184
개인윤리 ………………………… 6, 9, 17, 175, 201, 203
객관적 기술자 모형 ……………………………… 184
격투스포츠 ………………… 101, 102, 103, 104, 105
결과론 ………………… 12, 13, 15, 176, 182, 183
경기 …………………………… 5, 25, 37, 50, 64, 72,
　　　　　　　　　　　　103, 111, 118, 146, 186
경쟁 ………………………………… 25, 39, 90, 117
경쟁적 스포츠 ……………………………… 45, 49
고객 옹호자 모형 ……………………………… 184
공격성 …………………………………………… 102
공동인격 ………………………………………… 202
공동체적 …………………………… 197, 200, 202
공리주의 ………… 13, 14, 25, 42, 46, 47, 175, 182
공부하는 운동선수 ……………………… 156, 158
공부하는 학생선수 만들기 …………………… 159
공부하는 학생선수 만들기 실천과정 ………… 159
공유되는 관습 …………………………………… 45
공정 ………………………………………… 25, 44
공정성 …………………………… 56, 125, 129
공정시합 ………………………………………… 42
공평 …………………………………… 16, 43, 171
공평성 …………………………………… 149, 185
공학기술 …………………………… 139, 140, 145, 152
관중폭력 …………………………………… 118, 121
교육자로서의 책임과 권한 …… 153, 162, 166, 167
국가 간 분쟁 …………………………………… 175
국수주의 ………………………………………… 176
군국주의 ………………………………………… 176
권력 …………………………… 64, 107, 111, 163
규범 ……………………………………… 46, 175
규범윤리체계 …………………………………… 13
규범윤리학 ……………………………………… 175

규범적 접근 …………………………… 143, 181
규칙론 …………………………………… 182, 183
기술도핑(technical doping) ………………… 149
긴장처리 ………………………………………… 176
김하늘 …………………………………………… 178

[ㄴ]

남북한 스포츠교류 ……………………… 177, 179
내재적 가치 ……………………………… 44, 47
네메아 …………………………………………… 52
뉴테크놀로지(new technology) ……………… 133
니부어 …………………………………………… 176

[ㄷ]

다문화 …………………………………… 58, 61
당예서 …………………………………………… 178
덕 ……………………………………… 17, 19, 21, 29
덕론 ……………………………………………… 12, 16
도덕 …………………………………… 14, 15, 18, 200
도덕성 …………………………………………… 10
도덕적 자율성 ………………………………… 10
도핑(doping) …………………………… 126, 146
독자성 ……………………………………………… 8

[ㄹ]

레폭시겐(Repoxygen) ………………………… 136
롤스 …………………………………… 5, 177, 183

[ㅁ]

막스 베버 ……………………………………… 178
무사유 …………………………………………… 108
문화 …………………… 6, 18, 39, 58, 62, 63, 99, 179
미녀응원단 ………………………………… 177, 179

[ㅂ]

반도핑 …………………………… 49, 126, 129, 134
반종차별주의 …………………………………… 90, 92

백인 ·· 58, 64, 73, 142, 193
분노 ·· 106, 119
비형식주의 ·· 42, 45, 49

[ㅅ]

사실판단 ··· 2, 4
사이버폭력 ·· 120
사회윤리 ································· 9, 175, 184, 202
사회통제 ··· 175, 176
사회통합 ·· 60, 66, 176
사회학습이론 ······································· 129, 198
상업주의 ·· 9, 176
생태윤리학 ······································· 79, 83, 85
생태친화적 스포츠 ······································ 201
생활체육 ·· 55, 66, 69
생활체육과 ·· 181
서술적 접근 ·· 181
선 ·· 86
선수체벌 ·· 163, 164
선수체벌 문제 ····································· 162, 163
선수폭력 ·························· 106, 109, 113, 163
선한 의지 ·· 175
성차별 ··· 51, 52, 176
성폭력 ···························· 66, 67, 106, 115, 153
성폭력 문제 ··· 115, 165
세계반도핑기구(World Anti-Doping Agency: WADA)
 ·· 126, 134
송희준 ··· 185
수체벌의 해결방법 ····································· 164
순기능적 측면 ······································ 175, 195
스포츠 ···························· 6, 26, 89, 155, 162, 175
스포츠 성폭력 ·· 165
스포츠 성폭력의 해결방안 ····························· 165
스포츠경영자 ······································ 197, 198
스포츠교육과 인성발달 ································ 170
스포츠맨십 ····················· 16, 25, 34, 120, 142, 161
스포츠사회윤리 ···································· 197, 202
스포츠에 내재된 특성 ································· 174
스포츠와 인성교육 ································· 153, 168
스포츠윤리 ··· 10, 19
스포츠인의 윤리 ··· 10

스포츠지도자 ·· 162, 175
스포츠현상 ·· 200
스포츠현상은 ·· 197
시민형 ·· 178
신념윤리 ··· 178
신체적 소외 ·· 176
신체활동 ···································· 18, 52, 71, 146
심정윤리 ··· 201
심판의 순기능 ·· 194
심판의 역기능 ·· 195
심판의 역할과 과제 ································ 186, 193
심판의 윤리기준 ·································· 186, 187, 193
싱어(P. Singer) ·· 90

[ㅇ]

아곤 ··· 26, 30
아나볼릭 스테로이드(anabolic steroids) ·········· 132
아레테 ·· 26, 28
아리스토텔레스(Aristoteles) ··························· 91
아퀴나스(T. Aquinas) ··································· 91
악의 평범성 ·· 109~110
안현수 ·· 177, 178, 192
암페타민(amphetamine) ······························· 133
어린이 운동선수의 문제 ································ 168
어린이 운동선수의 보호방안 ··························· 168
언어폭력 ······························· 119, 120, 163, 171
엄혜련 ·· 178
여성 성별확인 검사제도 ······························ 55, 56
역기능적 측면 ···································· 175, 195
예방윤리 ·· 8, 9
올림피아 ·· 51, 52
외재적 가치 ·· 44
운동수행 증가 기술
 (performance-enhancing technology) ·········· 147
유전자 도핑(Gene Doping) ··························· 133
유전자 치료(gene therapy) ··························· 134
윤리 ··· 6, 162, 186
윤리강령 ··· 199
윤리경영 ·· 197, 199
윤리이론 ··························· 12, 16, 23, 183, 198
윤리적 리더십 ······································ 197, 199
윤리적 의식 ·· 197, 199

찾아보기

의무론 ·················· 15, 25, 42, 175, 183
의족 ······························ 145, 149, 151
이스트미아 ·································· 52
이익동등 고려의 원칙 ················ 92, 93
이종격투기 ································ 101
인 ··· 18~19
인간중심주의 ············ 76, 79, 80, 201
인권 ······················· 62, 68, 110, 154
인권문제 ······················ 9, 66, 68, 154
인성함양 ··································· 153
인종주의 ···································· 58
인종차별 ····················· 58, 63, 176, 193
입시제도의 문제 ············ 153, 160, 161

[ㅈ]

자연중심주의 ····················· 76, 79, 82
자연환경 ························ 59, 79, 87
장애인 ····························· 67~75, 152
장애인스포츠 ······························· 65
장애인체육 ······························ 65, 71
재활체육 ····································· 73
쟁점 옹호자 모형 ···················· 184, 185
적응기제 강화 ····························· 176
정의론 ····································· 183
정책결정 ······························ 180, 181
정책결정자 ···························· 181, 183
정책대상 집단 ···························· 180
정책목표 ······························ 180, 184
정책분석 ······························ 180, 184
정책분석가 ······················ 181, 183, 184
정책집행 ······························ 180, 184
정책평가 ··································· 180
정치적 시위 ······························· 175
조작 ······················· 8, 48, 128, 132, 174
종족형 ···································· 178
종차별주의 ····························· 90, 93
지도자의 역할 ····················· 36, 166
지배계급 ································ 107, 176
직업윤리 ······························ 9, 182, 184
집단론 ···································· 182

[ㅊ]

창의적 중도 ································ 23
책수단 ···································· 180
책임윤리 ···················· 178, 186, 194, 201
청렴성 ································ 187, 189
체육특기생의 문제 ························ 155
체육특기자의 진학 ················ 153, 154, 160
체육특기자의 진학과 입시제도의 문제 ······ 160, 161
체육특기자제도 ······················ 157, 160
체제유지 ································ 176, 182
최저학력제 ····························· 153, 156
최첨단 수영복 ····························· 148
축구 주말리그제 개선 방안 ················ 158
7예 ··· 53

[ㅋ]

칸트(Kant) ················· 15, 80, 91, 175, 183
쾌고감수능력 ······························· 92
쿠베르탱 ································ 36, 53

[ㅍ]

페어플레이 ······ 8, 34, 42, 102, 119, 142, 153, 170
편견과 차별성 ······················· 191~192
폭동 ································· 97, 121
폭력 ···················· 6, 66, 99, 153, 164
피지배계급 ································ 176
피티아 ······································ 52

[ㅎ]

학교공동체 형성 ···························· 172
학교문화의 특성 ···························· 170
학교운동부 ····················· 107, 116, 153, 154
학교운동부의 인권문제 ····················· 154
학교운동부의 인권보장 ····················· 156
학교체육의 인성교육적 가치 ············ 153, 170
학교폭력의 예방과 해결 ····················· 171
학생선수와 인권 ···························· 154
학생선수의 소외 ···························· 155
학생선수의 학습권 ·························· 156
학생선수의 학습권 보장 근거 ·············· 157
혈액 도핑 ································· 143
형식주의 ································ 42, 44

환경윤리학 ·································· 76, 79
후인정 ·· 178
훌리거니즘 ······························ 118, 121
흑인 ··· 58, 142

[A~Z]

anomie 현상 ···································· 185
EPO(erythropoietin) ················· 135, 137
KADA ···································· 127, 128
Title IX ·· 53
WADA ··························· 49, 126, 143

저자약력

Ⅰ부. 스포츠와 윤리
박성주 (1, 2, 3장) 미국 Ohio State Univ. 체육학박사, 국민대학교 체육대학 체육학부 교수
권오륜 (3장) 부산대학교 대학원 이학박사, 부산대학교 스포츠과학부 교수

Ⅱ부. 경쟁과 페어플레이
송형석 (1, 2장) 독일체육대학(Deutsche Sporthochschule zu Köln) 체육학박사, 계명대학교 체육대학 태권도학과 교수
김홍식 (3장) 서울대학교 대학원 체육학박사, 한국체육대학교 생활체육대학 스포츠청소년지도학과 교수

Ⅲ부. 스포츠와 불평등
김동규 (1장) 한국체육대학교 대학원 이학박사, 영남대학교 생활과학대학 체육학과 교수
이승훈 (1장) 영남대학교 대학원 이학박사, 경북도립대학교 생활체육과 겸임교수
권오륜 (2, 3장) 부산대학교 대학원 이학박사, 부산대학교 스포츠과학부 교수

Ⅳ부. 스포츠에서 환경과 동물윤리
송형석 (1장) 독일체육대학(Deutsche Sporthochschule zu Köln) 체육학박사, 계명대학교 체육대학 태권도학과 교수
김동규 (2장) 한국체육대학교 대학원 이학박사, 영남대학교 생활과학대학 체육학과 교수
이승훈 (2장) 영남대학교 대학원 이학박사, 경북도립대학교 생활체육과 겸임교수

Ⅴ부. 스포츠와 폭력
안용규 (1, 2장) 한국체육대학교 대학원 이학박사, 고려대학교 대학원 철학박사,
　　　　　　　 한국체육대학교 생활체육대학 레저스포츠학과 교수
서경화 (3장) 한국체육대학교 대학원 이학박사, 한국체육대학교 스포츠과학대학 체육학과 교수

Ⅵ부. 경기력 향상과 공정성
김동규 (1장) 한국체육대학교 대학원 이학박사, 영남대학교 생활과학대학 체육학부 교수
이승훈 (1장) 영남대학교 대학원 이학박사, 경북도립대학교 생활체육과 겸임교수
황정현 (2, 3장) 동아대학교 대학원 이학박사, 원광대학교 사범대학 체육교육과 교수

Ⅶ부. 스포츠와 인권
이학준 (1, 2, 3장) 고려대학교 대학원 이학박사, 한림대학교 한림철학교육연구소 연구교수

Ⅷ부. 스포츠조직과 윤리
박주한 (1장) 한국체육대학교 대학원 이학박사, 서울여자대학교 자연과학대학 체육학과 교수
이동건 (2장) 한양대학교 대학원 이학박사, 동아대학교 스포츠과학대학 체육학과 교수
남중웅 (3장) 영남대학교 대학원 이학박사, 한국교통대학교 인문예술대학 스포츠산업학과 교수